글누림 문화콘텐츠 총서 2 | 문화콘텐츠와 인문학적 상상력 

저자 소개

강현구 호서대학교 한국어문화학부 교수

김종태 호서대학교 한국어문화학부 겸임교수

장은석 호서대학교 한국어문화학부 강사

글누림 문화콘텐츠 총서 2

문화콘텐츠와 인문학적 상상력

초판 인쇄 2005년 12월 16일
초판 발행 2005년 12월 24일
지은이 강현구 · 김종태 · 장은석
펴낸이 최종숙
편집 권분옥
펴낸곳 도서출판 글누림
주소 서울 성동구 성수2가 3동 301-80
전화 3409-2055
팩시밀리 3409-2059
등록 2005년 10월 5일 제303-2005-000038호
전자우편 nurim3888@hanmail.net
값 9,500원
ISBN 89-957345-1-5-03330

글누림 문화콘텐츠 총서 2

문화콘텐츠와 인문학적 상상력

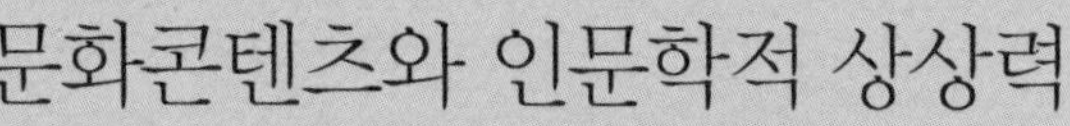

강현구 · 김종태 · 장은석 공저

글누림

문화콘텐츠 총서 발간에 부쳐

호서대학교 교수님들이 주축이 된 글누림 문화콘텐츠 총서의 발간을 축하합니다. 지금 우리가 살고 있는 21세기는 지식기반 사회로 들어서고 있는 바, 이러한 문화의 세기에 대학 교육도 초국적, 초학제, 초캠퍼스라는 새로운 환경에 적응해야 합니다. 이런 시대정신의 흐름에서 가장 필요한 것이 창의적인 도전정신입니다.

이번에 발간되는 문화콘텐츠 총서는 그러한 도전정신을 가지고 우리 대학의 연구자들이 이룩한 연구 업적입니다. 금번 1차 문화콘텐츠 총서에 이어 신개척의 문화 영역에서 창의적이고 도전적인 업적들을 담은 우리의 총서는 지속적으로 간행될 것입니다.

그간 우리 대학은 벤처정신을 극대화하고 특성화함으로써 비약적인 발전을 이룩해 왔으며, 하나님을 공경하고 사회와 인류에 기여하는 참사람을 길러내는 데 최선을 다해 왔습니다. 이번 총서도 바로 이 인재 양성의 목표를 위해 노력한 그간의 창조적이고 도전적인 젊은 벤처정신이 일구어낸 결실인 것입니다.

빛과 소금이 되라는 성경 말씀을 실천에 옮긴 문화콘텐츠 총서 기획단 및 집필자 여러분의 노고에 다시 한번 격려의 말씀을 드리는 바입니다.

호서대학교 총장 강 일 구

EDITOR'S NOTE

　2000년에 들어 '文化産業'이라는 이름으로 출발했던 것이 이제는 '문화콘텐츠'라는 이름으로 굳어져 다음 세대의 산업을 선도할 핵심 분야라는 평가를 듣고 있다. 문화산업이 아니라 문화콘텐츠산업이라고 그 명칭도 수정되어 지금은 문화콘텐츠산업을 진흥하기 위한 문화콘텐츠진흥원도 설립되었다. 또한 관련 학회도 활발히 활동하고 있다. 각각의 문화산업 분야의 학회는 말할 것도 없고 산업과는 거리가 멀 것 같은 人文 영역이 이젠 문화콘텐츠산업에 중추적 역할을 할 것이라는 사명감으로 인문콘텐츠학회도 만들었다.

　미국에 있는 학과 교수에게 문화콘텐츠를 영문으로 표기해야 할 일이 있었다. 한국문화콘텐츠진흥원의 영문 명칭을 참조해 'Culture and Content'라는 용어로써 표기했다. 잘 모르겠다는 눈치여서 우리가 생각하는 문화콘텐츠를 설명하니 그것은 문화산업이니 'Culture Industry'로 표기해야 하는 것이라고 했다. 영화나 게임 등 상업적 목적이 뚜렷한 것은 말할 것도 없고 한국문화원형사업이든, 韓流事業이든, 지역축제든 에듀테인먼트든 그 궁극적인 목적은 문화를 기반으로 한 산업화의 가능성이라는 것을 털어놓으라는 말이다. 사실 출발이 문화산업으로부터 출발했으니 그 문화산업의 내용을 문화콘텐츠라고 지시한다고 해서 산업적 속성이 사라지는 것은 아니다.

　문화산업이라고 하든, 문화콘텐츠산업이라고 하든 처음의 출발이 산업적 개념과 목적으로 시작된 것은 사실이다. 천박한 商魂은 모든 것을 상품화하기 마련이라고 나무라기 전에 가치를 인정받지 못하면 결국 존재적 의의마저도 상실될 수밖에 없는 가혹한 현실을 받아들여야 한다는 것이다. 지금의 상황이 인문학의 위기는 아니며, 인문학의 위기가 기초 학문의 위기는 더욱 아니며 학문의 위기는 더더욱 아니라고 한다. 오히려 탄탄한 기초 학문, 인문 학문이 문화산업의 가능성을 열어주니 학문으로서는 새로운 대응력을 갖는 것이라고 역설한다.

우리 대학은 산학 분야에서 단연 인정받고 있다. '벤처'를 학교의 모토로 삼은 것도 벤처 산업을 염두에 둔 것이 아니라 문자 그대로의 의미에서 '모험 정신'을 내세우기 위함이다. 이러한 의미에서의 모험 정신이 산학 분야에 집중되었다면 이제는 그 학술적 역량을 발휘할 때가 되었다. 이번 문화콘텐츠 총서의 정신은 바로 여기에 있다.

이 총서는 교양 있는 일반인을 위한 문화콘텐츠의 학술적 동향과 안내를 하는 것이 그 목적이다. 쉽고 간결한 문체를 선택하도록 했고 많은 그림과 도표로써 이해를 돕도록 했다. 모든 주석은 내용주로 처리하되 설명을 위한 최소한의 주석만 넣도록 했다. 단순 전거를 밝히는 주석은 참고문헌에서 몰밀어서 제시하도록 했다. 이러한 원칙을 정하고 모두 네 차례에 걸친 심포지엄을 열어 서로의 초안을 읽고 의견을 개진했다. 그러니 이 총서는 사실 개개의 집필자의 개성에 넘치는 저작이면서도 또한 공동 작업의 결과이기도 하다.

지금은 1차 총서이지만 향후 문화콘텐츠의 전 영역에 걸쳐 2, 3차 총서가 지속적으로 발간될 것이다. 이 작업이 문화콘텐츠라는 初有의 분야에 의미 있고 중요한 저술이 되길 희망한다.

호서대학교 한국어문화학부 국어국문학전공 김성룡

PROLOGUE

현대 사회에서 문화콘텐츠 혹은 문화콘텐츠산업은 새롭고 자유로운 상상력을 통해 삶의 질을 높이려는 열망의 결과이다. 여기에는 우리 인류가 성취해온 문화 예술의 산물들이 융합해 존재한다. 대중적 기호의 폭발적인 확산이나 디지털 기술의 눈부신 발전 등에 힘입어 문화콘텐츠의 경제적·사회적 가치는 우리 예상을 훨씬 뛰어넘는다. 이로 인해 문화콘텐츠에 대한 대중들의 열정적 관심 또한 더욱 높아지고 있는 것이 사실이다.

그동안 정부나 학계 그리고 기업은 경쟁력 있는 문화콘텐츠의 창출을 위해 지원을 아끼지 않았는데, 그 결과 우리나라는 모바일 관련 콘텐츠나 기술 등에서 전 세계의 선도적인 역할을 맡게 되었고, 나아가 문화콘텐츠 연구에서도 상당한 결실을 거두게 되었다. 이 책의 논의는 선행 연구 성과와 아울러 이와 같은 실제적인 결실에 힘입은 바 크다. 이 책의 1장 「문화콘텐츠산업이란 무엇인가」는 문화콘텐츠와 문화콘텐츠산업의 의미와 범주를 살펴봄으로써 전체 논의의 물꼬를 트는 글이다. 서론격인 1장에서는 매우 광범위하게 확산되고 있는 문화콘텐츠산업의 범주를 스토리텔링적인 맥락에서 취사선택함으로써 뒤이은 논의의 대상을 한정하고자 하였다.

이 책은 문화콘텐츠 분야에 대한 최근의 연구 추세 즉 기호학적 접근이나 디지털 기술 결정론 같은 논의와 일정 부분 궤를 같이하면서도 연구 내용의 변별성을 꾀하고자 하였다. 그 변별성의 하나는, 디지털 기술을 활용한 분야에만 초점을 맞추지 않고 종이 위의 문자가 주는 정서나 가치에 주목하는 아날로그적 감수성까지 주목했다는 점에서 기인한다. 이런 맥락에서 2장 「에듀테인먼트의 경쟁력은 무엇인가」에서는 『다빈치 코드』나 『해리포터』 시리즈, 그리고 『소설로 읽는 경제학』 같은 출판문화콘텐츠에 대하여 관심을 기울였다.

나아가 이 책은 전자 매체의 감각적 경험 세계가 지닌 상징적 의미를 영화, 애니메이션, 게임 등을 통하여 탐색하고자 하였다. 오늘날의 과학 기술은 일상적 차원을 벗어난 감각을 창출하고 있다. 디지털적 감각과 신세대적 사유가 결합된 문화콘텐츠가 지닌 인문학적 의미에 대한 분석은 이 책의 3장 「영화에서 서사와 감각 체험은 어떻게 관련되는가」, 4장 「애니메이션의 상징과 판타지」, 5장 「게임 속의 가상 세계와 디지털 서사」의 내용이 된다.

기성세대에게 미디어와 밀접히 관련된 문화콘텐츠가 낯선 데 비해, 대부분의 신세대 젊은이는 디지털 매체를 적극적으로 활용하는 편이다. 그러나 그것이 아무리 신세대적인 속성을 지닌다 할지라도 그 근간에는 이전 시대를 제어해온 인문학적 사유가 있어 왔다는 사실을 간과해서는 안 된다. 영화, 애니메이션, 게임 등이 추구하는 서사와 감각 그리고 상징 등의 문제에 접근하는 실마리가 여기서 찾아질 수 있을 줄 안다. 이런 맥락에서 3장, 4장, 5장의 논의는 인문학적 관점에서 디지털 문화콘텐츠를 이해하는 방법과 관점을 제시할 수 있을 것이다.

인문학적 상상력은 문화콘텐츠산업이 지향하는 감각적 세계가 나아갈 방향에 대해 철학을 제공한다. 여기 담긴 글들은 다양한 문화콘텐츠 창작물을 인문학적으로 분석하는 것을 기본 목표로 삼음으로써, 궁극적으로는 문화콘텐츠산업과 인문학적 토대의 원만한 교류 가능성을 밝혀보고자 하였다. 연구 축적이 많지 않은 새로운 학문 분야에 접근한지라 아직 미흡한 점이 적지 않겠는데, 차후 연구를 통하여 이를 보완해 나가고자 한다. 먼 장정의 초입에서 우리의 작은 걸음이 의미 있기를 소망한다.

2005년 백로 무렵 저자 일동 씀

CONTENTS

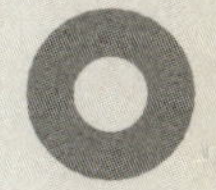

1. 문화콘텐츠산업이란 무엇인가

(1) 문화콘텐츠란 무엇인가

　문화콘텐츠라는 용어는 오늘날 현대인의 삶 속에서 가장 빈번하게 등장하는 말 중에 하나이다. 그만큼 현대인은 다양한 문화콘텐츠 창작물과 함께 현대적 삶을 영위하고 있는 것이다. 문화콘텐츠가 이 시대의 중요한 키워드로 부상한 이유는 사람들이 갈수록 예술·문화·엔터테인먼트에 대한 욕구를 키워가고 있고 인간의 상상력을 능숙하게 표현할 수 있는 디지털 기술의 신장이 급속하게 이루어졌기 때문이다.

　문화콘텐츠는 협의의 개념으로는 미디어 혹은 플랫폼에 담기는 문화적·예술적 내용물로 정의할 수 있고, 광의의 개념으로는 문화기호들의 연쇄적 조합이 창출한 결과물이면서 커뮤니케이션의 다양한 채널을 통해 상업화할 수 있는 재화로 정의할 수 있다. 구체적인 산업 분류를 통해 보자면 문화관광부에서는 문화콘텐츠를 애니메이션, 캐릭터, 게임, 음악, 영화, 영상, 방송, 디지털, 콘텐츠, 광고 등 10개 분야로 규정하고 있으며, 문화산업기본법에서는 출판, 음반, 미술품 및 전통공예품, 공연, 영화 및 비디오, 방송, 광고, 게임 및 멀티미디어 콘텐츠, 문화재 관련 사업, 캐릭터 등으로 분류하고 있다. 이에 비해 외국에서는 유네스코가 문화산업을 인쇄 자료 및 문헌, 음악, 시각예술, 공연예술, 영화, 텔레비전, 문화유산, 사회문화 활동, 체육 활동, 자연문화의 일반 운영 등 11개 분야로 분류하며, 캐나다나 호주는 박물관, 도서관, 문화행정, 예술행정 등을 포함시키기도 한다.

　예술·문화·엔터테인먼트에 대한 관심의 고조는 문화콘텐츠의 가공할 성장에서 직접 확인할 수 있다. 문화콘텐츠의 성장은 영화, 게임, 애니메이션, 출판물, 에듀테인먼트 등에서 폭넓게 확인할 수 있다. 영화 「타이타닉」은 18억 달러, 「반지의 제왕(왕의 귀환)」은 10억 달러의 수입을 올렸으며, 『해리포터』 시리즈는 출판물로만 2억 5천만 부가 넘게 팔렸고, 에듀테인먼트인 『먼나라 이웃나라』는 6백만 부가 넘는 판매고를 올렸다. 일본의 애니메이션 「포켓몬 2-루의 탄생」은 일본 개봉 당시 350억 원이라는 당대 최고의 흥행 수입을 기록했으며 미국에서도 5천만 불이라는 경이적인 흥행 수입을 올렸다. 또한 국내 온라인 게임의 절대 강자인 「리니지」는 2005년도에 단일 게임으로서만 1천 30억 원 정도의 매출을 올렸으며, 한국의 대표적인 공연문화로 자리 잡은 넌버벌 퍼포먼스 「난타」는 국내 전용관에서만 5년간 총 4,326회의 공연으로 108만 8천 명의 관객을 모았다. 매출액은 29억 원에 달하며 관람객 중 외국인 관광객이 80%를 차지했고, 미국 뉴욕 오프 브로드웨이 전용관 진출 이후 약 15만 명의 관객을 모아 화제를 불러일으켰다.

세계 문화콘텐츠산업 규모는 향후 연평균 6.3%라는 지속적 성장을 보일 것으로 예상된다. 특히 한국은 2003년 4조 1천억 원 규모에서 2008년 12조 원 규모로 연평균 23.4%에 달하는 높은 성장세를 보일 것으로 예상되며, 현재 세계 10위의 시장 규모를 보이고 있다.

문화콘텐츠에 대해 우리가 주목해야 할 또 다른 이유는 문화콘텐츠산업의 경제적 파급 효과와 문화콘텐츠의 이데올로기적 작용 때문이다. 우선 문화콘텐츠산업은 생산유발계수, 부가가치유발계수, 취업유발계수, 지역경제의 균형 발전 효과 등에서 높은 수치를 보이고 있어 국가 경제에 큰 기여를 할 수 있다는 점에서 귀중한 가치를 지닌다.[1]

또한 디즈니 사에서 출시된 문화콘텐츠들이 미국적 이데올로기나 가치 혹은 문화들을 세계적으로 전파함으로써 전 세계인들의 의식과 생활에 강력한 영향을 미치는 것처럼 문화콘텐

---

[1] 국문화콘텐츠진흥원 편, 『문화콘텐츠 산업의 경제적 파급효과』, 2004 참조.

츠는 이데올로기적 힘도 갖는다는 점에서 각별한 의미도 갖는다 하겠다. 어느 연구서는 「사랑이 뭐길래」, 「가을동화」, 「겨울연가」 등의 한국의 드라마와 인기 그룹 'HOT'의 공연 등을 통해 형성된 한류는 그 드라마나 공연에 포함된 많은 문화나 가치 혹은 생활방식 등을 해당 국가의 수용자들에게 강하게 전파한다고 밝히고 있다. 또 대부분의 경우 한국에 대한 긍정적 이미지로 이어져 그 어떤 외교적 노력 못지않은 효과를 거둔다고 한다.[2]

물론 문화콘텐츠의 눈부신 성장은 디지털 기술의 발전과 밀접한 관련이 있다. 인류는 오랜 세월을 거치면서 여러 형태의 문명적 혁명을 경험하였다. 인류가 지녀온 도구적 측면을 위주로 한 구석기시대, 신석기시대, 청동기시대, 철기시대 등의 구분 방법에서도 인류가 경험한 문명적 혁명이 얼마나 역동적으로 이어졌는가를 알 수 있다. 인류 문명의 발단이 장시간을 두고 천천히 이루어져 온 것이라 한다면, 18세기 후반 산업혁명 이후의 인류 문명은 매우 급진적인 발전을 이루게 된다. 이제 "십년이면 강산도 변한다."라는 말은 정보 커뮤니케이션 시대에 잘 맞지 않게 되었다. 급속한 변화의 시대를 살고 있는 현대인들은 맥루한의 낙관론과 보드리야르의 비관론을 동시에 주목할 수밖에 없는 것이다.

최근 인류 사회의 변화를 촉진시키고 있는 디지털 기술은 가히 혁명적이라 할 정도로 인류가 누리는 삶의 모습을 바꾸어가고 있다. 아날로그의 단방향적 세계관은 디지털의 쌍방향적인 세계관으로 변하였고, 책과 신문, 라디오, 텔레비전 등의 올드미디어는 인터넷 등의 뉴미디어라는 거대한 물결에 급속히 포섭되고 있다. 아날로그적 세계관이 여전히 존재하지만 디지털적 세계관이 그러한 아날로그적 세계관을 움직이는 동력이 되고 있는 것이 오늘의 현실이다. 시공간적 제약이 많았던 아날로그 문화는 시공간적 제약이 거의 없는 디지털 문화로

---

2 문화콘텐츠진흥원 편, 『한류지속화를 위한 중국 니즈 분석 및 교류활성화 전략』, 2003 참조.

변화해 가고 있는 것이다.

　이러한 시대적인 변화와 맞물려서 문화콘텐츠 역시 디지털 시대의 대중 요구에 맞춰 새로운 장르의 탄생이나 기술적 진보를 맞이할 수밖에 없는데, 그 영향은 때로 인터넷을 통한 문화콘텐츠의 판매나 보급에서 볼 수 있듯 문화콘텐츠의 기획, 제작, 유통, 판매 등 모든 과정에 직접적이고 결정적인 역할을 한다. 그래서 디지털은 문화콘텐츠 생산의 원자재이자 판매 수단이라는 지적이 가능하다.

　특히 디지털 컨버전스에 의한 신규 비즈니스 모델의 창출이 활발하게 진행되고 있다. 방송·통신·컴퓨터 사업자간 융합 서비스 도입으로 신규시장 창출이 이루어지고 있으며, 방송 및 통신사업자간의 결합서비스로 인한 'post pc' 산업이 대두되고 있다. 특히 컨버전스 현상은 유비쿼터스 환경의 구축을 지향하고 있어서 우리가 꿈꾸는 것(any-content)들을 언제(any-time) 어디서나(any-where), 무엇(any-device)을 통해서라도 즐길 수 있는 시대가 다가오고 있다. 아울러 모바일 컨버전스 유형으로는 DMB, 휴대인터넷, RFID, 복합기능의 휴대단말기, 홈네트워킹 산업의 촉매제 역할을 할 것으로 기대된다.[3]

　문화콘텐츠의 중요성 부각과 디지털 기술의 발전에 따른 격변의 상황에 적절히 대응하고자 한국은 국가 차원의 노력을 기울이고 있는데, 그 대표적인 사례는 2005년 7월에 발표한 '문화강국(C-KOREA) 2010' 같은 정부 정책의 추진, 문화산업 분야 콘텐츠 개발사들에 대한 투자와 이 분야 국제경쟁력 강화 및 수출 증진을 위해 조성된 문화산업진흥기금 지원 정책, 2001년에 설립된 한국문화콘텐츠진흥원과 같은 국가 기관 설립 등이다. 우선 '문화강국 2010' 은 미래의 새로운 성장 동력으로 떠오르고 있는 문화·관광·레포츠 산업(3C산업) 육성에 대

한 종합적인 청사진이라 할 수 있다. 영문자 'C'로 시작하는 세 개의 키워드 즉 콘텐츠(Contents), 창의성(Creativity), 문화(Culture)를 바탕으로 차세대 성장 동력인 3C산업을 전략적으로 육성하여 1인당 국민소득 3만 달러 시대를 이끌겠다는 전략이다. 또한 2004년 말 기준으로 문화산업진흥기금은 당해 연도 조달금액만 1,373억 원에 달했다. 문화산업진흥기금은 크게 융자사업, 투자조합 출자, 여유자금 운용, 기타 사업 등 4개 분야로 구분된다.

우리나라의 문화콘텐츠산업을 전반적으로 지원 육성하고 있는 한국문화콘텐츠진흥원은 국제적 경쟁력을 가진 고품질의 문화콘텐츠를 제작 및 보급할 수 있는 핵심 성장 기반을 조성하고, 문화콘텐츠산업을 총괄 지원하는 통합 기관의 설립 운영을 통해 콘텐츠 제작 및 유통 업계에 대한 효율적인 지원을 하고, 나아가 우리 문화의 원형성과 창의성에 기초한 콘텐츠가 세계시장에서 높은 경쟁력을 가질 수 있도록 산업 시스템을 체계적으로 구축하려는 취지로 설립되었다.[4] 현재 여러 지원 사업을 통해 문화콘텐츠의 생산이나 전문 인력의 양성에 핵심적인 역할을 하고 있다.

특히 한국문화콘텐츠진흥원이 심혈을 기울여 "창의력과 경쟁력의 보고인 문화원형을 테마별로 디지털콘텐츠화하여 문화콘텐츠산업에 필요한 창작 소재를 제공함으로써 문화콘텐츠산업의 경쟁력 향상을 도모한다."라는 취지 아래 '문화원형의 디지털콘텐츠화' 사업을 추진하고 있다. 지난 2002년부터 400억 원이 넘는 자금을 투입해 2004년도까지 총 61개 프로젝트를 수행했는데, '한국 신화원형의 개발', '한민족 전투원형콘텐츠 개발', '한국 불화에 등장하는 인물캐릭터 소재 개발', '종묘제례악의 디지털콘텐츠화', '조선시대 조리서에 나타난 식문화원형 콘텐츠 개발' 등이 그 예이다.

---

4 한국문화콘텐츠진흥원의 설립 취지에 관한 설명은 한국문화콘텐츠진흥원 홈페이지(http://www.kocca.or.kr)에서 인용했다.

최근에 프로젝트 단위로 이루어지는 문화원형 디지털 복원사업이 정작 문화콘텐츠 업체들의 개발 프로젝트와는 무관한 것이어서 문화원형 디지털 콘텐츠의 활용도가 떨어진다는 비판이 있지만 실질적인 활용 사례들이 나타나기도 하였다. 그 가장 대표적인 예가 '조선시대 검안기록을 재구성한 수사기록물 문화콘텐츠 개발' 프로젝트를 이용하여 "조선시대 살인 사건을 기록한 문건을 바탕으로 시신 상태와 사건의 전말 등을 다루는" 드라마가 만들어지고 있다. 앞서의 프로젝트를 담당했던 업체와 방송작가 그룹이 한국문화콘텐츠진흥원과 합작하여 범죄 수사와 의학을 결합한 시대극을 24부작 TV 드라마로 제작하기로 했다. 작가로는 MBC의 독특한 퓨전사극으로 인기를 모았던 「다모」의 작가가 참여하기로 하였다.

앞으로 문화원형 디지털콘텐츠화 사업이 어떠한 성과를 거둘지 아직은 미지수이지만, 분명이 사업은 문화콘텐츠산업의 육성을 위해 기울이는 국가적 노력이 얼마나 치열하고 도전적인지를 보여주는 산 증거가 될 것이다. 아울러 이는 문화콘텐츠산업에서 한국이 선도적 역할을 하고 있음을 보여주는 대목이라 하겠다.

(2) 대학의 문화콘텐츠 교육

현재 한국의 문화콘텐츠 관련 교육은 총 474개 학교 1,124개 전공으로 이루어지고 있다. 한국문화콘텐츠진흥원의 '문화산업대학원 설립을 위한 교과과정계획 수립 연구' 등의 연구를 통해 보면 국내에는 문화콘텐츠 관련 고등학교가 168개교(180개 전공), 2~3년제 대학이 117개교(298개 전공), 4년제 대학이 137개교(488개 전공), 대학원이 38개교(130개 전공), 사이버

대학이 14개교(28개 전공) 있으니, 실로 그 규모가 방대하다. 이를 통해 배출되는 연간 인력 규모는 총 1만여 명에 달하며, 전체 모집 정원(2만여 명)이 계속 늘어남에 따라 인력 규모는 더욱 증가할 것이다.

문화콘텐츠 전문 인력을 제대로 육성하는 일은 매우 어려운 과제이다. 우선 문화콘텐츠가 포괄하는 주요 장르만 보더라도 게임, 애니메이션, 에듀테인먼트, 만화, 영화 등 10개가 넘고, 육성해야 할 인재 유형을 보더라도 기획, 개발, 비즈니스, 기술 등 4개 분야에 걸쳐 있으며, 전문 인력에 전수해야 할 소양만 하더라도 인문학적 상상력, 예술적 감각, 공학적 기술 등이 있다. 이 모든 조건들을 충족시킬 수 있는 전문 인력을 육성하는 일은 거의 불가능하다.

따라서 대학에서의 문화콘텐츠 관련 교육은 특정 장르 혹은 특정 기능을 위주로 특화할 수 밖에 없었다. 일례로 문화콘텐츠의 장르별 특화를 살펴보면 영화 영상이 50여 개 학교, 애니메이션과 만화가 45개 학교, 음악이 32개 학교, 게임이 35개 학교 등이다. 영화, 애니메이션, 게임에의 편중이 확연한데, 그것은 디지털 기술의 발전에 따른 영상 매체의 급격한 부상과 무관치 않다. 하지만 동시에 문화콘텐츠의 여러 장르에 걸쳐 공통적으로 적용될 수 있는 기술적·인문학적·예술적 소양이나 감각, 그리고 기술 등을 집중적으로 교육하는 교육기관의 탄생도 하나의 흐름으로 나타나고 있다. 요컨대 대학의 문화콘텐츠 교육은 디지털이나 멀티미디어 그리고 컴퓨터 기술로 무장된 전문 인력, 비즈니스 감각이나 지식을 온전히 갖춘 전문 인력, 예술적 감각과 기능으로 뭉친 전문 인력 양성 등을 목표로 삼는다.

이와 동시에 지적할 점은 문화산업이 디지털 기술의 발전에 힘입어 더욱 확장되고 있음에도 불구하고 문화콘텐츠 창작은 시나리오나 스토리텔링의 근간이 되는 인문학적 상상력과 밀접하게 관련된다는 사실을 떠올릴 필요가 있다. 1990년대 후반 들어 전국의 여러 대학에서 신설되고 있는 문화콘텐츠 관련 학과 중의 많은 부분이 인문학의 위기를 돌파하여 새로운 시대의 요구에 부합하는 전공을 개발하려는 인문학자들에 의해서 주도된 것이 사실이다. 인문학자들이 개설한 문화콘텐츠 관련 학과는 국문학, 철학, 사학이라는 인문학의 3대 학문이 창조적으로 결합한 형태를 지향하는 경우가 많다.

현재 한국의 여러 대학에서 개설되고 있는 문화콘텐츠 관련 학과 중에는 디지털 기술을 중심에 두는 경우가 있는가 하면 인문학적 지식을 바탕으로 삼는 경우도 있다. 공학 계열의 문화콘텐츠 관련 학과와 인문학 계열의 문화콘텐츠 관련 학과를 두 축으로 하고, 그 사이에 예술 계열의 문화콘텐츠 관련 학과, 경영학 계열의 문화콘텐츠 관련 학과 등의 다양한 문화콘텐츠 관련 학과가 개설 운영되고 있다. 이러한 다양한 문화콘텐츠 관련 학과가 나타나는 것은 그만큼 문화콘텐츠 분야가 넓은 범주를 형성하고 있기 때문이다. 전국 대학에 개설된 문화콘텐츠 관련 학과를 이 네 가지 분야로 분류하여 보면 다음과 같다.

① 인문학 계열의 문화콘텐츠 관련 학과 : 한양대학교 문화콘텐츠 전공, 호서대학교 문화콘텐츠 창작 전공, 호서대학교 문화기획 전공, 계명대학교 한국문화정보학과, 경산대학교 문화컨텐츠학부, 원광대학교 한국문화학과, 한신대학교 디지털문화콘텐츠 전공, 협성대학교 광고홍보콘텐츠학과 등

② 공학 계열의 문화콘텐츠 관련 학과 : 경성대학교 디지털콘텐츠학부, 극동대학교 모바일콘텐츠학 전공, 동서대학교 디지털컨텐츠학부, 동신대학교 멀티미디어컨텐츠학과, 동양대학교 멀티미디어컨텐츠 전공, 성결대학교 멀티미디어컨텐츠 전공, 성공회대학교 디지털컨텐츠학부,

세종대학교 디지털컨텐츠 전공, 평택대학교 정보컨텐츠디자인 전공 등
③ 예능 계열의 문화콘텐츠 관련 학과 : 경남대학교 문화컨텐츠학부, 동양대학교 시각디자인문화
　컨텐츠학부, 영산대학교 캐릭터컨텐츠학부, 용인대학교 멀티미디어콘텐츠학부, 한성대학교
　미디어디자인컨텐츠학부 등
④ 경영학 계열의 문화콘텐츠 관련 학과 : 협성대학교 디지털콘텐츠 전공, 호서대학교 디지털콘
　텐츠비즈니스 전공 등

위 분류 체계에서 보이듯 최근 들어 문화콘텐츠 관련 학과는 급속도로 늘어났다. 앞으로 문화콘텐츠산업은 더 많은 자본적 가치를 획득해 갈 것이다. 문화콘텐츠산업을 이끌 훌륭한 인재를 양성하기 위한 대학의 변화는 바람직하지만 준비가 미흡한 경우에 많은 혼란을 불러일으킬 수 있기에, 신중한 검토와 고민의 과정이 필요하다.

앞으로의 문화콘텐츠산업에 인문학적 지식이나 공학적 기술, 예술적 감각, 경영 원리 등이 고루 필요해질 것도 당연지사다. 21세기 첨단 산업인 문화콘텐츠산업의 선두주자가 되기 위해서는 다양한 지식과 기술, 감각을 겸비해야 하겠다. 여러 분야로 나누어진 대학에서의 문화콘텐츠 교육이 상호 원만히 교류하고 소통하여야 하는 이유가 바로 여기에 있다. 앞으로 활발하게 진행될 문화콘텐츠 관련 전공 간의 교류에 대비해, 이 중에서도 특히 인문학적 관점에 기초한 문화콘텐츠학과의 전공심화영역에 대한 준비가 가장 시급하게 필요하다.

인문학적 관점에 기초한 문화콘텐츠학과는 문학, 나아가 문화에 대한 보편적인 이해를 토대로 하여 현대 사회에서 필수적인 미디어 영상 문화를 연구함으로써 멀티미디어나 디지털 미디어를 통해 변화하는 콘텐츠에 관해 이해하고 실용적인 실무 기술을 연마하는 전공이 되

어야 한다. 저학년 때에는 인간과 문화에 대한 체계적인 교육을 통해 문화 교양인으로서의 자질을 갖추게 한 다음, 고학년 때에는 창작 실기 연습 및 실무 강좌를 통하여 문화콘텐츠의 창작 및 활용 능력을 제고시킨다. 이론 교육과 실무 교육이 함께 이루어져야 이 전공은 21세기가 필요로 하는 새 인재 배출을 목적으로 한다는 측면에서 인문학부 혹은 어문학부에 속해 있으면서도 예술계열 전공의 성격 또한 지니게 될 것이다. 인문학 중심의 문화콘텐츠 전공은 대략 오른쪽 표와 같은 교과 과정을 지향할 수 있다.

학년	1학기	2학기
1학년	한국문학의 이해 문장수사의 이해 한국문화의 원형 대중문화와 문화콘텐츠 1	문학과 콘텐츠기획 예술사와 문예사조 대중문화와 문화사업 대중문화와 문화콘텐츠 2
2학년	시론 및 시창작연습 매스컴론 1 베스트아동문학감상 연극의 이해 문화콘텐츠기획론	소설론 및 소설창작연습 매스컴론 2 한국현대문학의 역사 영화의 이해 잡지편집과 출판실무
3학년	희곡론 및 희곡창작연습 미디어마케팅론 문화콘텐츠홍보론 문화콘텐츠비지니스론 문화콘텐츠마케팅론	드라마론 및 드라마창작연습 컴퓨터그래픽과 전자조판 광고카피창작연습 신문기사작성과 신문편집 문화트렌드분석론
4학년	에듀테인먼트기획론 방송시나리오창작연습 게임시나리오창작연습 애니메이션창작연습 문화예술법령과 정책	시각문화와 사진기술 독서와 논술 지도 졸업작품창작 인턴과정론 문화산업현장실습

　특히 현재 각 대학에 집중적으로 신설되고 있는 인문학 중심의 문화콘텐츠 관련 학과는 '문화콘텐츠창작학과', '미디어창작학과', '문화콘텐츠학과' 등의 이름을 달고 있는데, 학과 명에서 이미 알 수 있듯이 문화콘텐츠의 시나리오 작가 혹은 스토리텔링 작가 등의 육성을 목표로 하고 있다. 이 전공들은 문화콘텐츠의 제작에서 가장 중요하면서도 현장의 실무자들에게 여전히 미흡한 영역으로 지적되는 시나리오 혹은 스토리텔링의 전문가를 배출한다는 점에서 의미 있는 시도이다.

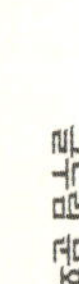

하지만 문화콘텐츠의 여러 장르를 두루 포괄하고 있다는 점과 시나리오나 스토리텔링을 만들기 위해서는 인문학적 소양뿐만 아니라 기술적, 예술적 지식이나 감각을 역시 갖추어야 한다는 점 때문에 교육이 그리 만만한 것은 아니다. 따라서 위에 제시된 다양한 교과 과정을 충분히 교수·학습한다는 점 외에도 다음과 같은 부가적 노력을 기울여야 한다.

첫째, 적어도 3학년에 이르러서는 학생 개개인에게 특정 분야에 대한 주특기를 갖추도록 해 주어야 한다. 전공 교육 혹은 정규 수업을 통해서만이 아니라 학내 연계 전공을 적극 활용토록 하거나 학과 내 소규모 학습 모임을 통한 자연스러운 멘토링 제도를 확고히 해 주는 일 등에 노력을 기울여야 한다. 둘째, 철저히 프로젝트 중심의 교과목을 운영해 주어야 한다. 현재 인문학 중심인 문화콘텐츠 관련학과의 가장 큰 문제점 중의 하나는 전문 교수 인력의 부족이다. 게임이나 애니메이션 등의 경우에서 볼 수 있듯 디지털 기술 같은 공학적 기술에 대한 충분한 이해를 갖추었으면서도 실제 창작물을 제작해 본 경험이 있는 인문학 전공자들은 많지 않다. 때문에 문화콘텐츠의 창작에 실제적인 도움을 줄 수 있는 교육이라면 실제 프로젝트를 수행하면서 수업 진행 시 암묵적으로 방기되기 쉬운 공학적 기술이나 창작 노하우 등을 연마할 수 있도록 노력해야 한다. 이 방식은 멀티미디어 개론 한두 과목을 통해 문화콘텐츠의 제작에 필요한 공학적 기술을 습득할 수 있다는 잘못된 접근보다 한층 실효성 있는 성과를 거둘 수 있다.

2005년에도 여러 대학에서 문화콘텐츠 관련 전공이 신설되었다. 얼마 지나지 않아 전국의 모든 종합대학교에 문화콘텐츠 관련 전공이 존재하게 될 것이다. 그러나 이와 같은 양적 성장에도 불구하고 우리나라 대학의 문화콘텐츠 교육은 전문성이 부족하거나 특성화되어 있지 못하다는 지적이 설득력을 얻고 있다. 대학의 문화콘텐츠 전공이 문화콘텐츠라는 말이 함의

하는 폭넓은 의미를 다 수용하는 것은 불가능하므로 각 대학의 전공들은 그들만의 독특한 의미와 위치를 확보하기 위해서 노력해야 할 것이다. 그래야만 그 학과를 졸업한 인력들이 혼란 없이 사회에 진출할 수 있는 기회를 만드는 데 성공하게 될 것이다.

대학의 문화콘텐츠 관련 전공은 한국의 문화콘텐츠산업 번성과 더불어 낙관적 비전을 가지고 있다. 아시아권에서의 한국문화콘텐츠의 수요 증가, 미국 등의 신시장 개척, 여가확대 및 웰빙문화 확산에 따른 문화수요 확대, 홈네트워킹 발달에 따른 홈엔터테인먼트의 증가, 기술개발에 따른 콘텐츠 컨버전스 확대 및 콘텐츠 수요 증가, 기술발달 및 유무선망 통합에 따른 모바일콘텐츠 시장의 확대, 디지털TV, DVD MD라는 새로운 매체로의 세대교체 등 문화콘텐츠 전문 인력의 확충에 긍정적으로 기여할 변수가 여전히 많기 때문이다.[5]

(3) 문화콘텐츠산업의 주요 분야

스토리텔링 기술과 직접적으로 관련된 문화콘텐츠 창작물을 6가지로 나누어 그 의미와 대표적인 성공 사례를 개략적으로 살펴보자. 이 모든 분야는 인문학적인 접근이 가능하다. 그 범주와 내용을 간추려 보면 다음과 같다.

❶ 영화콘텐츠

오늘날 대중문화를 이끌고 있는 것은 영화산업이라고 해도 과언이 아니다. 영화는 당대의 문화를 집약적으로 보여주는 종합예술적인 콘텐츠이며 흥행에 성공할 경우에는 엄청난 부가

---

[5] 한국문화콘텐츠진흥원 편, 『2004 문화콘텐츠산업 경기전망』, 2004 참조.

가치를 창출할 수도 있다. 오늘날 영화 산업은 새로운 디지털 기술을 적극 받아들이면서 더욱 다양한 가능성을 보여 주는 데 성공하였다. 최근에는 인터넷을 통한 다각적 유통망을 이용하면서 뉴미디어와 공존하는 경향을 보여주기까지 한다. 100여 년의 역사를 자랑하는 미국 영화가 새로운 디지털 시대를 맞이하여 이미 많은 변모를 이룬 데 대해 한국 영화 역시 미국 할리우드 영화의 아류에서 벗어나 새로운 콘텐츠 개발을 위하여 많은 노력을 기울이고 있다. 뉴미디어에 비하면 영화는 매우 구시대적 산물인 듯 보이지만 영화 스스로 적극적인 생존 방법을 찾게 됨으로써 21세기 대중문화의 중요한 자리를 확보하게 되었다.

영화는 고부가가치 산업이다. 1998년 개봉되었던 「타이타닉」은 제작비 2억 8,000만 달러를 들여 영화 흥행 사상 최대액인 18억 달러 정도를 벌어들였으며, 재경부 통계에 따르면 이는 자동차 100만~150만 대 수출의 수익과 맞먹는 셈이다.

국내 영화산업에서도 다수의 성공 사례를 찾아볼 수 있다. 2001년에 개봉한 「친구」, 2003년에 개봉한 「실미도」, 2004년에 개봉한 「태극기 휘날리며」 등은 우리나라 영화사상 최고의 수익

영화 「실미도」의 포스터

---

6 한국 영화의 급성장은 시나리오 작가의 고료에서도 확연히 드러나고 있어 희망적 전망을 보여주고 있다. 강우석 감독의 영화 「실미도」, 「공공의 적」을 썼던 김희재 작가가 강 감독의 차기작 「택스」에서 시나리오 고료로 1억 원을 받기로 했다. 충무로에서 억대 시나리오는 이번이 처음이다. 이번 1억 원은 순수 시나리오 금액이다. 영화계에선 통상 고료 외에 흥행 결과에 따른 인센티브를 작가에게 지급하는 데 「신라의 달밤」, 「광복절 특사」를 히트시켰던 박정우 작가는 고료와 인센티브를 합쳐 편당 2억 원을 받은 것으로 알려져 있다. 현

을 올린 영화로 기록되었다. 특히 「실미도」와 「태극기 휘날리며」는 각각 1천만 명 이상의 관객을 확보했다.[6] 이 같은 국산 영화의 성공 사례는 앞으로도 충분히 이어질 수 있겠다. 영화 산업의 성공은 단지 국내 관객 수에 의한 수익 창출에만 그치지 않고 국외 수출, 인터넷 상영, 촬영지의 관광 명소화 등 다양한 경로의 콘텐츠 창출을 통해 한국문화 진흥에 이바지한다.

　최근 들어 인터넷영화가 다수 등장하고 있다. 인터넷영화는 애초에 인터넷 상영만을 전제로 한 것이 있는가 하면 오프라인에서 상영된 영화를 다시 인터넷에서 상영하는 경우도 있다. 인터넷만을 상영 무대로 하는 영화는 모니터 화면이 협소하다는 점, 컴퓨터 음량에는 한계가 있다는 점 등 여러 가지 여건상 성공하기 어려운 것으로 보고되기도 하였다. 또 기존 영화관에 매료된 소비자들이 인터넷 전용 영화에 얼마나 많은 관심을 기울일지도 미지수이다. 아무리 제작비가 적게 든다 하더라도 인터넷 전용 영화만으로 많은 이익을 창출하기는 어려울 것이다. 결국 인터넷영화 역시 오프라인 영화와의 적절한 조화를 통하여 시장을 확보해야만 미래가 있을 것이다.

영화 「태극기 휘날리며」의 포스터

재 1급으로 인정받는 시나리오 작가의 고료는 대략 4~5천만 원 수준이며, 1급 방송드라마 작가의 경우 미니시리즈(20회 기준) 편당 2억 원(회당 1천만 원) 가량의 수입을 올린다.
〈중앙일보〉, 2005. 3. 1. "실미도 쓴 김희재 작가, 강우석 감독 「택스」 계약"

❷ 방송드라마콘텐츠

    방송드라마콘텐츠는 영화콘텐츠와 함께 오랜 세월 동안 대중문화의 선두자리를 놓치지 않았다. 특히 인문학적 관점에서 문화콘텐츠산업에 접근해 나갈 때, 방송드라마에 대한 이해는 필수적이다. 20세기 오프라인 방송시대까지 방송드라마는 주로 KBS, MBC, SBS 등 지상파 방송에 의해서 주도되었지만, 21세기 들어 인터넷과 위성 방송을 이용한 본격적인 디지털 방송시대가 열리면서 다양한 채널들이 시청자에게 다가서고 있는 것이 현실이다. 320여 개에 이르는 케이블 TV 사업자가 방송드라마콘텐츠와 직간접적으로 연결되어 있기 때문에 방송드라마의 수효는 앞으로도 계속될 것이다. 2003~2004년에 걸쳐 대단한 인기를 모으며 일본 진출에 성공했던 「겨울연가」와 2004년 최고의 시청률을 기록하면서 갖가지 후일담을 남긴 「대장금」은 아시아권에 이른바 한류열풍을 일으켰다. 이는 방송드라마가 국내는 물론이고 해외에서도 막대한 수입을 올릴 수 있음을 보여주었을 뿐만 아니라 사람들의 의식과 정서를 강력하게 지배할 수 있음을 보여 주었다.

드라마 「겨울연가」의 홍보물

① **겨울연가** : 「겨울연가」의 총제작비는 29억 원이지만 올해(2005년)까지의 수익이 약 1천만 달러(100억 원)에 이를 것이라는 보고가 있다. 이것은 「겨울연가」 콘텐츠 자체의 수입이며, 이외에도 일본,

태국, 싱가포르, 대만, 미얀마 등 아시아 각국을 동요시킨 한류 열풍의 경제적 효과는 수치로 나타낼 수 없을 정도로 크다. 사실 「겨울연가」는 국내보다는 국외에서 더 큰 호응을 받고 있다. 이 드라마의 남자 주인공 배용준은 일본에서 '욘사마'로 불릴 정도로 엄청난 인기몰이를 하고 있기에, 그의 경제 문화적 파급 효과는 수천억 원에 이를 수 있다.

「겨울연가」는 특히 일본에서 많은 인기를 얻었다. 「겨울연가」가 일본 시청자에게 파고들 수 있었던 힘은 근본적으로 이 드라마가 지닌 대본에 있다. 이 드라마는 대부분의 사람이 가지고 있는 첫사랑의 기억을 아름답게 재현해내는 데에 성공하였다. 시청자들은 젊은 남녀 주인공들이 펼치는 사랑의 서사를 자신의 어렴풋한 기억 속에 간직하였다. 모든 세속적인 가치를 초월한 첫사랑의 청순함은, 이러한 기억들을 서서히 잃어가고 있는 일본 열도를 순정의 낭만으로 뜨겁게 달구어 놓았다. 여자주인공 정유진(최지우 분)이 먼 훗날 첫사랑의 남자와 외모나 습관까지 닮은 제3의 남자를 만나게 된다는 독특한 내용은 첫사랑의 신비한 분위기를 연출하는 데에 일조하였다. 또한 남자주인공 강준상(배용준 분)의 외모와 분위기가 그를 일본 여성의 우상으로 자리잡게 하였고, 눈 내리는 호수, 오래된 학교, 낙엽 진 가로수길 등의 배경이 드라마의 내용과 잘 맞아떨어져 「겨울연가」 콘텐츠는 출판, 음반, 캐릭터 등의 2차 콘텐츠에서도 성공을 거두었다.

드라마 「대장금」의 홍보물

② 대장금 : MBC 기획드라마 「대장금」은 총 56회로 나뉘

어 방영되었다. 시청률 54%를 기록한 「대장금」은 광고 수익, 로열티, 음반 판매 수익 등 총 253억 원의 수익을 창출하였다. 「대장금」은 남존여비의 유교 국가에서 태어나 온갖 우여곡절 끝에 궁중 최고의 요리사가 되고, 다시 조선 최고의 의녀로서 임금의 주치의가 된 실존 인물을 다루었다. 조선 중종 때 '대장금'이라는 대단한 칭호까지 얻어 전설적 인물이 된 장금은 이번 드라마를 통하여 역사적 인물로 새롭게 부각되었다. 그러나 이 드라마가 온전히 사실을 형상화한 것은 아니었다. 「대장금」은 일부 사실에다가 많은 부분의 허구를 섞은 서사구조(팩션, faction)를 통하여 시청자들을 매혹시켰다.

「대장금」은 두 가지의 중요한 미시콘텐츠(세부콘텐츠)를 가지고 있다. 첫째, 궁중요리를 중심으로 하여 조선 시대 음식 문화의 모든 것을 보여주었다는 점이다. 요즘 우리 사회에는 웰빙 바람이 불고 있다. 「대장금」은 이러한 사회적 조류와 잘 맞아떨어졌다. 다채로운 궁중요리와 몸에 좋은 한방보양식 등에 쓰인 전통 재료와 그 조리법의 소개는 시청자들의 호기심을 자극하기에 충분하였다. 둘째, 조선 시대 의학 상식과 의녀 제도의 상세 내용을 알려주었다는 점이다. 조선조 의학은 양의학과는 근본적으로 달랐는데, 1990년대부터 계속되어 온 한의학 열풍은 「대장금」의 미시콘텐츠를 부각시켜 주었다. 민간에서 행해지던 다양한 전통요법에 관해 소개하거나 의녀와 의원의 관계에 대한 내용 역시 「대장금」의 인기를 급상승시키는 데에 일조하였다.

❸ 게임콘텐츠

게임은 전국 1만 6천여 개에 이르는 PC방을 중심으로 급속히 신장하고 있는 문화콘텐츠이다. 현대인은 실제현실의 고달픔에서 벗어날 수 있는 가상현실을 꿈꾸게 되는데, 이러한 가상현실에 대한 동경은 게임 산업 발전의 근본적인 동력이다. 오늘날 게임 산업은 실제현실과 가상현실을 적절히 아우른 혼합현실을 추구한다. 현대인들은 실제도 가상도 아닌 혼합의 현실을 통해 이루어보지 못한 꿈을 펼치고자 게임프로그램 앞에 앉는다.

게임콘텐츠는 그것을 개발한 주체의 국적을 초월하여 성공할 가능성을 충분히 지니고 있다. 게임은 그 자체가 스토리텔링에 의존하고 있지만 그 스토리텔링은 그에 걸맞은 입체적인 영상 화면에 힘입어 언어적 특수성을 뛰어넘으면서 소비자들에게 곧바로 전달된다. 현대인은 점점 더 많은 시간을 컴퓨터 앞에서 보내게 될 것이다. 컴퓨터를 통한 정보 회득이나 통신 행위만으로는 인간의 쾌락 본능을 충족시킬 수 없다. 현대인들은 컴퓨터를 통하여 더욱 초현실적이며 낭만적인 경험을 얻고자 하는데, 이러한 욕구를 만족시킬 수 있는 수단 중 유력한 것이 게임콘텐츠이다. 현대인들은 컴퓨터 게임을 통하여 잃어버린 사랑을 다시 회복할 수 있게 되고, 상상할 수 없이 큰 월척을 낚게도 되며, 살아서는 갈 수 없는 미지의 땅에 발 딛을 수도 있을 것이다. 이러한 과정을 통해 인간 삶이 지닌 현실적 한계가 게임프로그램 속에서 돌파될 수 있다. 한국 온라인 게임 시장에서 인기를 끈 「스타크래프트」와 「리니지」의 거센 돌풍은 세계적인 주목을 끈 바 있다.

① 스타크래프트 : 미국의 블리자드사에서 개발한 게임 프로그램이다. 「스타크래프트」는 세 종족간의 전투가 화려하고 입체적인 영상이미지를 통하여 펼쳐지는 게임이다. 실시간 모의 전투 게임으로서 손색이 없는 「스타크래프트」에 등장하는 세 종족(테란, 프로토스, 저그)은 모

두 다양한 캐릭터와 전투적 기술을 가지고 있다. 게임 소비자들을 이 세 종족 중에서 어떤 종족을 택하여 게임을 하더라도 자기 나름의 게임 기술을 통하여 상대방 종족을 제압할 수 있다. 게이머 특유의 기술로 상대를 마음껏 공략할 수 있는 이 게임의 성공 여부는 어디까지나 게이머의 실력에 달려 있다. 이 게임은 미국에서 출시되자마자 한국에 수입되었고 세계 100대 스타크래프트 게이머 중에서 60명이 한국인이 될 정도로 한국에서 큰 호응을 받았다.

게임 「스타크래프트」의 스틸 컷
출처 http://www.starcraft.co.kr

② 리니지 : 한국의 엔씨소프트사에서 개발한 게임 프로그램이며 만화가 신일숙 씨의 동명 만화를 기초 대본으로 삼았다. 게임의 배경 세계는 아덴 왕국이며 이곳에는 게이머를 공략하는 괴물인 몬스터들이 살고 있다. 게이머는 정통 혈통을 깨고 왕위를 차지하려는 반왕(反王)에 맞서는 왕자가 되거나 공주가 될 수도 있고, 정통성을 인정받은 왕을 보좌하는 기사나 마법사가 될 수도 있다. 정당한 왕위 계승을 위하여 노력하는 게이머들의 모임을 혈맹(血盟)이라 지칭한다

게임 「리니지」의 스틸 컷
출처 http://www.lineage.co.kr

는 게임의 전제 하에, 이 게임의 이름은 "명확하게 인식될 수 있는 계보관계에 기초하여 공통의 조상에게서 출생한 자들로 구성된 친족집단 혹은 사회집단"이라는 사전적 의미를 지닌 '리니지'라 불리게 되었다. 엔씨소프트사는 최근 대만의 게임 유통 사이트인 감마니아와 합작하여 「리니지」를 통하여 홍콩 온라인 게임 시장을 공략하겠다는 포부를 밝혔다. 「리니지」로 2004년 7월에 대만에 들어간 이후 최고 인기를 누리고 있는 엔씨소프트사는 2005년 해외에서만 100억 원 이상의 수익을 거두어들일 것이라는 전망을 내놓았다.

❹ 애니메이션콘텐츠

한국은 세계 3위의 애니메이션 생산국이다. 현재 1위는 미국이고 2위는 일본이다. 미국의 월트 디즈니는 애니메이션을 하나의 독립적인 예술 작품으로 부각시키면서 미국을 극장용과 텔레비전용 애니메이션의 왕국으로 만들어 놓았다. 미국과 달리 일본 애니메이션은 주로 비디오용으로 출시되었는데 최근에는 이러한 구분조차 의미 없는 것이 되어, 애니메이션콘텐츠를 놓고 벌이는 세계적 경쟁은 작품 용도의 구분 없이 치열한 형국을 보여준다. 2002년 한국의 만화 제작 시장의 규모는 1,565억 원 정도였으며 2004년에는 애니메이션 연관 산업의 매출 규모가 3천억 원에 이르렀다 한다. 애니메이션콘텐츠는 캐릭터 사업, 게임 산업 등과 맞물려 앞으로 더욱 많은 이익을 창출할 것으로 보인다. 한국에서는 (주)손오공과 (주)선우엔터테인먼트 등이 본격적으로 애니메이션 사업에 투자를 확대하고 있다. 한국은 OEM 방식에 기초한 제작자 국가에서 적극적인 기획자 국가로 서서히 탈바꿈을 시도하고 있다. 그러나 아직까지 한국이 기획한 애니메이션콘텐츠가 세계무대를 배경으로 성공한 경우는 드물다. 앞으로

(주)손오공이 기획한 「하얀 마음 백구」, (주)선우엔터테인먼트가 기획한 「마일로의 대모험」 같은 우수한 창작물이 이어져 나와야 할 것이다.

애니메이션 강국인 일본에서 제작되었고 한국에서도 큰 인기를 끈 「은하철도 999」와 「원령공주」는 독특한 서사구조 속에 깊은 사상성을 담고 있어 '스토리텔링에 실패한 애니메이션은 성공할 가능성이 전혀 없다'란 속설이 허언이 아님을 보여 주고 있다.

① 은하철도 999 : 일본 애니메이션 작가 마츠모토 레이지가 제작한 「은하철도 999」는 1978년 9월 14일부터 후지TV를 통해서 방영되기 시작하여 1주일에 1회씩 약 2년 6개월 동안 방영되었다.[7] 한국에서는 MBC를 통하여 104회 전편 모두가 방영되었다. 「은하철도 999」는 그 전작인 「천년여왕」의 내용과 어느 정도 이어져 있으며 여자 주인공 '메텔'은 「천년여왕」에 나오는 '라 메텔'과 이어진다. 또한 마츠모토는 새로운 작품을 계속적으로 발표하여 「은하철도 999」에 관한 여러 가지 의문을 풀지 못한 독자들을 더 깊은 미궁 속으로 빠지게 한다.

「은하철도 999」는 미래 사회에 대한 상상력을 통하여 문명적 삶에 대한 강한 비판의식을 담은 작품이다. 서기 2222년, 기계인간들이 지구를 지배하게 되었고 기계의 몸을 살 수 없는 가난한 사람들은 메갈로폴리스 주변에서 방황하고 있었다. 어느 날 주인공 데츠로(철이)의 어머니는 기계백작이 보낸 인간사냥꾼에 의해서 목숨을 잃는다. 어머니의 죽음에 대한 깊은 원한을 가진 데츠로는 자신도 기계의 몸을 얻어서 원수를 갚겠다는 다짐 속에서 메텔을 만났다. 메텔은 데츠로에게 지구에서 안드로메다까지 이어진 은하철도망을 함께 여행해보자고 제안하였고 데츠로는 메텔의 뜻을 받아들이면서 머나먼 우주적 시공을 향한 두 남녀의 고난에 찬

---

7 일본 영화감독 린타로는 「은하철도 999」를 극장용 장편 영화 두 편으로 발전시켰다. 한편은 「기계 제국의 최후」, 다른 한편은 「안녕 은하철도 999」라는 부제를 달았다.

여정은 시작되었다. 그러나 사실 메텔은 데츠로의 어머니를 시기하여 그녀를 죽게 한 프로메슘의 딸이었으며 프로메슘은 메텔로 하여금 데츠로를 데려오게 했던 것이다.

　이들은 여행 도중에 이루 다 열거할 수 없이 많은 별들을 방문한다. '일할 의욕이 전혀 없는 자들이 살아가는 게으름쟁이들의 별', '영원히 반목과 질시를 거듭하면서 살아가야 하는 별들의 별', '생명체라고는 하나도 없이 인간화석으로만 가득한 죽음의 별' 등 수많은 별들에서 일어나는 위기일발 체험들에 관한 실감나는 형상화는 미래 세계를 향한 작가 마츠모토의 주도면밀하면서도 거침없는 상상력이 만들어놓은 값진 성과이다. 마츠모토는 데츠로와 메텔이 경험하는 우주 세계가 언젠가 우리의 삶 앞에 현실로 펼쳐질 수도 있다는 전제 하에 이 작품을 썼다. 죽어버린 어머니의 원수를 갚거나 혹은 머나먼 우주적 시공에서 지구를 떠난 어머니를 다시 만나기 위해서 '은하철도 999'를 타는 데츠로의 삶은 모성과 고향을 잃고 우주를 방황해야 하는 다가올 인간의 운명을 보여준다.

　시간성을 상실한 채 허허로운 우주적 공간을 정처 없이 떠도는 증기 기관차 '은하철도 999'의

애니메이션 「은하철도 999」의 포스터

모습은 아득한 향수를 자아내는 듯이 애처롭고 서글프다. 증기기관차라는 초기 근대적 사물을 주요 소재로 내세운 것은 근대의 시초가 가진 의미를 부각하기 위해서였다. 그 열차는 한 번 출발한 곳으로는 다시는 돌아올 수 없는, 즉 영원히 새로운 곳으로 출발해야 하는 운명을 지녔다. 열차 안에서의 삶은 자연에서 태어나서 자연으로 돌아가는 보편적 인간 삶과 달리, 지구에서 출발하여 낯선 우주 속으로 영원히 떠나야 하는 삶이었다. 마침내 데츠로는 기계모성을 파괴한 후에 기계인간이 될 수 있는 기회를 맞이하게 되지만, 기계인간이 된 사람들의 고통을 바라보며 인간으로서의 정체성을 깨달으면서 기계인간이 되고자 했던 꿈을 포기한다. 데츠로는 기계인간으로서의 영원한 삶에 회의가 들었던 것이다. 이러한 결론은 생명주의와 인간주의를 지향한 작가의 세계관을 단적으로 보여준다.

② **원령공주** : 일본 감독 미야자키 하야오의 작품이다. 미야자키 하야오는 자연중심주의적 세계관을 가진 감독이다. 그의 자연중심적 세계관은 인간과 신과 자연의 화해와 화합을 지향한다. 그의 이전 작품 「미래소년 코난」에서 보이는 세계관이

애니메이션 「원령공주」의 포스터

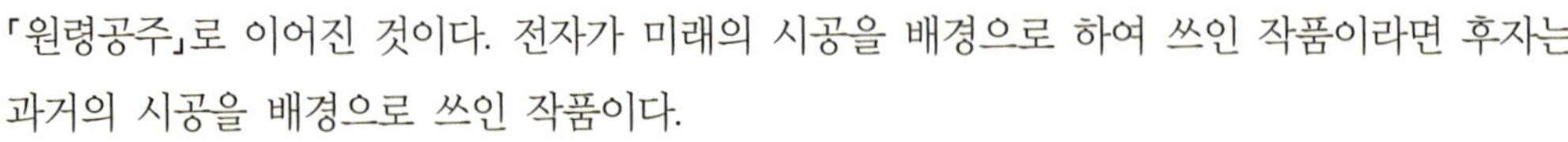

「원령공주」로 이어진 것이다. 전자가 미래의 시공을 배경으로 하여 쓰인 작품이라면 후자는 과거의 시공을 배경으로 쓰인 작품이다.

이 영화의 두 주인공은 에미시족의 후예인 '아시타카'와 들개 신에 의해 양육된 '산'이다. 아시타카는 자신의 몸이 차츰 썩어 들어가는 재앙을 이기기 위해서 자연신 '시시가미'를 만나려고 먼 여행을 떠나게 되고, 이 여행에서 만난 '지코'라는 수도승을 통하여 자신의 마을과 자신에게 찾아온 재앙의 원인이 자연을 파괴한 인간의 행위에 있음을 알게 된 후 지코를 따라 타타라 성으로 들어간다. 자연과 인간의 극한적인 대립을 비교적 객관적인 위치에서 목도한 지코와 아시타카는 자신의 삶을 위하여 혹은 공동체적 삶을 위하여 화해적 중재의 노력이 필요함을 알게 된다.

타타라성의 여성 족장 '에보시'는 마을을 개발하여 큰 이익을 얻으려 시시가미를 죽이지 못해 혈안이 된 인물이다. 이러한 에보시의 자연 말살 정책에 저항하는 인물이 늑대 소녀 산이다. 아시타카는 에보시와 산의 갈등을 중재하기 위해서 노력해 보지만 이미 상황은 극단으로 치닫고 마침내 시시가미는 타타라족이 쏜 총알을 맞는다. 여기서 시시가미의 죽음은 마을 사람들에게 예상된 행복을 주는 것이 아니라 큰 재앙을 불러일으킨다는 사실을 영화의 결말 부분은 말해준다. 마을의 평화를 되찾고 인간과 자연의 갈등 구조를 무화시키는 화해의 지평을 열기 위해서는 시시가미의 생존이 필요하다는 사실은 이 영화의 주제의식과 이어진다.

「원령공주」는 최근 세계 문화의 조류인 생태주의와 잘 부합하는 작품이다. 인간이 인간답게 살 수 있는 길은 인간 아닌 존재들을 파괴하거나 개발하는 데에 있는 것이 아니라 그것들을 보존하고 보호하는 데에 있다는 명제에서 이 영화는 출발한다. 이 영화의 몇몇 장면들이

다소 폭력적이고 징그럽다는 비판을 받기도 하였는데, 이 영화는 아이들을 위해서가 아니라 어른 관객들을 위해서 제작되었기 때문에 이러한 비판은 별로 설득력을 지니지 못한다. 「원령공주」는 오늘날 애니메이션 콘텐츠가 철학적 사유에 바탕을 둔 시대정신의 반영 없이는 성공할 수 없다는 점을 여실히 보여준 작품이다. 평생 일관성 있는 철학으로 작품을 만들어 온 '미야자키 하야오'에게서 애니메이션은 어린이의 전유물이 아니라는 당연한 사실을 확인하게 된다. 「원령공주」는 인문학적 사유를 충분히 지니고 있는 작품으로 애니메이션의 스토리텔링이 지향할 수 있는 한 방향을 제시한다.

⑤ 에듀테인먼트 콘텐츠

교육은 국가적·개인적 경쟁력을 위해 성장시켜야 할 필수불가결한 분야이며, 실제 교육산업은 어느 국가에서나 가장 큰 규모를 보인다. 교육이 삶의 보편적인 가치와 지식을 가르친다는 점에서는 전통적인 틀을 유지하는 측면이 있다. 하지만 오늘날 자유로운 표현과 강한 주장, 감성적이고 지적인 개방성, 혁신적 사고 등의 특징을 보이는 새로운 세대의 등장과 디지털 기술의 발전, 그리고 급변하는 지식과 정보를 효율적으로 다루려는 부단하고 치열한 노력의 필요성 때문에 교육 내용뿐만 아니라 교육 방식에서도 많은 변화가 초래되었다.

탭스콘의 지적처럼 새로운 디지털 네트워크 시대가 도래하면서 교육은 선형적 학습에서 하이퍼미디어 학습으로 변화하였고 주입식 교육에서 참여와 발견학습으로 변화하였으며 교사 중심 교육에서 학습자 중심 교육으로 변화하였다. 이와 맞물려 학교 교육의 개념이 평생교육의 개념으로 변하면서 교육의 전반적 성격은 획일적 교육에서 맞춤 교육으로, 괴롭고 지

겨운 학습에서 재미있는 학습으로 변화하였다. 또한 교사의 역할 또한 완제품 지식을 전달하는 지식 전달자에서 학습자의 학습활동을 촉진시키고 조력하는 학습 촉진자로 바뀌고 있다.[8]

이러한 변화에 따라 교육 시장은 새로운 교육 매체, 교육 방식의 탄생을 불러왔다. 예컨대 인터넷 교육이나 방문 학습지 교육 등 여러 분야를 들 수 있다. 아울러 변화의 물결 또한 강력한 것이어서 새로운 교육 시장의 흐름은 규모면에서 기존의 교육 방식을 위협할 수준에까지 이르렀다. 일례로 학습지 시장은 이미 4조 원의 매출 규모를 돌파했는데, 특히 유아학습지 시장(8천억 원), 초등학생 학습지 시장(3조 원)은 타 교육 시장 분야를 압도한다.

이처럼 교육시장은 역동적인 측면이 있는데 가장 대표적인 신생 영역이 바로 에듀테인먼트 분야이다. 에듀테인먼트란 교육(education)에 오락(entertainment)을 결합시킨 신조어이다. 지식과 정보가 전달되는 에듀테인먼트의 구체적인 형태는 출판물, 영화, 게임, 방송프로그램 등 다양하다. 에듀테인먼트는 수용자들의 자신감이나 만족감 제고 혹은 집중력의 강화 등 부수적 효과도 얻을 수 있다. 특히 멀티미디어 영상을 기초로 한 에듀테인먼트 소프트웨어가 보급됨에 따라 이 분야는 더욱 날개를 달게 된다. 즉 디지털 기술의 눈부신 발전에 힘입어 소리, 음악, 동영상, 문자 등을 자유롭게 전달할 수 있는 멀티미디어적 환경은 에듀테인먼트의 가능성을 크게 제고시켰다.

이에 따라 에듀테인먼트는 강렬한 재미와 효율적인 지식 전수에 기반하여 수용자가 학습 상황에 수월하게 몰입하도록 도와준다. 에릭 브라운에 의해 "에듀테인먼트는 애니메이션, 소리, 비디오 등을 통해 여타의 매체보다 훨씬 효과적으로 학습자의 읽고 쓰고 셈하는 활동을 지원하면서 고약하리만큼 상호작용적인 본질로 인해 학습하지 않고는 못 배기게 하는 매체

---

8 백영균, 『에듀테인먼트의 이해와 활용』, 정일출판사, 2005, p.236.

이자 혁신적인 교육기술로 인해 요컨대 강력한 불가항력"이라고까지 정의되는데, 그 논의 가 과장되어 보이지 않는다.[9]

최근 에듀테인먼트는 교구재 출판물 CD에서 웹기반 온라인 콘텐츠로 다시 모바일 콘텐츠로 끊임없이 확장되고 있는데, 이미 세계적인 거대기업으로 성장한 에듀테인먼트 전문회사들이 속속 출현하고 있다. 그 예로 게임과 학교 교육 과정을 성공적으로 결합시킨 대표적인 개발업체로서는 Lightspan과 Learn Technologies Interactive사, 에듀게임을 전문적으로 공급하는 회사로는 EdSoftware.com사, 기업에서 사용되는 에듀 게임 혹은 트레이닝 게임을 전문적으로 개발하는 Corporate Adrenaline사, 군대를 위한 게임을 만드는 회사로는 MAK Tecknologies사 등이 있다. 국내의 경우에는 PC게임을 중심으로 미취학아동, 초등학교, 중고등학교 학생을 대상으로 한 에듀게임을 개발하고 있다. 그 중에서도 현재 국내 에듀게임 시장은 유아들의 놀이학습과 초등학생을 대상으로 한 국·영·수 교과목을 중심으로 한 제품들이 대부분을 구성하고 있다. 국내에서 에듀게임 개발에 관한 관심은 최근에 일어난 현상으로서 주로 게임 회사가 교육 업체와 공동으로 개발하는 방식을 취하고 있다. 학습지 업체 (주)대교는 게임 업체인 (주)재미창조에 투자, KT 등과 함께 온라인 게임인 「디미어즈」를 개발한 바 있다.[10]

특히 에듀테인먼트로서의 게임은 기능훈련 게임으로도 확장되어 이미 소방학습 게임, 생명공학학습 게임, 사법체계학습 게임, 법정시뮬레이션 게임, 대학경영관리 게임, 건설교통 시뮬레이션 게임, 컨설팅기술학습 게임, 직업훈련 게임 등이 출시되고 있다. 최근 한국의 문화산업의 진흥을 위해서 설립된 한국문화콘텐츠진흥원에서도 에듀테인먼트는 게임, 애니메이션, 모

---

9 앞의 책, p.75.
10 유승호 외, 『에듀게임의 현황과 전망』, 한국게임산업개발원, 2003, pp.29−31.

바일콘텐츠 등과 함께 가장 중요한 문화콘텐츠 분야로 인정되어 집중적인 지원을 받고 있다.

얼마 전 대전엑스포 과학공원에서 열린 '2005 대한민국과학축전'은 종합 에듀테인먼트의 체험 현장으로서의 의미를 지녔다. 어렵고 지루한 과학을 쾌적하고 편안한 분위기에서 쉽게 공부할 수 있도록 하기 위해서 많은 공을 들인 이 행사에서는 호주의 체험 과학관인 국립과학기술센터에서 기획한 체험전시프로그램과 영국의 환경순회 사전전시 프로그램 등 해외의 성공한 에듀테인먼트를 다양하게 소개하였다. 실제로 이 행사는 오락과 교육이 분리되지 않을 때 학습의 효과가 극대화할 수 있다는 점을 보여줌으로써 새로운 과학 교육의 장을 충분히 선보이는 데에 성공했다.

❻ 도서출판과 e-북콘텐츠

2004년 11월 문화관광부가 한국출판연구소에 의뢰하여 전국 성인 남녀 1천 명과 초·중·고 학생 2천 7백 명을 대상으로 설문 조사한 결과 성인은 1년에 11권, 학생은 11.7권 정도의 책을 읽는 것으로 밝혀졌다. 또한 이들은 한 달에 평균 1만 원의 돈으로 평균 1권의 책을 구입하는 것으로 나타났다. 계속된 경기침체 속에서 한국 사람의 독서량은 늘지 못하는 실정이지만 우리나라 전체 시장규모로 볼 때 출판시장이 차지하는 비중은 여전히 작지 않다. 또한 성인의 연간 독서율(1년 동안 1권 이상의 일반 도서를 읽는 비율)은 76.3%로 유럽 15개국의 평균치(58.0%)나 미국의 경우(50.2%)보다 높게 나타났다. 이러한 통계 자료로 보아 한국의 도서출판시장이 앞으로도 어느 정도 가능성을 지닐 것으로 예측할 수 있다.

그러나 한국 출판시장의 미래가 매우 불투명하다는 주장도 있다. 2004년 우리나라 출판사는 2만 2천 4백 98개사로 2003년에 비해 1,700개 이상이 늘었다. 그러나 이 중 92.4%인 2만 7백 83개의 출판사는 2004년 한 해 동안 단 한 권의 책도 간행하지 않았다. 2004년 우리나라 출판계 한 해 매출은 2조 3천 4백 85억 원(대한출판문화협회가 최근 발간한 『2005년 한국출판연감』 참조)이었다. 특히 2조 8천 77억 원의 출판 시장을 규모를 지녔던 2002년 이후 국내 경제 상황이 악화되어 내수시장이 계속 침체되고 있기 때문에 당분간 출판 시장이 1980년대의 호황을 되찾기는 어려울 듯하다.

특히 국내 출판사인 중앙 M&B가 2004년에 미국의 초대형 출판사 랜덤하우스와 제휴해 '랜덤하우스중앙'을 설립하고 유능 편집자를 영입해 '두앤비(Do & Be) 콘텐츠'라는 자회사를 차려 공격적 경영에 나서고 중앙 M&B가 미국 허스트미디어의 자본력을 통해 잡지 시장을 공략하면서 국내 출판사들의 위기감이 고조되고 있다.

그럼에도 불구하고 우리나라의 출판사는 그 수가 점점 더 늘고 있다. 2004년을 기준으로 출판사는 2만 2천 4백 98개사로 이는 전년도에 비해서 1,700여 개가 늘어난 숫자이다. 전문적인 사업 마인드를 지닌 전문 경영인에서부터 안일한 시장 인식을 지닌 아마추어 사업가까지 출판 시장에 뛰어들고 있는 관계로 출판사는 계속적으로 늘어가고 있지만 출판시장의 규모는 2002년 이후 매년 1천억 원에서 수천억 원씩 줄어들고 있는 것이 현실이다. 또한 인터넷 시장의 불분명한 할인 공세와 사회적 합의 없는 도서정가제의 도입으로 약소 출판사의 경영 상태가 더욱 악화되고 있다 하니 출판시장은 새로운 모색을 시도하여 또 다른 기회를 마련해야 할 것이다.

어려운 상황에 직면해 있는 종이책 출판과는 달리 전자책 즉 e-북(electronic book)은 새로

운 문화콘텐츠로 자리 잡아 가고 있다. e-북은 전자적으로 출판된 모든 출판물을 뜻하는 것으로 오프라인에서 나타나는 CD형식의 출판이나 온라인에서 나타나는 인터넷 출판물 등을 모두 아우르는 개념이다. 미국에서는 2004년 3월 스티븐 킹이 「총알타기(*Riding the Bullet*)」라는 e-북 소설을 발표하였는데, 이 소설은 2달러 50센트라는 파격적인 가격에 힘입어 하루 만에 40만 카피가 팔렸다.

그러나 e-북 역시 종이책 시장의 수요와 밀접히 관련되기에 종이책 시장이 호황을 되찾아야만 e-북 시장 역시 투자와 수요를 이끌어낼 수 있을 것이다. e-북의 제작비는 평균적으로 종이책 제작의 10분의 1 정도라 한다. 그만큼 e-북은 종이책에 비해 부가가치가 높다. e-북 시장이 성공하려면 다양한 기술 개발이 필요하며 출판 아이템 역시 종이책 출판과는 다른 지향점을 지녀야 한다. 최근 미국의 'e잉크'라는 벤처기업이 종이와 느낌이 거의 비슷한 전자 종이(e페이퍼)를 개발하여 새로운 형태의 e-북을 만들겠다고 하니 기대가 된다. 또한 e-북 판독기가 해킹으로부터 자유로울 수 있는 기술을 개발하여야만 e-북 소비시장의 혼란을 미연에 방지할 수 있을 것이다. 2006년 초에 이르면 국내 e-북 시장의 규모가 1천억 원대를 돌파할 것이라는 전망도 나오고 있다.

현재 e-북 시장은 2004년에 300억 원대에 머물던 것이 2005년에는 500억 원대로 예상되고 있으며, 2006년에는 1,400억 원대로 급성장할 전망이다. 이 분야의 선두업체인 '북토피아'는 2005년 5월 기준으로 하루 평균 약 5,000권의 판매고를 기록하고 있는데 이는 지난해 일일 평균 2,500권을 훨씬 상회하는 것이다. e-북의 가격은 기존 책의 50% 이하에서 결정되고 있다. 디지털의 특성상 검색기능이 탁월한데다 제작 과정에서 마음만 먹으면 그림이나 동영상 등 관련 콘텐츠를 자유롭게 추가할 수 있다. 또 다양한 기기에서 활용할 수 있다는 장점도 있다. 이런 장점 덕분에 북토피아는 2004년 휴대폰에서만 약 30억 원의 매출을 올렸다.

현재 e-북은 빠른 속도로 진화하고 있는데, 그것은 MP3플레이어, 위성DMB(이동멀티미디어 방송)폰, PMP(휴대용 멀티미디어 플레이어), PSP(플레이스테이션포터블), 디지털TV 등 각종 첨단 정보기술 제품들이 잇따라 선보이면서 e-북이 새 파트너로 속속 자리 잡고 있기 때문이다. 교양 및 교육, 문화 기능을 요구하는 소비자의 수요가 늘면서 단순 엔터테인먼트 기능만 제공하던 디지털 기기의 플랫폼에 교육 및 문화 콘텐츠를 담은 전자책이 속속 탑재되고 있다.[11] 물론 이런 시도들이 앞으로 성공적인 정착을 할 것인지는 면밀한 검토가 필요하다. "휴대소설"이란 용어를 탄생시켰던 일본의 경우 2005년 6월 30일을 기해 휴대폰 전자책 배신 서비스를 중단했다는 것은 새겨볼 대목이다. 아울러 e-북을 인터넷 사이트에 들어가 감상할 수도 있는데, 'enoveltown.com'의 경우 3만 5천 원이라는 연간구독료로 30여 편의 신작소설을 비롯한 모든 탑재 소설을 읽을 수 있다.

또한 사이트 내에는 인기 작가의 홈페이지가 구축되어 있는데 작가세계, 작품 라이브러리, 작가의 방, 연재소설, 미디어랩, 토론마당, 리딩 채팅, 열린 글마당 등의 항목을 갖고 있어 다양하고 친근감 있는 정보를 즐길 수 있다. 북토피아의 경우, 최영미 시인의 시집 『서른, 잔치는 끝났다』가 낭송 전문가의 시낭송, 플래시, 피아노 배경음악 등과 어우러져 있다. 또한 황석영의 『모랫말 아이들』 역시 배경 음악이 흐르는 가운데 삽화를 플래시로 처리하는 이색적인 형식으로 펼쳐지고 있다. e-북의 가능성에 대한 믿음 때문인지 한국의 유명 소설가인 이문열, 구효서 등도 신작 소설을 e-북으로 발표하고 있다. 이순은 『모델』이라는 e-북을 발표

---

11 〈헤럴드경제〉, "e-북이 진화하고 있다", 2005. 8. 28.

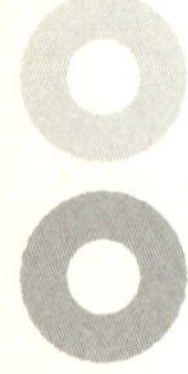

하면서 "컴퓨터에 익숙한 새로운 독자층이 형성됨에 따라 소설의 날렵한 문체는 물론이고 내용의 다양성과 빠른 전개도 고려"했다고 할 만큼 기존 소설과는 차별적인 창작 방법을 염두에 두고 있다.

(4) 뉴미디어와 문화콘텐츠산업

문화콘텐츠 창작물의 출현은 미디어의 발달을 근간으로 하고 있다. 미디어는 그 자체로 하나의 훌륭한 문화콘텐츠가 될 수 있는데, 이는 라디오, 텔레비전, 신문 등과 같은 올드미디어에도 적용될 수 있고, 인터넷과 같은 뉴미디어에도 적용될 수 있다. 현대 사회는 대중의 힘에 의해서 움직이는 대중사회이며 대중은 미디어를 통하여 그들의 의견을 만들어 나간다. 라디오, 텔레비전, 신문 등 기존의 미디어 역시 현대 사회에서의 영향력은 뉴미디어인 인터넷에 비하여 크게 뒤떨어지지 않는다. 다만 뉴미디어가 올드미디어와 거의 대등한 영향력을 발휘하고 있다는 사실 자체가 올드미디어의 영역에 하나의 위협이 되기도 한다.

뉴미디어의 출현은 새롭고 다양한 문화콘텐츠의 출현을 수반하고 있다. 인터넷, 위성 DMB, 지상파 DMB, 모바일 등 뉴미디어의 출현은 곧바로 새롭고 흥미 있는 문화콘텐츠를 끊임없이 요구하고 있다. 뉴미디어가 올드미디어와 비교해 독특하고 차별적인 특성을 갖는다는 점에서 뉴미디어의 탄생 때부터 그것에 수용되는 문화콘텐츠 또한 그 근본적인 성격이 다르리라는 것은 어느 정도 예견되었다.

실제로 뉴미디어의 차별적 특성이 어떻게 드러나는지 구체적으로 살펴보자. 우선 인터넷 방송의 경우 실시간 정보제공이 가능토록 하는 푸시(push) 기술, 파일을 다운로드하는 동시에 재생해주는 스트리밍 기술, 그리고 화상회의 기술 등에 힘입어 쌍방향성 서비스(채팅서비스와 스트리밍 기술을 합해 인터넷 생방송 도중 이용자들이 질문을 채팅으로 하고 출연자가 대답을 동영상으로 하는 방식이나 인터넷 생방송을 하면서 여전히 인터넷을 통해 관련된 텍스트 자료나 이미지 정보들을 제공 받는 방식), 저장형의 데이터베이스 방송(24시간 이용자가 원하는 어느 곳이든지 원하는 방송을 내보내는 방식), 접근채널로서의 활용(시청자가 언론의 주역이 되는 방식), 지구촌방송으로서의 기능(전 세계 네티즌을 상대로 방송하는 방식)이 가능해졌다.[12]

또한 휴대폰을 통한 모바일 방송은 LG텔레콤, SK텔레콤, KTF의 국내 3대 이동통신사업자들을 중심으로 시작되었다. 1999년을 기점으로 이동통신사업자들은 케이블 방송, 인터넷 방송, 영화사, 잡지사 등 다양한 매체나 채널과 연계해 실시간 뉴스, 날씨 및 생활정보, 연예 오락 정보, 스포츠 하이라이트, 시트콤 NG 장면 등을 제공하기 시작했다. 특히 'cdma 2000'을 통해 인기 드라마를 재생해서 볼 수 있는 VOD 서비스도 제공하였다. 국내에서 최초의 세미 모바일 방송은 1999년 LG텔레콤의 'ez channel'이었다. 이후 2002년에는 SK텔레콤과 KTF의 모바일 방송 서비스도 각각 상용화하였다.

멀티미디어 모바일 방송 서비스란 무선 인터넷에 접속하지 않고도 뉴스, 스포츠, 영화, 음악 등 다양한 콘텐츠를 실시간으로 받아 볼 수 있는 새로운 서비스다. 방송프로그램은 서비스가 가능한 사양의 단말기를 소지한 가입 고객에게 푸시 형태로 제공된다. 특히 멀티미디어 동영상 서비스는 웨이블렛(Wavelet) 방식으로 압축된 동영상 데이터를 다운로드하는 형태로 언제 어디서나 콘텐츠를 휴대전화에서 실행시켜 볼 수 있다.[13]

---

12 김진민 외, 『디지털 미디어방송』, 북랜드, 1999, pp.203-204.
13 송해룡, 『디지털 미디어, 서비스 그리고 콘텐츠』, 다락방, 2004, p.329.

모바일 콘텐츠로는 영화, 드라마, 게임 등이 제공되고 있는데, 기존의 콘텐츠가 활용되는 경우도 있지만 모바일용으로 새로 창작되거나 개작되는 경우도 많다. 모바일용으로 새롭게 창작된 것 중 가장 활발한 장르는 영화, 드라마, 게임이다. 우선 모바일 영화는 휴대용 단말기(휴대폰, PDA)를 통해 관람할 수 있는 휴대폰 전용 영화로 동영상 콘텐츠를 자신의 휴대폰에 내려 받아 자유롭게 관람할 수 있는 양방향 커뮤니케이션 영화이다. 콘텐츠 용량 문제와 다운로드의 특성 때문에 편당 상영 시간이 1분에서 2분 30초를 넘지 않는 단편영화가 대부분이다. 짧은 상영 시간으로 10편 내외의 연작물로 제작되어 완결성을 지닌 10개 에피소드가 하나의 줄거리로 연결된다. 영화의 결말은 관객들이 직접 선택할 수 있도록 하는 쌍방향 방식이다. 모바일 영화는 전형적인 '인터렉티브' 영화라 할 수 있다.

현재 「프로젝트 X」,[14] 「달걀과 건달」, 「마이 굿 파트너」, 「아버지 몰래」 등이 출시되었다. 이 중 「아버지 몰래」는 출생과 함께 어머니를 잃은 17살 치성이 아버지의 여자 친구 유정을 사랑하는 사춘기 성장영화이다. 최근 영화사 '다세포 클럽'에서는 인터넷 인기 만화 「다세포 소녀」를 100편의 DMB용 영화로 만든다. 10명의 감독이 편당 10분 분량으로 제작한다. 영화의 편당 제작비는 1~2억 원 정도로 잡고 있으며 쌍방향 영화에 대한 노하우를 구축하고 있는 유럽 프로덕션과 제휴하여 결론이 두세 가지인 20~30분짜리 영화를 만들려 하고 있다.

사실 현재 위성 DMB 서비스 업체인 TU 미디어가 전용채널을 통해 24시간 영화를 방영 중이다. 그럼에도 DMB용 영화가 별도로 만들어지는 것은 기존 장편 영화가 DMB와 속성상 잘 맞지 않아서이다. 짧은 여유 시간이나 이동 중에 틈을 내 볼 수 있는 짧은 분량의 영화가 이동성이 가장 큰 특징인 DMB의 특성과 잘 부합되기 때문이다. 현재 방영 중인 영화가 이미

---

14 OMD(Original Music DVD)라는 새로운 장르를 표방하고 나선 「프로젝트 X」는 영상과 음악을 아우르는 신개념 매체라는 화려한 타이틀을 바탕으로 제작됐다. 21세기를 대표하는 코드인 디지털과 예술을 접목시킨 장르로 관심을 모았으며 또한 그 어떤 매체보다 모바일을 통해 최초로 공개돼 화제를 일으킨 작품이다. 2004년 DVD로도 출시된 「프로젝트 X」는 애초 모바일 전용 영화로 제작돼 SK텔레콤의 준(June)을 통해 상영됐다. 이후 영화 상영까지 계획되었지만 결국 스크린에는 못 오르고 뮤직비디오의 형태로 케이블 음악채널을 통해 공중파를 타기도 했다.

케이블 TV와 위성방송 등 여러 매체를 통해 거듭 방송된 점도 새로운 DMB용 콘텐츠의 필요성을 부각시키고 있다. TU 미디어가 강풀 원작의 「순정만화」를 100분짜리 애니메이션으로 자체 제작해 5회로 나누어 방송하려는 것도 이런 이유에서이다.

물론 이런 일들을 가능케 한 원동력은 바로 휴대폰의 진화다. 국내 휴대폰 제조업체들은 영상통화는 물론 TV 시청과 영화 관람이 가능한 3.5세대 이동통신 단말기가 내년 중 상용화할 것이라고 주장하고 있다. 실제로 국내의 한 선두업체는 2005년 3월 하노버 세빗 박람회에서 3.5세대 휴대폰을 세계 최초로 선보였다. 1기가바이트 용량의 영화 한 편을 내려 받는데 4세대 휴대폰은 단 1분 미만이면 모든 것이 끝난다. 3.5세대는 대략 15분가량이 소요된다. 이는 현재 2.5~3세대 휴대폰에서 6시간 이상 걸리는 것과 비교하면 엄청난 진화이다.[15]

모바일 영화는 상영의 특성상 런닝타임이 분 단위가 될 수밖에 없다. 때문에 이들 모바일 전용 상영작들은 이러한 시간적 제한과 모바일을 통해 보이는 작은 프레임에 가장 효율적인 작품으로 제작된다. 3분이 넘지 않는 시간 내에 한편의 드라마는 완벽한 기승전결을 갖추어야 하고, 각 영화는 모바일 창에서 영화를 효과적으로 보여줄 수 있는 각도로 촬영된다. 보통 영화에서 많이 사용되는 원거리 촬영 등은 되도록 사용되지 않는다. 대신 인물을 다양한 각도에서 가까이 잡아 심리적 추이를 잘 보여줄 수 있는 클로즈샷 방식을 많이 사용한다.[16]

아울러 모바일 영화의 주인공은 3~4명 정도가 적당하다. 배경이나 여러 명이 나오는 장면보다 한 인물에 포커스를 맞춘다. 특히 TV나 극장영화와는 달리 눈을 휴대폰 화면 속에 고정시키기 때문에 연기 장면 하나하나에 세밀한 신경을 쓸 수밖에 없다. 그래서 모바일 영화에는 연기파 배우가 적당하다고 한다. 모바일 영화의 가장 큰 특징인 집중력으로 인해 연기를

15 〈디지털 타임스〉, "손연기 : 휴대폰의 진화와 역기능", 2005. 7. 7.
16 〈아이뉴스〉, "스크린과 브라운관을 넘어서 모바일 세계로", 2004. 12. 2.

몇 분만 보고 있으면 배우의 카리스마가 바로 느껴지므로 표정 하나가 담고 있는 메시지가 함축적일 수밖에 없다. 이와 함께 모바일 영화는 감상자가 결말을 원하는 방향으로 이끌 수 있는 것처럼 인터렉티브 기능을 포괄한 경우가 많다.[17]

이와 함께 모바일 드라마도 꾸준히 창작되고 있는데 최근에는 모바일 드라마 프로젝트 「다섯 개의 별」이 인기를 끌었다. 이 드라마는 유료서비스가 시작된 지 보름 만에 7만 5천 명의 시청자를 모아 화제를 불러일으켰다. 이 드라마는 공중파 인기드라마를 재방송한 것이 아니라 일체의 공중파 노출 없이 SK의 휴대폰 '준' 서비스만을 통해 볼 수 있었다는 점에서, 또한 향후 인터넷 포털의 주문형 비디오(VOD) 서비스와 케이블 TV로도 방영된다는 점에서, 모바일 드라마의 새로운 가능성을 제시한다. 모바일 드라마에서도 새로운 미디어의 특성에 맞게 콘텐츠의 특성이 형성되는 것을 볼 수 있는데, 국내 최초의 쌍방향(인터렉티브) 드라마를 표방한 「리얼드라마」는 소재, 캐스팅, 심지어 극의 전개까지 시청자의 의견이 반영되는 쌍방향성을 기반으로 하고 있다. 매회 소재를 인터넷을 통해 공모하고 주연과 호흡을 맞출 신인연기자도 네티즌 추천을 받아 캐스팅 하고 극의 결말 또한 시청자의 기호에 맞게 두, 세 갈래로 갈라진다. 옴니버스 극인 「리얼드라마」(총 50회)는 25~30분의 분량으로 일주일에 한 회씩 휴대폰과 인터넷, 그리고 전국 대학교에 설치된 PDP를 통해 방영된다.

특히 모바일 콘텐츠가 감상되는 특수한 상황을 감안하여 이른바 '한 뼘 프로그램'도 만들어지고 있다. 일례로 '흔들리는 그네에 앉아 노는 한 쌍의 젊은 커플, 잠시 후 둘은 키스를 나눈다. 그리고 남자는 떠난다. 갑자기 침을 퉷 뱉으며 입을 닦는 여자는 얼굴을 찡그린다.'는 내용이 전부이다. 드라마의 길이는 한 뼘조차 안 되는 1분이다. 또한 화려한 그래픽을 배경으

---

17 현대원·박창신, 『디지털 경제의 신 승부처』, 「제8장 차세대 이동통신」, 디지털미디어리서치, 2004.

로 내레이터가 읽어 내리는 윤동주의 「서시(序詩)」, '하늘을 우러러 한 점 부끄럼 없기를'로 시작하는 이 짤막한 시가 '오늘 밤에도 별이 바람에 스치운다'로 끝나면 프로그램 역시 끝을 맺는다.[18] 이처럼 이른바 '한 뼘 프로그램'들은 이동 중에 그것도 휴대폰이라는 극소의 공간을 통해 감상하게 되는 상황을 감안하여 기존의 콘텐츠들과 다른 특징들을 보이는데, 감각적인 영상, 성적 자극, 극적 반전, 쿨한 신세대 문화, 그리고 무엇보다도 '찰라'라고 표현해야 할 너무도 짧은 길이 등의 공간적 구조를 갖추기도 하고 영상세대에 맞게 소리, 동영상, 문자로 이루어진 영상시의 출현을 보이기도 한다.

실제로 'SENEF'(SEOUL NET & FILM FESTIVAL)가 'TU 미디어'(DMB사업자), 'KTF' 등과 함께 2005년 9월까지 진행 중인 '모바일 & DMB 페스트' 출품 작품 역시 국내외 작품을 막론하고 길이가 15분 내외다. 심지어는 1분도 안 되는 초단편영화도 있다. 지난해까지 모바일 영화제를 열다 올해 'DMB'를 추가한 'SENEF'의 이강옥 프로듀서는 "짧은 대신 빠르고 감각적인 영상, 촌철살인, 문자메시지 자막활용 등으로 보는 이들의 주의를 끄는 작품들"이라고 말한다. 오프라인에서도 '1분 영상제', '손바닥 영화제' 등 단편영화제들이 점차 입지를 넓히는 추세이다.[19]

뉴미디어의 디지털 테크놀로지의 특성이 가장 특징적으로 드러나는 것은 모바일 게임이다. 이미 기존의 유명 영화나 인기스포츠가 모바일 게임으로 만들어지고 있다. 최근에 SK텔레콤은 「스타워즈 에피소드 3」를 모바일 게임으로 출시했으며 앞으로 「배트맨 비긴즈」, 「천군」, 「판타스틱 4」 등을 제작할 계획이고 아울러 프로레슬링, 프로농구 등도 모바일 게임으로 제작할 예정이다. 또한 중국의 고구려사 왜곡 문제와 일본의 동해 표기 문제 등이 사회적인 이슈로 떠오르면서 역사를 소재로 한 모바일 게임이 연달아 출시되고 있다.

---

18 〈아이뉴스24〉, "위성 DMB 킬러콘텐츠는 '한 뼘' 프로그램", 2005. 4. 29.
19 〈매일경제〉, "DMB 전용 짧은 영화·드라마 인기", 2005. 7. 29.

「불멸의 이순신」은 동명의 드라마 방영 개시에 발맞춰 서비스 되는데 총 4억 원의 개발비가 투입된 대작이다. 「불멸의 이순신」은 KBS 드라마 「불멸의 이순신」과 게임 판권 계약을 체결, 드라마와 함께 기획되었다. 특히 역할분담게임(RPG)인 「불멸의 이순신」의 가장 큰 재미는 게임 시나리오가 드라마를 기반으로 구성되어 이용자가 드라마와 게임을 함께 즐길 수 있다는 점이다. 이 게임은 드라마의 극 전개에 따라 '인간 이순신'에 초점을 둔 1부 열혈 편을 시작으로 해전을 배경으로 한 2부 영웅 편, 알려지지 않은 이순신의 비하인드 스토리를 담은 3부 이순신 외전 편 등 총 3가지 버전으로 선보일 예정이다. 이 게임에서는 100여 종이 넘는 아이템과 함께 방대한 맵을 여행하며 전투할 수 있는 파티 시스템이 제공된다.[20]

이외에도 고구려 역사 왜곡에 대해 정면 대응할 모바일게임도 출시되었다. 광개토 대왕의 고구려 영토 확장을 다룬 「북벌」은 게임 사용자가 '광개토 대제'가 되어 왜구를 격퇴하거나 만주를 공략하는 등 고구려 영토 확장을 생생하게 체험할 수 있다. 아울러 남과 북이 합작해서 만든 최초의 모바일 게임으로 관심을 모았던 「독도를 지켜라」는 고이즈미 총리를 비롯한 일본 지도층의 독도 망언에 대한 경고의 의미를 담고 있다.

아울러 인기 온라인 게임인 「어둠의 전설」이 모바일게임으로 새롭게 구성되면서 보인 변화도 컴퓨터에서 모바일로의 전환에 따른 콘텐츠의 변화 필요성을 함께 느끼게 해준다. 게임 출시 전 국내 최초로 '라디오 드라마' 형식으로 게임의 티저 홍보를 거치며 기대감을 모았는데, 여러 성우들이 참여해 게임에 대한 스토리를 심도 있는 드라마로 꾸몄다. 모바일 게임 자체의 스토리성을 강조한다는 차원이다. 또한 기본적으로 대규모 전투와 각종 시나리오를 전략 RPG 장르로 그려내는 과정에서 가장 큰 특징은 콘솔게임과 맞먹는 방대한 분량의 시나리

20 http://kr.blog.yahoo.com/club2821004

오를 바탕으로 RPG 구현도를 한층 높였다는 점이다. 모바일 「어둠의 전설」은 시나리오가 A4 용지 100쪽에 달할 정도로 스토리를 대폭 강화시켰다. 12명의 캐릭터가 등장하는데 각 상황별로 시나리오에 등장하는 총 100개의 방대한 아이템과 등장인물에 맞춘 39가지의 화려한 스킬을 선보이고 있다. 자칫 지루해질 수 있는 플레이는 탄탄한 시나리오와 화려한 볼거리를 통해 단조로움을 줄이려 노력하게 된다.[21]

모바일 게임에 대한 선호는 일반 휴대폰을 통해 게임을 즐기는 것 외에도 게임 이용이 주인 모바일 게임기와 게임폰(게임기능 내장폰)이 각각 10만 대 이상 판매되는 것에서 확인할 수 있다. 최근에는 게임 내용에 따라 휴대폰이 떨리는 '진동폰'이 출시되고 있는데, 예를 들어 자동차 게임을 즐길 경우 비포장도로 등 노면 상태에 따라 휴대폰이 흔들리도록 되어 있어 기술적 진보에 따른 뉴미디어 혹은 문화콘텐츠의 새로운 가능성이 어디까지 이어질지 자못 궁금해진다.

뉴미디어의 출현이 문화콘텐츠의 새로운 지형도를 마련한다는 사실은 가장 전통적인 예술 장르라 할 수 있는 문학에서도 확인할 수 있다. 인터넷이라는 뉴미디어의 득세가 문학에 가져온 바람이라 할 수 있겠는데, 그것은 바로 '미니픽션'의 새로운 부상이다. '미니픽션'이란 A4용지 한 쪽 분량의 초미니 창작물로 인터넷 시대 새로운 글쓰기의 대안으로 부상하고 있다. 디지털 기술이나 컴퓨터의 활용 등과 관련하여 하이퍼링크나 쌍방향성을 활용한 하이퍼텍스트 문학 혹은 인터렉티브 스토리텔링 등의 새로운 문학적 특질과는 또 다른 의미로 미니픽션은 인터넷 시대의 새로운 문학적 흐름을 보여 준다.

미니픽션은 현재의 사이버 시대에 순발력 있게 대응할 수 있는 장르로 떠오르고 있다. 이

---

21 〈경향게임스〉, "스토리의 감동, 전투의 박진감 한 손에", 2005. 5. 11.

는 원고지 위의 글쓰기에서 홈페이지나 블로그 등 컴퓨터 화면상의 글쓰기 방식으로 전환됨에 따라 글쓰기의 호흡이 갈수록 간결해지는 추세에 걸맞기 때문이다. 미니픽션은 20세기 후반 중남미의 보르헤스, 마르께스 등의 대가들을 중심으로 시작되어 전 세계로 퍼져나가고 있다. 무라카미 하루키도 한 쪽 분량의 반짝이는 감각을 담은 소설집을 낸 적이 있으며 이를 영미권에서는 '플래시 스토리'(FLASH STORY)로 부른다. 1998년 멕시코에서의 세계대회 이후 2년마다 미니픽션 세계대회가 열리고 있다.

김의규는 미니픽션의 특질과 의미에 대해 "한 화면에서 편히 읽을 수 있는 짧은 글들을 선호하는 인터넷 환경에 꼭 들어맞는 장르", "컴퓨터 화면에서 그래픽이나 음악적 요소를 겸비한 멀티미디어 포맷에 담거나, 휴대폰 문자 메시지를 통해서도 작품을 돌려 보는 등의 무한한 가능성", "짧지만 촌철살인의 통찰과 여운의 아름다움, 시적 진실을 담아내 콩트나 에세이, 메모등과의 차별적인 특징", "여러 장르의 장벽을 허물어 각종 소설 작법 실험을 펼치는 열린 공간의 지향성" 등으로 설명하고 있다.[22]

뉴미디어의 출현과 디지털 기술의 발전에 따른 문화콘텐츠의 변화 양상의 또 다른 하나는 'OSMU'(one source, multi use)의 강화이다. 즉 하나의 콘텐츠를 문화산업의 여러 영역에 두루 이용하는 추세가 강화되고 있다. '반지의 제왕 1, 2, 3'의 경우 총 35억 달러 이상의 매출을 발생시켰으며, 이는 이른바 '프로도 경제'(Frodo Economy) 효과라는 신조어까지 탄생시켰다. 물론 뉴미디어의 출현 이전에도 하나의 콘텐츠를 출판물이나 영화로 혹은 드라마로 동시에 이용하는 추세가 있었다. 출판물과 영화 혹은 드라마의 상승효과를 통해 감상자의 확산을 노린 것인데 일례로 일본의 가토가와 쇼탱 출판사는 메가 트렌드라는 이름 아래 'OSMU' 전략

---

[22] 〈조선일보〉, "A4 1장의 재미 '미니픽션' 바람", 2004. 11. 28.

을 집중적으로 추구하여 내놓은 서적마다 베스트셀러에 진입시키면서 일본 최고의 출판사로 부상하였다.

하지만 모바일이나 인터넷 등의 뉴미디어 출현이나 게임, 애니메이션 등의 디지털 기술 기반 문화콘텐츠의 출현 이후에는 'OSMU'가 필수적인 고려사항이 되었다. 하나의 콘텐츠를 제작할 때에 그 콘텐츠를 이후 다른 영역으로 활용하는 방안을 미리 고려하는 제작 방식이 중요해졌다. 일례로 애니메이션을 제작할 때 그것의 게임 및 캐릭터로의 활용을 염두에 두어 개성적이고 독특하며 적대적인 인물을 다수 설정하는 것 등이다.

최근의 예를 들어 보면 영화 「스타워즈 에피소드 3 : 시스의 복수」, 「해리포터」, 「반지의 제왕」이 모바일 게임으로 만들어졌으며, 원래 게임이었던 「툼레이더」는 영화로 다시 모바일 게임으로 전환되었다. 이와는 다르게 영화 「무영검」은 모바일 게임으로 먼저 출시되어 이용된 후 영화를 개봉키로 하였다.

아울러 최근에 높은 시청률을 보였던 「내 이름은 김삼순」과 인기 시트콤 「안녕 프란체스카」가 모바일 게임으로 다시 태어난다. 현재까지 영화가 게임으로 제작된 경우는 종종 있었지만 드라마가 게임으로 다시 태어난 경우는 흔치 않다. 먼저 「안녕 프란체스카」 모바일 게임은 극중 8명의 캐릭터 성격을 살린 「프란체스카 맞고」, 각 캐릭터가 다양한 아이템을 구축해 성을 올라가는 「날아라 두알」을 선보인다. 또 흡혈귀 설정에 맞게 괴기스러운 인형을 만드는 「프란체스카 인형가게」 게임도 출시된다. 전체적인 구성에서도 「안녕 프란체스카」에서 쓰인 설정과 대사가 인용되고 재미있는 대사와 스토리를 게임 곳곳에 삽입한다. 또 극중 주요 인물들이 게임 캐릭터로 등장해 캐릭터의 특성을 살린다. 이와 함께 「내 이름은 김삼순」이라는 모바

일 게임이 출시되는데, 삼순이가 삼식이의 바람기를 제어하는 연애 시뮬레이션과 삼순이 베이커리를 성공적으로 창업해가는 경영 시뮬레이션 등 2종 이상으로 개발되고 있다.[23]

'OSMU'에서 눈여겨보아야 할 또 다른 대목은 한 가지 콘텐츠를 공연문화에 활용하는 문제이다. 「난타」의 성공에서 확인할 수 있듯이 이제 한국에서도 국내외적으로 크게 성공할 수 있는 공연문화를 창출할 수 있음이 확인되었다. 세계적으로 성공한 공연물의 경제 문화적 가치가 상상을 초월한다는 사실은 「오페라의 유령」에서도 확인된다. 1911년 프랑스 작가인 가스통 르루가 발표한 소설이 뮤지컬계의 마이더스 손이라 불리는 앤드류 로이드 웨버에 의해 뮤지컬로 만들어지면서 공전의 히트를 기록하는데, 초연 이후 현재까지 30억 달러(3조 3000억 원) 이상의 흥행 수입을 올렸으며 8,000만 명의 관객을 동원했다.

가장 최근에 소개된 공연물 중 'OSMU'의 색다른 사례로 우리의 시야를 넓혀준 것은 아이스 쇼인 「디즈니 온 아이스-정글벤처」이다. 「디즈니 온 아이스-정글벤처」는 세계적으로 히트한 「정글북」, 「타잔」, 「라이온 킹」의 공통 요소인 정글이라는 공간과 애니메이션 주인공들을 복합적으로 활용해 애니메이션, 캐릭터에 이은 또 하나의 콘텐츠로 탄생되었다. 브로드웨이에서 공연된 「미녀와 야수」가 완벽한 분장으로 화제가 되었듯 이 작품도 다채로운 의상, 야자수, 뱀, 암석 등의 열대소품이 아이스쇼 장에 구현되어 미국콘텐츠 산업의 특성을 보여준다. 이는 한류열풍이라는 말까지 생겨날 정도로 드라마가 히트하였지만, 그것의 부가적 활용은 OST 음반 수출이나 출연배우 사인회[24]와 같이 단순한 것에 머문 우리의 실정과는 큰 차이를 보인다.

23 〈고뉴스〉, "삼순이, 프란체스카 모바일 게임 등장", 2005. 8. 5.
24 〈문화일보〉, "원소스 멀티유즈 눈길", 2005. 8. 22.

2. 에듀테인먼트의 경쟁력은 무엇인가

(1) 에듀테인먼트는 성장하고 있는가

교육을 재미있게 받을 수 있다면 얼마나 좋을까? 지식과 정보를 오락처럼 즐겁게 얻을 수 있다면 얼마나 흥미로운 일일까? 누구나 한번쯤 고민해 본 문제일 터인데, 그 꿈이 지금 실현되고 있다. 날로 중요해지고 있는 교육이나 학습을 새롭게 들여다보려는 움직임이 에듀테인먼트란 이름을 달고 세계 곳곳에서 일어나고 있다. 이 신나고 의미 있는 움직임을 이제부터 두 눈을 크게 뜨고 들여다보자.

에듀테인먼트(edutainment)란 교육(education)에 오락(entertainment)을 결합시킨 신조어이다. 이는 대표적 경성문화라 할 수 있는 교육에 주요한 연성문화인 오락을 접목한 것인 동시에 지식과 정보의 습득, 즉 학습 활동에 흥미를 유발하는 오락적 요소를 가미한 것이다. 에듀테인먼트는 국가적·개인적 경쟁력을 위해서 필수적으로 지속되어야 할 교육을 보다 더 효과적으로 전수하고자 오락의 즐거움을 한데 묶어보자는 발상에서 출발한다.

풍요롭고 여유로운 환경과 오락의 즐거움에 익숙한 새로운 세대에게 무겁고 어려운 교육을 관행적이고 일방적으로 전달하는 것은 더 이상 효율적이지 못하다. 아울러 디지털 기술의 눈부신 발전에 힘입어 소리, 음악, 동영상, 문자 등을 자유롭게 전달할 수 있는 멀티미디어적 환경도 기존의 교육 방식에 변화를 가져올 필요성과 가능성을 불러일으켰다. 따라서 교육의 모든 영역에서 쉽고 재미있게 지식과 정보를 전달하고자 하는 움직임이 일고 있으며, 그것은 과학, 수학, 경제학, 어학 등의 지식과 정보를 게임, 추리물, 만화, 영상물 등의 오락물 형태로 제작하는 것으로 나타나고 있다.

이런 에듀테인먼트는 교육에 대한 폭넓고 열정적인 필요성 때문에 유수한 기업과 제품을 탄생시키며 급격하게 신장되고 있다. 주목할 만한 세계 유수의 에듀테인먼트 기업으로는, 자신이 가르치던 학생들에게 수학과 단어공부를 좀 더 효과적으로 시키고자 컴퓨터 프로그램을 만들었던 교사 출신의 조지 데이비슨이 고작 3천 달러의 자본금으로 출발해 현재 자본금 10억 달러의 세계적인 기업으로 성장한 데이비슨 앤 어소시에이츠(Davison & Associates)사, 1980년 브로드 번더 형제에 의해 설립된 이래 한해 2억 달러 규모의 매출을 올리는 브로더번드 소프트웨어(Broderbund Software)사, 미국 내 각급 학교에 신문, 잡지, 서적을 공급했을 뿐만 아니라 초대형 베스트셀러인 『베이비 시터 클럽(Baby-Sitters Club)』과 같은 학생들이 쉽고 재미있게 읽을 수 있는 청소년 도서를 제작해오다 최근 에듀테인먼트 소프트웨어 사업에 전력하기 시작한 스칼레스틱(Scholastic Corporation)사 등이 있다.

또한 1990년대 중반에 K-6학년 커리큘럼 전체를 50여 개의 에듀게임 시디로 만들어서 플레이스테이션으로 플레이 할 수 있도록 하는 거대한 프로젝트를 추진했고, 이후 PC 게임으로도 개발하였고 그 대상도 K-8학년까지 확대한 라이트스팬(Lightspan)사, 1996년에 설립되어 가장 최근의 두뇌관련 연구결과들을 어린이(K-12) 교육에 적용시킨 최초의 상업적 시도로서 저명한 신경과학자들을 참여시켜 학생들의 언어 및 읽기능력 향상에 초점을 맞춘 사이언티픽 러닝(Scientific Learning)사, 1998년에 설립되어 아이들에게 자신의 건강문제를 스스로 관리하도록 영향을 미치려는 의도로 비디오 게임을 통해 여러 달에 걸쳐서 반복적으로 레벨을 올려 성과를 이루는 천식관리게임, 당뇨병 관리게임 등을 출시한 클릭 헬스 아이엔씨(Click Health Inc) 등도 주목할 만하다.

일본의 경우는 오카자키 마루가 세운 트렌드 프로라는 회사가 성장하고 있는 에듀테인먼트 기업의 전형적 사례를 보여주고 있다. 오카자키는 야마하 모터사의 영업부 직원이었다. 그의 업무 중에는 일본에 있는 오토바이 판매업자를 위한 설명서를 제작하는 일도 있었는데, 그는 이것을 만화 스타일의 삽화에 이야기를 섞은 극화형태로 제작하였다. 회사에서 이 설명서로 제품 소개를 하면서 그는 만화가 교육 도구로 얼마나 효과적인지를 깨닫게 되었다고 한다. 회의를 할 때면 늘 코를 골던 중역들이 깨어 있었고, 정말로 흥미를 느끼는 것 같았다. 그것은 만화의 위력이 작용한 것이었다.

1988년 야마하를 떠난 오카자키는 비즈니스 만화를 제작하는 트렌드 프로를 설립했다. 그의 회사는 비즈니스 만화 영역에서 일본 언론의 큰 관심을 끌었다. 1995년이 되자 이 회사는 기획과 영업을 맡은 상근 직원 여덟 명과 함께 기획에 따라 끌어들일 수 있는 거의 1백 명에 이르는 만화가, 삽화가, 시나리오 작가들의 네트워크를 구축할 수 있었다. 그 덕분에 트렌드 프로는 고객들에게 광범위한 스타일의 상품을 제공할 수 있었다. 이 회사 출판물의 대부분은 서로 구분되는 등장인물과 긴 대사를 내세우는 일본의 스토리 만화 형식을 철저히 이용한다. 작업은 잘 알려진 만화가들이 할 때도 있지만 대부분은 유명하지는 않아도 인기 있는 스타일을 흉내 낼 수 있는 기술 좋은 만화가들이 한다.

오카자키에 따르면 이 회사가 처음으로 거둔 큰 성공은 〈아사히신문〉의 1990년 3월 23일호에 실린 만화 형식의 정보 기사라고 한다. 그것은 '1990년대의 비즈니스 경향'이란 제목으로, 벤처기업에서 일하는 가상적인 샐러리맨의 이야기를 만화 스타일로 다룬 것이었다. 그 과정에서 1990년대 노동현장에서 있을 법한 추세들, 예를 들면 컴퓨터가 더 많이 보급된다거나 여성

노동자가 증가한다는 내용을 묘사했다. 일반적으로 그런 정보기사는 독자의 2%만이 읽는데 반해, 후에 〈아사히신문〉에서 실시한 설문 조사에 따르면 놀랍게도 독자의 38%가 트렌드 프로의 만화로 된 이 기사를 봤다고 한다. 게다가 이 중 60% 가량이 그것을 끝까지 읽었다고 한다. 가장 많이 읽었을 법한 연령은 10대나 20대가 아닌 30대에서 60대의 사람들이었다.

이제 트렌드 프로는 해마다 〈아사히신문〉의 기사를 정기적으로 제작해 실으면서 아주 다양한 만화벤처기업과의 연계를 추진하고 있다. 오카자키에 의하면 그의 회사는 1995년까지 일본 굴지의 기업들을 포함해서 거의 2백여 개의 회사를 위해 5백 편이 넘는 상품을 제작했다고 한다. 만화 형식을 띤 판매 설명서는 가장 인기 있는 상품이며 이외에도 컴퓨터 사용 설명서, 만화로 제작한 정부백서 등 다른 아이템도 많다. 정유회사 '제너럴 세키유'의 주문으로 '윤활유 사용 설명서'를 제작했고, 성형외과를 위해서 정관 절제 수술이나 포경 수술 같은 것을 설명하는 '남성을 위한 외과 수술 설명서'란 만화를 만들었다.

최근에 트렌드 프로는 일본 정부를 위해 1년에 두 권씩의 만화를 제작하고 있다. 1994년 이 회사는 6월 5일 '환경의 날'을 맞아 환경 문제를 다룬 50쪽 분량의 백서를 제작했다. 정부를 위해 제작한 또 다른 문건으로는 어떻게 집을 장만할 것인가를 보여주는 만화소책자이다. 80년대의 거품경제로 인해 남용된 신용카드 때문에 소비자 파산이 빈발함에 따른 대책의 일환으로 젊은이들을 위해 제작한 저축의 장점을 다룬 만화도 있다. 1996년 트렌드 프로는 문부성과 공동으로 초등교육제도의 개혁을 주제로 만화 캐릭터를 등장시킨 CD-ROM을 제작했다.[25]

에듀테인먼트 기업의 성장세는 우리나라의 경우에서도 확인할 수 있는데, 2002년 90여 개에 불과하던 에듀테인먼트 제작업체들이 2003년에는 대략 360개로 폭발적인 증가세를 보였

---

25 프레드릭 L. 쇼트, 『이것이 일본만화다』, 김장호 · 박성식 역, 다섯수레, 2003, pp.317–320.

다. 그 중 1994년에 설립되어 멀티미디어 교육 분야의 디즈니를 목표로 어린이 놀이학습용 CD-ROM 타이틀을 제작했으며 2000년부터 인터넷을 활용하여 아동산업 전반으로 사업영역을 화장하여 「도전받아쓰기」, 「줌비니」, 「할머니와 둘이서」 등을 출시한 아리수미디어 사, 초등학생 이하의 어린이들이 즐길 수 있는 게임(PC, 콘솔, 모바일)과 학습용 소프트웨어를 개발하여 온오프라인에 제공하며 「하얀 마음 백구」 등을 출시한 키드앤키드닷컴, 게임에 다양한 심리관련 콘텐츠를 접목시켜 게임을 통한 적성, 성격, IQ, EQ 검사 등을 할 수 있는 기능성 게임을 출시한 디지털에볼루션 사 등이 있다.[26]

아울러 구체적 제품의 사례도 주목할 대상이 많다. 비행기를 타고 다니면서 교묘하게 범죄를 저지르는 유명한 도둑인 카르멘을 추적하는 과정에서 화면의 각 단계에 나오는 지리에 관련한 질문을 대답하는 방식을 통해 지리 공부를 재미있게 하도록 한 「카르멘 샌디에고 시리즈(*Carmen Sandiego Series*)」, 가상현실을 통해 근육이 어떻게 움직이는지, 심장에서 피가 어떻게 흐르는지 생생하게 직접 눈으로 확인할 수 있게 해 생물학에 대해 흥미 있게 공부할 수 있도록 도와주는 「바디 일러스트레이티드(*Body Illustrated*)」, 게임 프로그램 내에서 주택, 공원, 소방서, 경찰서 등을 건설하면서 예산과 세금 등의 사회적 지식과 정보를 체험할 수 있게 만들어 주는 「심시티(*Sim City*)」가 있다.

또한 책자와 게임으로 동시에 시리즈물로 발간되는 「아이 스파이(*I Spy*)」 시리즈도 주목할 만하다. 1992년 이후 작가 '진 마졸로(Jean Marzollo)'와 사진작가 '월터 윅(Walter Wick)'이 매년 1권씩 발간하는 「아이 스파이」 시리즈는 유명한 숨은 그림 찾기 책자로 전 세계 각종 교육 관련 상을 휩쓴 바 있다. 게임 「아이 스파이」는 이 시리즈를 바탕으로 그 안에 게임적인 요소

---

26 유승호 외, 『에듀게임의 현황과 전망』, 한국게임산업개발원, 2003, pp.39-41.

를 가미해 만든 소프트웨어다. 그 중에서도 「비밀의 섬」은 「스쿨데이스」와 「유령의 집」에 이어서 나온 「아이 스파이」 시리즈의 최근작이다. 「비밀의 섬」에 등장하는 사물들은 모두가 사람이 직접 제작한 미니어처들이다. 그래서인지 처음 접했을 때 기존 컴퓨터 그래픽으로 만들어낸 3D 영상과 현격한 차이가 있는 그래픽이 눈에 들어

심시티(출처 : simcity4.ea.com)

온다. 그리고 예기치 못한 상황에서 벌어지는 재치 있고 위트 있는 영상의 움직임으로 플레이어들을 매료시킨다. 생동감 넘치는 배경과 사물의 실제 소리를 그대로 담아 재현한 동물 울음소리, 바람소리 등의 음향효과는 실제 바닷가가 있는 외국 한적한 마을에 와 있는 듯한 느낌을 준다. 이런 그래픽과 음산한 분위기 속에서 해적들이 숨겨 놓은 전설 속의 보물을 찾는 스토리를 따라 게임을 풀어나가는 재미도 만만치 않다. 화면에 나열되는 단어들을 찾고 해적이 숨겨 놓은 보물지도의 조각들을 이어 전체 지도를 완성할 수 있다. 아울러 해적들을 만나 대화를 하면서 숨겨진 마을의 전설을 알아내야 한다. 이렇게 스토리를 따라가면서 즐기는 게임도 재미있지만 무엇보다 「아이 스파이」의 매력은 이런 과정을 통해 얻어지는 영어실

력이다.[27] 게임 도중에 자신도 모르게 머릿속에 입력되는 영어단어를 통해 에듀테인먼트로서의 진가를 확인할 수 있다.

아울러 「Journey Into The Brain」은 뇌의 기능에 대한 정보를 얻음과 동시에 약의 위험성과 건강한 식습관 등의 모든 것을 배울 수 있도록 만들어진 게임이고, 「Qin : Tomb of The Middle Kingdom」은 고대 중국의 역사와 문화를 다루는 어드벤처 게임으로서 여러 문제들을 풀기 위해 필요한 지식은 백과사전에 있지만 그 지식을 활용해야만 게임 내에서 성공할 수 있게 만들어졌고, 「Acadia」는 플레이어들이 공해와 산성비로 인해 황폐해진 Acidia 마을을 보다 살 만한 곳으로 만들기 위해 팀 단위로 마을 복구 작업을 하는 과정에서 30개의 기초화학 개념들을 배울 수 있도록 만들었다.[28]

이 밖에도 프랑스의 자존심이라고까지 불리는 초대형 인기 만화 아스테릭스 시리즈를 주목할 만하다. 르네 고시니와 알베르 우데르조의 아스테릭스 시리즈는 작지만 영민한 전사인 아스테릭스가 그의 단짝 오벨리스크와 함께 펼쳐 나가는 모험기를 만화로 그린 것이다. 아스테릭스에는 5명의 주요한 캐릭터가 등장한다. 아스테릭스는 이 모험의 주인공으로 체구는 왜소하지만 꾀 많고 영리한 골족 전사다. 그는 아무리 위험한 임무라도 주저 없이 뛰어드는데, 이러한 초인적 힘은 제사장 파노라믹스가 제조한 마법의 탕약 덕분이다. 체구와 용모, 성격에서 아스테릭스와 대조를 이루는 오벨리스크는 아스테릭스와 단짝으로, 거대한 체구답게 힘도 장사여서 몸집만한 선돌을 가볍게 들고 다닌다. 그는 산돼지 고기를 좋아하는 미식가로 산돼지가 있고 신나는 싸움이 있기만 하다면 언제라도 모든 것을 버리고 새 모험을 찾아 아스테릭스와 떠날 준비가 되어 있다. 파노라믹스는 마을의 존경받는 제사장이다. 그는 겨우살이풀

---

27 조진경, 「에듀테인먼트가 뭐야?」, 『pc line』, 한경pc라인, 2001. 10, p.335.
28 유승호, 앞의 책, pp.45–47.

을 모아 마법의 탕약을 조제하는데, 이 탕약을 마신 사람은 초인적인 힘을 얻게 된다. 파노라믹스는 그의 최고 걸작인 이 탕약 외에도 몇 가지 비술을 갖고 있다. 아쉬랑스투릭스는 음유시인인데, 그의 재능에 대한 평가는 엇갈린다. 스스로는 천재라 믿고 있지만 다른 사람들은 그저 괴상한 사람이라고 생각한다. 그러나 노래를 하지 않을 때에는 아주 기분 좋은 친구라는 평가를 받는다. 아브라라쿠르식스는 부족의 족장이다. 위엄 있고 용감하며 성 잘 내는 이 늙은 전사는 부하들의 존경과 적들의 두려움을 한 몸에 받고 있다. 아브라라쿠르식스가 두

아스테릭스 시리즈

려워하는 것은 딱 한 가지. 하늘이 그의 머리 위로 떨어지는 것이다. 그러나 그는 기본적으로 낙천적이다. "설마 하늘이 내일 무너지진 않을 거야"라는 믿음이 있다.

이들 개성적이고 독특한 캐릭터들이 펼치는 모험을 통해 세계의 역사와 문화에 대해 재미있게 학습할 수 있도록 했는데, 때로 그 관심은 부동산투기('신들의 영역')나 현대경제학 해설('오벨릭스 주식회사') 같은 연대기적 역사를 뛰어넘는 재미있는 주제까지 이어지고 있다. 무엇보다도 아스테릭스의 인기는 그것이 전형적인 골로와(Gauloix), 즉 프랑스 사람들의 기질과 유머, 그리고 국민적 자존심을 반영하고 있는 것에 근거한다. 유머와 시각적인 개그와 언어유희, 그리고 역사적 사실과 연결된 주인공의 말이나 행동을 보는 재미에 기초하고 있다.[29] 아스테릭스 시리즈는 1931년 이후 지금까지 31권을 출간해 전 세계적으로 3억 부 이상이 팔렸는데, 40여 개 국의 언어로 번역되어 전 세계로 퍼져 나갔다. 이후로 아스테릭스는 만화영화와 라디오 프로그램, 디스크, 연극 등 다양한 형태로 발표되었다.

---

29 성완경, 『세계만화탐사』, 생각의나무, 2002, pp.104-109.

일본의 경우는 먼저 「유기오」가 눈에 띤다. 「유기오」는 1996년부터 일본 주간 만화잡지 『보이스 점프』에 연재되기 시작한 작품으로 게임으로도 제작되었다. 소년 '유기'가 괴물들과 싸우며 퍼즐을 푼다는 내용이다. 다양한 줄거리와 상황 설정이 가져오는 재미로 일본에서는 이미 포켓몬을 밀어냈다. 포켓몬의 주요 소비자가 취학 전후 어린이인데 반해 「유기오」는 연령대가 조금 높다. 게임방법도 무역을 기본원리로 하여 누가 가장 효율적인 경제생활을 하느냐에 따라 승패가 결정된다. 2003년도에만 「유기오」는 캐릭터 상품을 통해 16억 달러를 벌었다. 또한 60만 카피가 넘는 경이적인 판매실적을 올린 「특타(特打)」 시리즈는 타이핑 연습 소프트웨어이다. 「특타」는 서부영화의 한 장면을 방불케 하는 화면으로 시작된다. 화면의 지시대로 키보드를 하나씩 누를 때마다 경쾌한 총성과 더불어 화면 속 주인공의 총이 발사되면 목표물이 부서지거나 적이 쓰러진다. 타이핑 속도가 빨라지면 마치 기관총을 난사하는 것 같은 통쾌함을 맛볼 수 있다. 「특타」 역시 자판연습이라는 교육적 목표를 위해 오락용 게임의 재미를 덧붙인 에듀테인먼트의 성공적 사례이다.

국내의 경우는 그리스 로마 신화를 만화로 제작한 『만화로 보는 그리스 로마신화』(가나출판사)가 2000년 11월 제1권이 출시된 이래 불과 4년이 지난 2004년 현재 1천만 부를 돌파하였고, 1987년 유럽 6개국의 역사와 문화를 다룬 유럽 편 여섯 권을 시발로 일본, 한국, 미국 편을 연달아 만화로 출간한 『먼나라 이웃나라』는 현재 아동학습만화 시장을[30] 주도하며 1천만 부를 넘어섰으며, 한자 학습 붐을 타고 아동을 대상으로 기초 한자를 쉽고 재미있게 학습하도록 서유기의 인물과 스토리를 차용해 만든 『마법천자문』이 판매부수 200만 부를 상회하고 있다. (2004년의 경우 전체 만화시장의 규모가 7,500억 원 가량으로 추정되는데 그 가운데

약 40% 정도가 학습만화이다.)

에듀테인먼트의 강세는 최근의 출판사의 동태에서도 파악할 수 있다.『먼나라 이웃나라』, 『만화로 보는 그리스 로마신화』,『마법천자문』 등의 성공에서 볼 수 있듯이 우리나라의 경우는 이른바 학습·교양 만화가 에듀테인먼트의 주종을 이루고 있는데, 2005년 현재 학습·교양 만화를 내는 출판사만 60여 곳에 이르고 있으며, 만화잡지 연재 경력이 1년을 넘거나 단행본을 낸 작가 가운데 학습·교양 만화를 그리는 작가만도 50여 명이 넘는다. 또한 문학과지성사, 민음사처럼 문화적 엄숙주의를 지켜오던 정통 단행본 출판사들도 속속 학습·교양 만화 시장에 뛰어들고 있는데, 문학과지성사는 유럽만화의 고전이라 할 수 있는『아스테릭스』 시리즈를 펴냈으며, 민음사의 자회사인 황금가지는『만화 그리스 신화』에 이어『만화 과학 위인전』 등 일련의 학습·교양 만화를 출간할 계획이다.

디지털 기술의 발전에 따라 멀티미디어적 학습이 가능해지면서 에듀테인먼트도 새로운 가능성을 보였는데, 그것은 특히 컴퓨터를 이용한 에듀테인먼트 소프트웨어나 인터넷 사이트를 산출했다. 연간 4조 원에 이르는 오프라인에서의 학습지(눈높이, 스스로, 구몬, 빨간펜, 씽크빅 등)의 눈부신 성장

30 아동 학습만화 베스트 20(자료 : 교보문고 2005년 1월 판매 기준)

매출순위	도서	저자(출판사)
1	21세기 먼나라 이웃나라	이원복(김영사)
2	마법천자문 1	시리얼(아울북)
3	101가지 과학상식	김선희(지경사)
4	그리스 로마신화 3	토머스 불편치(가나출판사)
5	그리스 로마신화 8	토머스 불편치(가나출판사)
6	대장금	박용빈(아이엘비)
7	생명과학 WHY?	허순봉(예림당)
8	그리스 로마신화 11	토머스 불편치(가나출판사)
9	단숨에 깨치는 과학상식 2	김석호(웅진출판사)
10	그리스 로마신화 4	토머스 불편치(가나출판사)
11	그리스 로마신화 10	토머스 불편치(가나출판사)
12	만화삼국지 2	이문열 평역(아이세움)
13	한자를 알자 천자문을 알자	호시우보 화실(어린이 중앙)
14	만화삼국지 5	이문열 평역(아이세움)
15	맹꽁이 서당 1	윤승운(웅진닷컴)
16	맹꽁이 서당 10	윤승운(웅진닷컴)
17	아침형 아이	양승복(재미북스)
18	1학년이 꼭 알아야 할 교과서 위인	이범기(학은미디어)
19	재미있는 세계사 3	송창국(계림닷컴)
20	교육부 지정 상용한자 1800	고우영(관우)

에 자극받은 듯 많은 인터넷 교육 사이트(에듀넷, 네오퀘스트, 에듀피아, 와이즈캠프, 푸르넷 등)들이 탄생했는데 이들 모두가 재미있는 학습을 표방하기는 하지만 특히 아예 에듀테인먼트로서의 성격을 강조하는 교육 사이트들이나 프로그램이 늘고 있다. 예를 들면 에듀박스의 미아과학교실은 EBS TV에서 방영됐던 동명의 프로그램을 바탕으로 과학지식을 알기 쉽게 배우도록 만든 게임이다. 게이머가 쥐가 되어 공룡의 멸종, 날씨와 일식의 원리 등 과학의 기초지식을 모두 36개의 게임을 통해 습득할 수 있도록 설정하였다. 게이머는 자신의 수준에 맞춰 4단계의 난이도 중 하나를 택하여 게임을 즐길 수 있다.

또한 에듀테인먼트 벤처를 표방하며 출범한 서울대의 벤처기업인 오란디프는 철학 교수가 대표이자 개발자인데, 이 회사가 개발한 어드벤처 논리게임 「하데스의 진자」는 논리력과 사고력을 신장시키는 데 목적을 두고 있다. 게임은 중세를 배경으로 세계의 논리 질서에 얽힌 수수께끼를 풀기 위해 떠나는 모험 형식으로 구성되어 있어 흥미를 유발한다. 발생하는 문제에 대처하기 위해 합리적인 사고와 논리를 무기로 어려움에 처해 있는 종족을 구출하고 악당도 물리친다는 줄거리이다. 게이머는 3차원의 정교한 애니메이션으로 구성된 멀티미디어 게임을 자신의 수준에 맞게 난이도를 조절해 가며 게임을

하데스의 진자

즐길 수 있다. 아울러 데이터웨이엔지니어링사가 출시한 「애니멀 킹덤」은 아프리카의 세렝게티를 배경으로 한 생태계 시뮬레이션 게임인데, 게이머가 사자, 하이에나, 치타 등 세렝게티 초원에서 서식하는 동물들을 조종하면서 게임을 즐기는 가운데 자연스럽게 자연환경과 생태계의 구조에 대해서도 학습할 수 있도록 만들었다.

또한 하나로통신, 오콘, EBS 등 국내 콘텐츠 기업들과 북한의 삼천리총회사가 공동으로 제작한 「뽀롱뽀롱 뽀로로」는 호기심 많은 말썽꾸러기 꼬마 펭귄 뽀로로가 얼음 숲 나라 동물 친구들과 탐험을 해 나가면서 사회와 자연에 대해 학습할 수 있도록 만든 애니메이션이다. 유아를 대상으로 다양한 펭귄, 여우, 백곰, 비버 등 캐릭터가 얼음마을에서 살며 벌어지는 일상사들을 중심으로 그들의 다툼과 화해의 과정을 통해 과학, 기술, 창의력 등을 습득할 수 있도록 만들었다.

특히 게임을 하면서 저절로 공부가 된다는 에듀테인먼트의 기능이 가장 손쉽게 드러나는 콘텐츠는 '퀴즈게임'인데 학습문제에서부터 한자, 영어, 시사상식에 이르기까지 퀴즈 풀이형 온라인 아케이드 게임은 현재 웬만한 게임 포탈사이트라면 필수 항목으로 갖추고 있을 정도로 인기가 높다. 크로스워드 퍼즐게임 방식은 넷마블의 「쿵야열전」과 「베틀가로세로+」, 큐플레이의 「가로세로 퀴즈」, 단답식 퀴즈게임 방식은 캔디바의 「꿍꿍따 2」, 넷마블의 「파워 꿍꿍따」, 피망의 「꿍꿍팅」, 큐플레이의 「서바이벌 꿍꿍」, OX 퀴즈 게임은 큐플레이의 「서바이벌 OX」와 「서바이벌 XO」, 사지선다식 퀴즈게임은 큐플레이의 「뛰뛰빵빵」, 「서바이벌 올라올라」, 복합형 퀴즈게임은 엠게임의 「도전 골든벨 베타」, 큐플레이의 「브레인 써바써바」, 피망의 「알쏭달쏭 퍼즐」 등이 있다.[31]

---

[31] 자세한 내용은 박현주의 「에듀테인먼트 기반의 온라인 퀴즈 게임의 국내 경향과 게임 디자인 요소에 관한 연구」(인제대학교 석사학위 논문, 2003)를 참조할 것.

    인터넷이 등장하기 이전에도 퀴즈는 게임의 단골 소재였다. 주어진 문제의 정답을 맞히면 다음 단계로 넘어가는 간단한 구조 덕분에 오락실 아케이드 게임은 물론 보드게임에 이르기까지 수많은 형태로 선보여 왔다. 인터넷상에 자신의 과거 게임 기록을 남길 수 있게 되고, 익명의 상대방과 대결을 할 수 있게 된다는 장점에 힘입어 인터넷 퀴즈 게임은 점차 확고한 자리를 잡아가게 되었다. 일례를 들면 한메소프트가 운영 중인 영어포털 마이퀵파운드는 영어와 게임을 접목시킨 온라인 게임 「배틀토익」을 만들었는데, 한 게임당 7단계의 파트별로 1문제씩 총 7문제가 출제되며 혼자서 즐기는 싱글 방식과 여러 명이 참여해 순위를 정하는 멀티플레이 방식이 지원된다. 특히 최대 100명까지 참여가 가능한 서바이벌 방식은 예선을 거쳐 최종 8명이 결선을 치르게 된다.

    아울러 월정액을 받고 운영되는 에듀테인먼트 교육사이트도 많다. 유아교육 전문회사인 한솔교육이 만든 「재미나라」는 국어, 영어, 수학을 학습하는 「공부나라」와 애완동물을 기르는 「놀이나라」, 「동요나라」, 「토이스 플러스」 등으로 구성되어 있는데, 특히 「공부나라」는 1,200여 개 학습 콘텐츠를 단계별로 기본학습과 게임을 조화시켜 흥미를 끌도록 만들어졌다. 「지니키즈」는 학습 과정으로 한글과 수리, 영어, 자연과학을 배우는 「학습과 지식」, 기초지능, 구성지능, 고등사고를 키우는 「지능과 사고」, 플레이센터, 아트갤러리, 스토리북, 씽크업 스토리를 제공하는 「창의성과 재능」이 있다. 이 사이트의 가장 큰 특징은 '플레이 앤 런' 교육방식에 있다. 이 학습법은 아이들에게 단순히 학습내용만을 가르치는 것이 아니라 학습에 필요한 사고력, 창의성, 지능개발을 게임과 인터렉티브 애니메이션이라는 놀이를 통해서 스스로 배울 수 있도록 만든 데 있다. 위즈 아일랜드는 유아를 대상으로 게임교구들을 이용해 창의

력 교육을 하고 음악, 미술, 영어, 과학, 체육 등을 요리나 술래잡기처럼 아이들이 즐기는 놀이를 통해 가르치며, '플레이 앤 아트'는 퍼포먼스 중심의 미술교육을 표방하는데 벽에 페인트를 칠하거나 손에 물감을 묻혀 바르기도 하고 재료를 직접 보고 만지고 오리는 것은 물론 모래장난, 낙서 등 집에서 금지된 놀이를 자유롭게 즐기도록 한다. 아울러 피아피는 플래시 애니메이션, 게임 등을 통해 음악기초지식을 학습할 수 있도록 만든 에듀테인먼트 사이트이다. '레슨실', '노는 곳', '응용학습코너' 등으로 나누어져 있으며 간편하게 친구와 채팅을 즐기거나 인터넷으로 그림일기를 만들 수 있는 '웹스케치북' 기능도 갖추고 있다. 특히 '엄마와 함께 하는 100일간의 음악여행'이라는 주제로 계이름, 음표, 박자 등의 기초에서부터 작곡 원리까지 공부할 수 있도록 만들었다.[32]

에듀테인먼트의 성장은 TV 방송프로그램에서도 확인할 수 있다. 아예 프로그램의 목적을 에듀테인먼트로 표방하며 출범한 프로그램이 있는데, KBS 2TV의 「대한민국 1교시」와 「스펀지」가 그 예이다. 지식을 재미있게 전달한다는 기획 의도를 갖고 출발한 「스펀지」는 매주 새롭게 선정된 스펀지(스페셜＋펀＋지식)에 대해 출연자들이 정답을 맞힌 다음에 50명의 감정단이 스펀지의 신기함과 독특함, 그리고 지적 유용성 등을 별 5개의 평가 척도를 가지고 평가한다. 별 5개의 최우수 판정을 받은 스펀지의 제보자에 대해 지식 개발금 100만 원을 주는 방식이다. 주어진 스펀지를 가지고 출제된 문제는 '사람이 크립톤을 마시면 (목소리가 낮아진)다', '고슴도치는 태어났을 때 가시가 (막으로 덮혀 있)다', '딱딱해진 식빵은 (새 식빵 사이에 넣어두면) 부드러워진다'와 같은 것인데 출연자가 괄호 안의 정답을 맞히는 방식이다. 「스펀지」는 시청률 20%를 상회할 만큼 인기 프로그램으로 성장했는데, 일본 후지 TV의 「트리비아

---

32 자세한 내용은 한정수의 「온라인 교육사이트에서 에듀테인먼트 콘텐츠의 특성에 관한 연구」(홍익대학교 석사학위 논문, 2003)와 이주연의 「한글나라 : 웹 기반 어린이 국어학습용 에듀테인먼트」(인천대학교 석사학위 논문, 2001)를 참조할 것.

의 샘」과 유사하다는 시비에 휘말리기도 했다. 두 프로그램은 우리가 흔히 접하지 못한 내용을 소개 혹은 질문하고 진위 여부를 확인한 후 연예인 등이 그 지식의 유용성을 별점으로 평가하는 전개 방식은 비슷하다. 하지만 「스펀지」가 인터넷 지식 검색 프로그램에서 질문을 고르는 것과 달리 「트리비아의 샘」은 시청자들의 제보에 의존한다. 또 「스펀지」는 이 지식의 평가를 연예인이 아니라 50명의 일반인 패널에게 맡긴다는 점이 「트리비아의 샘」과 다르다.

「대한민국 1교시」는 '본격 에듀테인먼트' 혹은 '지식충전쇼'를 표방하고 있는데, 「대결! 김대리!!」와 「탈출! 품행제로!!」 코너에서 초대된 각 분야의 전문가를 통해 두뇌 개발법, 학습법, 영어, 유머화술, 언어예절, 세계 각국의 문화와 예절, 국어 등에 관한 지식과 교양을 배울 수 있다.

(2) 추리물의 강세는 우연인가

2003년 미국 시장에서 돌풍을 일으킨 댄 브라운의 소설 『다빈치 코드』(베델스만)는 40여개 언어로 번역되어 1천만 부 넘게 팔렸다. 우리나라에서도 2004년 6월에 소개되어 12월말까지 단숨에 100만 부를 돌파하였다. 심지어 『다빈치 코드』를 둘러싸고 파생도서들도 출간되었는데, 『다빈치 코드의 진실』(시몬 콕스, 예문), 『다빈치 코드 깨기』(어윈 루처, 규장), 『성배와 잃어버린 진실 : 다빈치 코드의 비밀』(마가렛 스타버드, 루비 박스) 등이 그 예이다.

『다빈치 코드』의 이야기는 루브르 박물관 관장 자크 소니에르의 살해 사건에서 시작된다. 복부에 총을 맞은 소니에르는 죽기 전 자신의 주위에 원을 그리고 벌거벗은 채 팔과 다리를 활짝 펴, 시신이 다빈치의 스케치 작품 「비트루비우스의 인체비례」 모습처럼 보이게 만들었다. 더구나 시신 옆에는 뜻을 알 수 없는 글이 적혀 있다. 소니에르의 손녀이자 프랑스 사법경찰 암호해독 요원 소피느뵈는 이를 할아버지가 자신에게만 어떤 메시지를 전하기 위해 남긴 메모라고 판단한다. 살해범으로 몰린 하버드대 기호학 교수 로버트 랭던과 소피느뵈는 암호를 풀며 진실에 접근해 간다. 이들은 소니에르가 보티첼리, 레오나르도 다빈치, 아이작 뉴턴, 빅토르 위고 등이 수장을 맡았던 시온 수도회의 수장이었고, 시온 수도회는 900여 년 동안 막달라 마리아의 시신을 일컫는 '성배'와 예수와 마리아의 관계가 나와 있는 비밀문서를 지켜 왔다는 사실을 알게 된다.

위의 줄거리에서 알 수 있듯이 『다빈치 코드』는 사실과 허구의 경계, 논픽션과 픽션의 경계를 절묘하게 넘나든다. 이른바 역사적 사실과 허구가 혼용된 팩션(faction)으로 분류될 수 있는데, 진실은 우리의 생각 저 너머에 있고, 그 감춰진 진실을 역사적인 실마리를 통해 밝혀간다는 기본설정이 깔려 있다. 그런데 무엇보다도 『다빈치 코드』가 갖는 의미나 재미는 의문의 살인사건 뒤에 숨은 비밀을 밝혀가는 추리소설적 재미와 서양의 종교, 역사, 미술, 철학사상 등의 방대한 지식에 대한 이해에서 온다. 이 점을 두고 보면 『다빈치 코드』는 본격적인 에듀테인먼트는 아니지만 지식과 교양을 오락과 재미의 형식을 빌려 전하는 특징을 보이고 있는데, 『다빈치 코드』의 대중적 흡인력의 핵심은 그 추리소설적 재미이다. 의문의 살인사건이 벌어지고, 비밀을 숨기려는 자와 사건 추적자가 숨 막히는 대결을 벌이는 긴장감 넘치는 소설의 전개가 독자의 가슴을 조이는 흥미를 이끈다.

이처럼 추리소설적 구조가 갖는 재미와 흥미는 지식이나 정보와 같은 어렵고 무거운 대상도 쉽고 재미있게 전달하는 도구가 될 수 있다는 점에서 효과적인 에튜테인먼트의 타깃이 된다. 즉 교육에 더해지는 오락의 역을 추리소설적 구조가 담당하는 셈이 되는데, 우리는 많은 에듀테인먼트 산출물 속에서 그 사실을 어렵지 않게 발견할 수 있다. 그 한 예로 경제학의 지식을 추리소설로 풀어낸 마셜 제번스의 『소설로 읽는 경제학』 시리즈(1권 : '수요 공급 살인사건', 2권 : '효용함수의 치명적 유혹', 3권 : '무차별 위의 곡선')를 살펴보자. 윌리엄 브라이트와 케네스 G 엘징거 두 경제학 교수(마셜 제번스는 두 저자가 설정한 예명)는 경제학 이론을 쉽고 재미있게 전달하고자 경제학자를 탐정 역으로 등장(추리소설가 해리 케멀먼은 랍비를, G. K. 체스터턴은 카톨릭 사제를, 애거서 크리스티는 독신녀 미스 머플을 등장시킨 것처럼) 시킨 추리소설을 집필하였다. 미국과 일본, 한국에서 베스트셀러가 되었고, 여러 대학에서 이 책을 경제학 강의 시간에 부교재로 채택했으니 지식의 전달과 재미의 창출 모두에 성공했다고 볼 수 있다.

우선 『소설로 읽는 경제학』은 지식 전달을 목적으로 하고 있으면서도 추리소설의 탄탄한 구조를 온전하게 갖추고 있다. 연쇄살인사건의 발생에서 해결까지의 과정 속에는 긴장감 넘치는 스릴이 있으며, 그 해결의 명쾌함은 지적 흥미를 자극하기에 충분하다. 고적하고 풍광 좋은 휴양지 세인트 존에서 의문의 연쇄 살인사건이 벌어진다. 엄격하고 냉정한 성격의 데커 장군에 이어 보수적이고 인종차별적인 대법원 판사 푸트가 변사체로 발견되고, 관광객인 피츠 휴는 해변에서 실종된다. 이 일련의 살인사건을 두고 살인자와 사건추적자가 긴장감 넘치는 대결을 벌이고, 사건 추적자는 명민한 추리로 사건의 실마리를 풀어간다. 이제 『소설로 읽는 경제학』에 나타난 수수께끼, 미로

『소설로 읽는 경제학 1』의 표지

그리고 트릭과 단서 등과 같은 추리소설적 특징들을 하나하나 구체적으로 지적해 보자.

데커 장군과 푸트 판사의 살해사건이 벌어지고, 데커 장군의 권위주의적이고 까다로운 성격 때문에 인간적인 모멸감을 느끼는 프루트나 호텔 직원들, 푸트 판사의 보수적이고 인종차별적인 태도에 반감을 갖는 원주민 혹은 흑인 인권운동가 등의 용의점이 분명한 다수의 인물이 등장하여 의문과 혼란을 일으키며, 경솔하고 우둔하면서도 자만에 넘친 공적 사법자 즉 경찰관이 사건을 더욱 미궁에 빠뜨리고, 그에 반해 지적 능력과 예리한 관찰력을 갖춘 탐정형 인물이 나타나 사건의 실마리를 완벽하게 풀어가는 등 『소설로 읽는 경제학』은 추리소설의 전형적 구조를 갖추고 있다.

특히 탐정 역을 하게 되는 경제학자 스피어 맨의 경제학적 지식에 기댄 독특하면서도 예리한 추리는 지적 흥미를 우선시하는 미스터리 소설의 핵심을 보여주고 있다. 우둔한 경찰관 빈센트에 의해 살인자로 몰린 리키 르망이 하필 자신이 가장 큰 수입을 올릴 수 있는 시점을 택해 범행을 했다는 것에 의문을 품어 그의 무죄를 예측하고, 반대로 관광객인 피츠 휴가 수영 장비를 빌리면서 전액 돌려받을 수 있는 예치금에 대해 격한 분노를 표출하는 것을 보고 그가 수영 장비를 반납하지 않으려는 의도가 분명함을 들어 그의 실종을 믿지 않은 채 그의 뒤를 캐는 등 기발하고도 예리한 추리를 계속하며 탄복을 자아낸다.

아울러 전혀 예측하지 못한 인물이 범인으로 밝혀지고, 그 살해의 이유가 설득력이 있으면서도 충격적일 때 갖게 되는 추리소설적 재미는 『소설로 읽는 경제학』의 백미이기도 하다. 데커 장군과 푸트 판사의 죽음과 동시에 해변가에서 실종된, 그래서 연쇄살인사건의 희생자로 지목된 피츠 휴가 사실은 푸트 판사의 살인범이고, 데커 장군 역시도 피츠 휴가 그의 형인 관광객 더그 클라크와 함께 살해한 것으로 밝혀진다. 피츠 휴는 대릴 클라크란 이름을 숨긴 채 자신이 수영 중 실종된 것으로 꾸며 용의자의 선상에서 완전히 비켜가는 완전범죄를 꿈꾸었는데, 그가 데커를 살해한 이유는 월남전 당시 공명심에 불타던 데커가 무리한 작전으로 당시 초급장교였던 클라크 형제의 막내 동생을 죽게 한 것에 대한 복수심에서 비롯된 것이었다. 이와 같은 의외의 사실은 독자들에게 큰 충격을 주게 된다.

이렇듯 에듀테인먼트는 그 접목 장르가 만화가 되었건, 추리소설이 되었건 간에 그 장르의 고유한 특성과 우수성이 지켜질 때 성공할 수 있게 된다. 아울러 에듀테인먼트는 교육의 수월성을 그대로 담보할 수 있을 때에야 온전할 수 있게 된다. 흔히 에듀테인먼트를 교육의 오락화 정도로 해석하여 오락적 재미에만 몰두하는 경우 그것은 존재 의미 자체를 잃게 된다. 즉 에듀테인먼트는 어떤 경우라도 교육적 지식과 정보를 충분히 담고 있어야 하며 그 교육적 내용을 효과적으로 전달하는 미덕을 잃지 않아야 한다.[33]

---

33 지식과 재미를 균형 있게 추구해야 된다는 명제는 모든 성공한 에듀테인먼트 제품의 필수적 요소이다. 그러한 명제의 의미를 실제 사례를 통해 곱씹어보기 위해 「카르멘 샌디에고」 시리즈와 「하데스의 진자」에 대한 한 연구서의 평가를 들여다보자.
한국게임산업개발원 편, 『교육용 게임시장 분석 및 개발전략』, 정일출판사, 2003.
• 「카르멘 샌디에고」 시리즈에서의 상황은 범죄이다. 반면에 교육적인 부분은 플레이어로 하여금 용의자에게 질문하게 하고, 지형적인 단서를 모으고, 조사를 위해 다음 단서를 지니고 있는 지리상의 지역을 결정하게 하는 등 게임에서의 도전을 보여준다. 게임 플레이어에게는 카르멘의 부하를 대상으로 범죄를 곧 해결해야 하는 제한된 시간이 주어진다. 지리적인 장소를 선택할 때 플레이어에게 잘못된 결정을 할 때마다 귀중한 시간이 낭비된다. 지리적 물체가 게임과 함께 제공된다(p.51).
• 교육용 게임으로서의 효과 및 개선점을 살펴 볼 때 장점으로는 문법적인 논리적 개념을 「하데스의 진자」에서는 화려한 멀티미디어와 개성 있는 캐릭터, 본격 어드벤처 게임으로 학습자의 시선을 끌고 흥미를 주어 계속적으로 게임하고자 하는 동기를 주고 있다. 또한 학습 진행시 학습의 이해도를 증진시키기 위한 멀티미디어 에피소드는 주위에서 일어날 수 있는 상황들을 논리관계로 재미있게 엮어내어 논리적 사고력을 학습만으로 배우는 것이 아니라 실생활에서 충분히 활용될 수 있다는 점을 인지하게 하였다. 멀티미디어 강의식인 튜토리얼이 이해하기 힘든 논리 문제를 체계적으로 설명하여 논리적 개념이나 원리를 스스로 정리하고 학습한 뒤 문제를 통해 학습의 이해도를 확인하여 학습 목표에 도달하게 한 것도 효과적이다. 「하데스의 진자」는 '에피소드-미니게임-튜토리얼-연습문제'의 과정으로 반복 학습을 하게 하여 논리적 사고력을 효과적으로 키울 수 있게 했다. 이 게임은 문제의 난이도를 조절하여 각자의 논리적 사고력에 따라 학습할 수 있기 때문에 어린아이에서부터 성인에 이르기까지 누구나 즐길 수 있다.
반면에 단점은 스토리라인이 너무 글 중심으로 되어 있다는 것이다. 그래픽과 캐릭터는 다른 일반 어드벤처 게임에 뒤지지 않는 반면에 일반 어드벤처 게임은 공략을 세워 대결하고 캐릭터끼리의 싸움에도 활동적인 요소가 많은 데 비해 「하데스의 진자」는 전체적으로 글 중심의 대화식 구성이며 활동이라고는 마우스 조작, 키보드 조작의 정도밖에 없다. 미니게임에서조차 몇 장을 빼고는 질문에 번호만 선택하는 활동밖에 없어 전투와 전략에 흥미를 느끼는 학습자는 자칫 '하데스의 진자'가 다른 논리학습 프로그램과 차별화하고자 했던 재미있는 논리학습의 뜻에 미치지 못하고 지루함을 느낄 수 있다(pp.353-354).

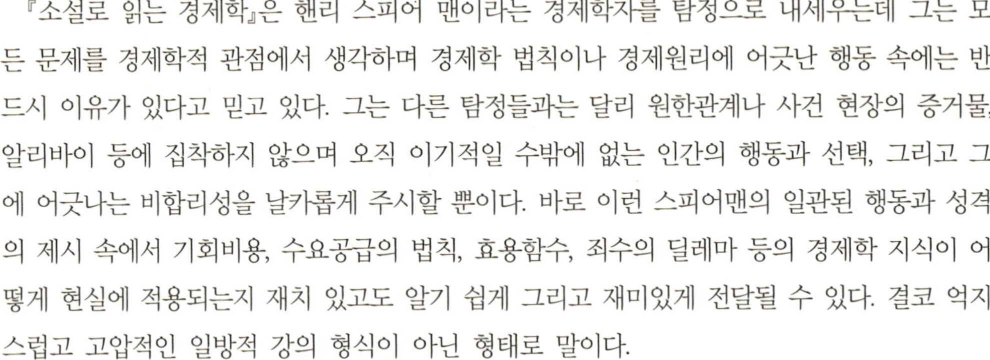

『소설로 읽는 경제학』은 핸리 스피어 맨이라는 경제학자를 탐정으로 내세우는데 그는 모든 문제를 경제학적 관점에서 생각하며 경제학 법칙이나 경제원리에 어긋난 행동 속에는 반드시 이유가 있다고 믿고 있다. 그는 다른 탐정들과는 달리 원한관계나 사건 현장의 증거물, 알리바이 등에 집착하지 않으며 오직 이기적일 수밖에 없는 인간의 행동과 선택, 그리고 그에 어긋나는 비합리성을 날카롭게 주시할 뿐이다. 바로 이런 스피어맨의 일관된 행동과 성격의 제시 속에서 기회비용, 수요공급의 법칙, 효용함수, 죄수의 딜레마 등의 경제학 지식이 어떻게 현실에 적용되는지 재치 있고도 알기 쉽게 그리고 재미있게 전달될 수 있다. 결코 억지스럽고 고압적인 일방적 강의 형식이 아닌 형태로 말이다.

아울러 에듀테인먼트의 지식 및 정보 전달 기능에서 유의할 점이 하나 더 있다. 그것은 에듀테인먼트가 무엇보다도 수요자의 교육적 흥미를 이끄는 데 가장 중요한 목적이 있다는 사실이다. 전달되는 지식과 정보 그 자체는 수요자의 교육적 흥미와 관심을 불러일으켜야 한다. 『소설로 읽는 경제학』에서 우리는 기회비용, 효용함수 등의 지식과 정보를 접할 수 있었다. 물론 그러한 지식과 정보의 습득은 중요한 것이기는 하지만 그것들이 재미있게 전달될 수 있는 것은 추리소설적 구조에 힘입은 것이다. 기회비용이나 효용함수 자체가 특이하고 흥미로운 것이어서 주목을 받은 것은 아니다.

하지만 『소설로 읽는 경제학』이 전하는 지식이나 정보 중 게임이론 가운데 하나인 이른바 '죄수의 딜레마'는 그 자체로 특이하고 흥미로워서 수요자의 교육적 관심과 기호를 불러일으킨다. 우리는 앞에서 경찰관 빈센트가 데커 장군의 살해범으로 흑인운동가인 리키르망과 허블리를 주목했고, 두 사람이 범행을 자백한 데 반해, 탐정역인 스피어맨 교수는 두 사람이 허위 자백을 했고 진범은 따로 있다는 주장을 한 것을 보았다. 스피어맨 교수는 두 사람이 게임이론 중 죄수의 딜레마에 빠져 살인죄를 허위 자백했다고 보는 것이다. 이 소설을 읽는 독자에게는 충격이 아닐 수 없다. 도대체 자신이 행하지도 않은 범죄, 그것도 살인죄를 육체적 고문이나 폭언 등과 같은 강압적 수단이 동원되지 않은 비교적 자유로운 취조 분위기 속에서 자백하는 것이 가능하단 말인가? 독자는 일반적인 상식과 극단적으로 어긋나는 이 사실의 비밀에 관심을 갖고 긴장하게 된다. 스피어맨이 차분하게 설명하는 죄수의 딜레마는 이런 것이다.

"게임이론은 그리 어려운 것이 아니지만 경제학에서는 아주 멋진 도구로 사용됩니다. 나는 르망과 하블리의 자백을 둘러싼 상황을 듣고 나서, 그들이 이른바 '죄수의 딜레마'에 빠진 것임을 알게 되었습니다. 그것은 게임 이론 중에서 가장 기본적인 명제 가운데 하나입니다. 터커가 보여 주었듯이 두 사람이 어떤 범죄로 의심받고 있는데, 그들이 경찰에서 분리되어 의사소통의 기회가 전혀 없을 때 어떤 상황에서는 그들이 범죄를 저지르지 않았어도 그랬다고 자백하는 것이 합리적인 행동이 됩니다. 내가 볼 때 르망과 하블리는 그런 상황에 처해 있었습니다." 그러면서 스피어맨은 어떤 상황에서 자백이 이루어지는지 설명했다. 죄수의 딜레마 속에서 한 죄수가 자백을 하고 다른 죄수를 연루시킬 때 다른 죄수가 묵비권을 행사하면 자백을 한 죄수는 혐의를 부인한 죄수보다 상당히 낮은 형량을 받게 된다. 그래서 경찰은 두 죄수를 분리시켜 놓고 그들 각각에게 자백하고 협조하면 형량을 줄여 주겠다고 얘기한다. 만일 한 사람은 자백을 하지 않는데 다른 사람이 그 사람의 유죄를 인정하면 결과는 그 사람이 죄를 모두 뒤집어쓰게 된다. 두 번째 경우는 둘 다 자백을 하지 않을 때이다. 이 경우에는 둘 다 유죄가 인정되어 많은 형량을 받을 수도 있지만 대신에 둘 다 자백을 하지 않았기 때문에 둘 모두 무죄로 풀려 날수도 있다. 마지막으로 세 번째 경우는 둘 다 자백을 할 때이다. 이렇게 하면 그들은 상당한 형벌을 받겠지만 하나는 자백하고 다른 하나는 자백하지 않을 때 어느 한 쪽이 받게 되는 형벌에 비하면 그리 무겁지 않은 것이다. "이제는 죄수의 딜레마가 무엇인지 알겠죠? 죄가 없는 사람도 상황증거나 편견이 불리하게 작용하고 있는 것을 알면 자백할 가능성이 높아지게 됩니다. 왜냐하면 그 사람은 둘 다 자백을 할 때보다 둘 다 자백하지 않을 때 둘 모두 무죄가 될 수 있음을 알기는 하지만 상대방이 자백하지 않을 것이라고 확신할 수 없기 때문입니다. 그래서 가장 안전한 전략은 자백을 하는 것이 됩니다. 그러면 상대방이 자백을 해도 무거운 형량을 받을 필요가 없고 상대방이 자백을 하지 않으면 자신은 죄가 경감되기 때문입니다."

『소설로 읽는 경제학』에서 경찰에 의해 범인들이 지목되고 그들이 범행을 자백하여 살인 사건이 명쾌하게 해결된 듯한 시점에 한 경제학자가 새로운 범인을 지목하고 그 범인들에게 범행을 시인하도록 만드는 이 장면은 소설의 가장 극적인 장면이다. 바로 이 장면에서 '죄수의 딜레마'란 경제학 이론이 제시되고 이 이론은 중요하게 부각된다. 그런데 앞서 소개한 내용처럼 '죄수의 딜레마'란 우리의 일반적 상식을 완전히 비켜가는 것이어서 그 자체가 신선한 충격을 주며 지적 호기심을 일깨운다. 또 그 때문에 흥미롭고 재미있는 것이다. 바로 이런 경우가 에듀테인먼트가 전달하고자 하는 지식이나 정보가 그 자체로 신이하고 특이해서 흥미와 호기심을 불러일으키는 예이다. 즉 그런 지식이나 정보가 많은 경우 에듀테인먼트는 성공의 가능성이 높게 된다.

(3) 스토리텔링에서 무엇을 고민할까

이원복의 『먼나라 이웃나라』는 분명 성공한 에듀테인먼트의 전형이다. 우선 1987년 초판이

나온 후로 현재까지 1천만 부 이상이 팔렸고, 교사나 부모들이 가장 우수한 학습만화 중의 하나로 추천하고 있다. 80년대 후반에 정보와 재미를 곁들여 출발한 이 시리즈는 당시의 세계 시민의 정신이나 글로벌 시대라는 시대적 명제와 부합하여 주목을 받았고 오늘날까지도 가장 우수한 교양·학습 만화라는 평가를 받고 있다. 작가 스스로 역사나 종교, 철학 부문에서 교양의 필요성이 절박하다 했다. 그는 그 이유가 "현대사회는 지금 전문 지식 시대에서 교양의 시대로 넘어가고 있습니다. 과거에는 지식이 없어도 한 분야만 죽어라 파다보면 노벨상도 받고 돈도 벌고 했습니다. 정보의 공유가 힘든 시대였기 때문이죠. 그런데 지금은 수많은 정보들을 개인들이 접할 수 있습니다. 이제는 그 많은 정보를 정확하게 조합할 줄 알아야 합니다. 떠돌아다니는 정보를 정확하게 조합하려면 광범위한 상식과 지식이 필요하죠. 엉뚱한 발상이라는 것이 과거에는 쉽지 않았지만 지금은 다반사입니다. 가령 생화학을 생물학이나 유전학과 결합시키는 것, 이런 엉뚱한 조합이 가능한 것이죠. 전혀 새로운 학문들이 등장하게 된 겁니다. 바로 이 점에서 교양의 중요성과 필요성이 강조되고 있습니다. 이제는 교양의 시대입니다. 따라서 어느 때보다도 젊은이들에게 폭넓은 교양이 요구되고 있습니다. 특히 기초교양이 우선해야" 한다는 점에 있다고 밝힌 바 있다.

작자는 그러한 교양을 만화의 형식으로 전달하는데, 그렇게 한 이유에 대해 "만화가 아니었다면 다른 교양서와 마찬가지로 읽혀지지 않았겠지요. 만화니까 쉽고 편안하게 접근했다가, 교양적 지식을 건질 수 있으면 좋고, 거기에 재미있으면 좋겠지요. 일종의 당의정이랄까, 계몽의 수단이지요."라고 분명히 밝히고 있다. 전문적 지식보다는 교양적 지식의 습득을 목표로 하고 만화와 같은 오락적 수단을 동원한다 하니 에듀테인먼트의 전형적 목적과 수단을 갖춘

셈이다.

그러면 각국의 역사와 문화라는 평범한 주제를 갖고서 그것도 서적 형태의 만화라는 평상적인 수단을 통해서 1천만 부라는 가공할 숫자의 판매부수(1천만 부의 판매 부수를 올린 창작 출판물은 이문열의 『삼국지』나 조정래의 『태백산맥』 등 극소수에 불과하다)를 어떻게 올릴 수 있었고, 수요자들로부터는 우수한 교양 학습 만화로 평가 받을 수 있었는가? 『먼나라 이웃나라』가 글로벌 시대에 잘 맞아 떨어져 세계의 역사와 문화, 그리고 풍습에 대한 지적 욕구가 증대한 사실과 관련된다는 등의 지엽적 사실들은 배제하고 가장 핵심적이라 여겨지는 두 가지 성공 요인만을 밝혀 보기로 한다.

『먼나라 이웃나라』가 성공한 첫 번째 이유는 프랑스 편, 독일 편, 이탈리아 편, 일본 편, 우리나라 편 등 각 편마다 각국의 역사와 문화를 기술하면서 그 나라만의 차별적이고 독특한 문화와 풍습, 민족성 등을 집중적으로 부각시켰다는 데 있다. 아울러 그 설명에 재미있는 일화를 적절하게 동원하고 있다. 『먼나라 이웃나라』가 불러오는 으뜸가는 재미나 흥미는 이 두 가지 사실을 축으로 형성되고 있다.

『먼나라 이웃나라(영국편)』의 표지

현재 『먼나라 이웃나라』는 유럽 6개국, 아시아 2개국, 미국을 큰 카테고리로 구성되어 있다. 그런데 먼저 유럽 6개국을 다룬 1편에서 6편까지의 경우를 보면 한 국가의 역사와 문화를 기술하는 경우 특정 국가만이 가진 차별적이고 독특한 특징을 집중적으로 부각시킨다. 예를 들어 영국 편을 보면 영국의 역사, 문화, 풍습, 민족성 등의 특수성, 차별성을 집중적으로 부각시킨다. 동시에 여러 편의 재미있고 흥미 있는 일화를 적절하게 구사하여 독자들이 알기 쉽고 실감나게 지식과 정보를 습득할 수 있도록 배려하였다. 그러한 실례는 다음과 같다.

● 역사적으로 처음 대제국을 이룩한 로마도 지중해를 지배하는 것으로 끝났고, 한때 세계최강을 자랑했던 스페인도 중남미 아메리카 지배에 머물렀으며, 나폴레옹 제국도 유럽대륙 지배를 넘어서지 못했다. 또 아시아에서는 중국이 그 세력을 떨쳤으나 역시 동아시아를 지배하는 것으로 끝난 데 비해 영국은 동쪽으로는 홍콩과 인도, 남쪽으로는 오스트레일리아 등 세계 방방곡곡 그 세력을 떨치지 않은 곳이 없을 정도로 세계적 대제국을 건설했다는 사실.

● 가장 서쪽에 자리 잡은 섬나라라는 지리적 특성과 대륙과 마주 본 남쪽이 부드러운 평야임에 반해 북쪽 스코틀랜드 지방은 산악지대라는 지형적 특성, 같은 위도의 스칸디나비아 국가들보다 훨씬 따뜻한 기후를 갖고 있다는 기후적 특성 때문에 대륙의 다른 민족들과 바이킹 족의 끊임없는 침입을 받게 되고, 계속 서쪽으로 뻗어나가려는 유럽세력의 출발지가 될 수밖에 없었던 역사적 상황 속에서도 영국이 세계제국을 건설하게 된다는 사실.

● 세익스피어 등을 통해 영국 역사에 길이 남을 문화의 꽃을 활짝 피운 엘리자베드 1세 시대, 세계 최강의 국력을 자랑했고 오스카 와일드 등의 예술가들이 넘쳐난 빅토리아 여왕 시대 등 영국 역사에서 가장 찬란한 황금기에 대한 향수로 인해 오늘날까지도 여왕에 대하여 영국민들이 존경과 사랑, 그리고 집착에 가까운 관심을 보이고 있다는 사실.

● 도이칠란트, 프랑스, 이탈리아 등 유럽 대륙 사람들이 커피를 즐겨 마시는 데 비해 영국 사

람들은 실론 차, 다르질 차 등을 즐겨 마시고 대륙사람들이 차를 마실 때 맑은 차를 마시는 데 비해 영국 사람들은 차에 우유를 섞어 마시고 (심지어 영국의 차 문화와 일본 및 중국의 차 문화를 비교하기까지 한다), 모닝티, 티브레이크, 티타임 등에서 볼 수 있듯 영국 사람들은 하루를 차와 함께 보낸다는 사실(심지어 티타임 때 다른 집을 방문하는 것이 금기시될 정도로).

●

대영제국이란 이름 아래 하나의 국가로 통합되어 있지만 잉글랜드, 스코틀랜드, 웨일스, 북아일랜드 등 네 개의 지방이 각각 민족으로나 풍습으로나 독특한 특징을 갖고 있기 때문에 예컨대 스포츠 경기에서 앙숙인 잉글랜드와 프랑스가 맞붙으면 스코틀랜드는 프랑스를 응원하고, 스코틀랜드와 잉글랜드가 맞붙으면 프랑스는 스코틀랜드를 응원한다는 사실.

●

농담조이지만 사실에 근거하기도 한 민족성의 차이에 대한 일화, 즉 "한 사람의 프랑스 사람이 있다. 그러면 에스프리, 즉 반짝이는 재치와 유머, 뛰어난 정신력과 분위기를 발휘한다는 얘기야. 두 사람의 프랑스 사람이 있다. 그러면 라무르, 즉 사랑에 모든 것을 쏟는다는 것. 세 사람의 프랑스 사람이 있다. 그러면 레블레쉬옹 즉 혁명을 일으킨다. 다시 말해 불의와 사회의 잘못을 뜯어 고치기 위해 들고 일어선다는 성질 급한 프랑스 사람의 기질을 일컬음이지. 한 도이치 사람이 있다. 그러면 제니 즉 천재, 도이치 사람의 뛰어난 두뇌와 사고력이 발휘된다는 뜻. 두 사람의 도이치 사람이 있으면 오르가니치온 즉 조직이 생긴다는데 이것은 위아래 사람 사이의 구별이 분명하고 조직적으로 일을 해결하는 도이치 국민성을 일컬음이고 세 사람의 도이치 사람이 모이면 크리크 즉 전쟁 제 1, 2차 세계대전을 도이칠란트가 일으킨 것을 비꼬는 이야기이지. 그러면 영국 사람은 어떤가. 두 사람의 영국 사람이 한 방에 한 달 동안 같이 있었는데 아직도 한마디 서로 대화가 없더래. 왜 그럴까? −수수께끼. 두 영국 사람이 한 달 동안 한 방에서 살면서 한마디 이야기도 나누지 못한 이유는? 아직 이 두 사람을 정식으로 소개해준 사람이 없으니까. 이 우스갯소리는 영국 사람들의 성격을 잘 나타내주는 것으로 거리에서건, 술집에서건 낯선 사람에게 말을 건네는 일이 극히 드물고 따라서 누군가의 소개 없이는 낯선 사람끼리 서로 사귀기가 어려운 곳이야. 그러면 세 사람의 영국 사람이 모이면 클럽을 만든대. 클럽이란 신분이나 지위가 비슷한 사람끼리 서로의 친목을 위해 만드는 모임으로 여기에는 높은 사람도 낮은 사람도 없는 모두가 같은 자격의 모임이기 때문에 회원들은 아무런 마음의 부담 없이 참여하여 즐거운 시간을 보낼 수 있지. 취미에 따라 골프클럽, 테니스클럽, 승마클럽 등 직업에 따라 장교클럽, 선원클럽, 화가클럽, 변호사클럽 등 영국 사람들의 사교와 친목은 주로 이 클럽을 통해 이루어지고 있으며 세계 어느 곳에서건 영국 사람이 있는 곳엔 반드시 그들의 클럽이 있기 마련이야"라는 사실 등이다.

한 국가의 역사와 문화를 기술하면서 그 차별적이고 독특한 특징을 다른 국가들과 세세하게 비교하면서 중점적으로 부각시키는 방식—아울러 재미있는 일화를 적절하게 구사하는 방식—은 그 다루는 내용 중 대다수가 통상적인 사고나 상상을 벗어난 것이 대부분이어서 호기심과 재미를 불러일으키기에 충분하다. 또 특별하고 가치 있는 지식에 대한 호기심을 불러온다. 이처럼 지식과 정보를 재미있게 전달할 뿐만 아니라 지적 호기심과 만족을 동시에 불러일으키니 『먼나라 이웃나라』는 에듀테인먼트가 갖는 강점 혹은 필수 요건의 핵심을 꿰뚫고 있다.

앞에서 영국 편을 통해 확인한 이 사실은 아시아 편인 일본 편을 통해서도 그대로 확인된다. 작자는 여기에서도 일본의 역사와 문화가 갖고 있는 여러 사실 중 특히 다른 나라의 역사나 문화와 변별되는 차별적 특성을 부각시키는 데 공을 들인다. 그 한 예를 『먼나라 이웃나라』의 실제문면을 통해 확인해 보자.

『먼나라 이웃나라』가 성공한 두 번째 이유는, 작자가 스토리텔링의 핵심을 잘 꿰뚫어서 역사를 기술했다는 데 있다. 『먼나라 이웃나라』의 각 편은 해설자가 한 국가의 전 역사를 한 편의 이야기로 꾸며 구술하는 것처럼 기술되어 있다. "토요토미 히데요시는 목숨을 끊었어.",

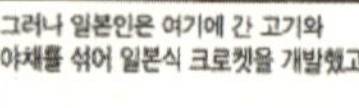

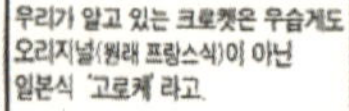

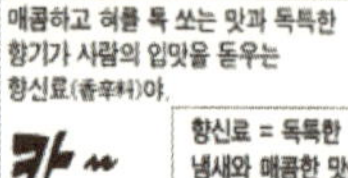

밥 위에 얹어 먹는 카레라이스를 개발해 냈어.

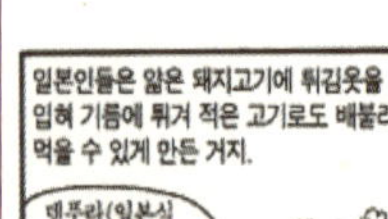

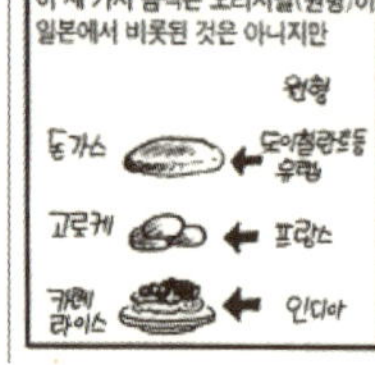

일본의 음식문화를 통해 일본문화의 특수성을 설명한 부분

"쇼군의 허락 없이는 혼인을 엄금했어", "성공회는 헨리 8세 아래 차츰 그 뿌리를 영국에 내리게 되었어"에서 볼 수 있듯이 해설자가 바로 앞에 청자를 두고 스토리텔링을 구연하는 것처럼 만들었다. 또 전편의 이야기는 단일한 한편의 이야기처럼 물 흐르듯 자연스럽게 이어진다.

이것은 작자가 각 국가의 역사에 대한 정확한 이해를 바탕으로 스토리텔링의 완성도나 재미를 높이기 위해 특별한 전략적 방식을 취하고 있기 때문이다. 이를 통해 작자는 한 국가의 역사를 한 편의 드라마처럼 자연스럽게 이어갈 수 있었고 독자의 흥미와 재미를 이끌어 갈 수 있었다. 『먼나라 이웃나라』가 만화형식이면서도 전달하는 지식이나 정보의 양과 질이 만만치 않음을 감안하면 그 성과는 한층 의미 있다. 이제 그 사실을 살펴보기로 한다.

『먼나라 이웃나라』가 한 편의 드라마처럼 읽히는 이유는 작자가 한 국가의 역사를 단편적으로 언급하지 않고 분명한 스토리 라인을 잡아가며 이야기처럼 풀어내고 있기 때문이다. 이야기가 무의미한 나열이나 습관적인 반복에 매몰되지 않고 재미있게 짜이기 위해서는 무엇보다도 갈등이 가장 중요한 역할을 하게 된다. 적대적이거나 대립적인 세력 사이의 충돌이야말로 이야기를 긴장감 있게 만들고 독자에게 흥미를 줄 수 있는 요소이다. 비록 그 갈등 양상이 적대적 세력 사이에 나타나거나 혹은 인물 내부의 상반된 가치 사이에 표출되는지의 여부를

---

34 물론 이 사실은 작자의 인간관, 역사관에서 오는 것이기도 한데 작자는 이탈리아 편에서 그 점을 노골적으로 "이제 인류는 완전히 새로운 세계로 향해 나아가고 있는, 즉 12월 31일 오후 11시 59분 59초에 와 있는 셈이지. 이처럼 과학문명과 인간의 지혜는 끝없는 발전을 거듭했는데 한 가지 변하지 않은 것은? 끝없는 인간의 욕망 그리고 이기심인 거야! 인류가 그토록 눈부신 과학기술과 학문을 쌓고 역사를 통해 더불어 살아가는 지혜를 배웠다면 오늘의 세계는 평화와 풍요로 가득 차 있어야 할 텐데 과거 그리스, 로마 시대처럼 모든 어려운 문제를 힘으로 해결하던 시대와 과연 달라진 점이 무엇인가. 우리는 스스로 물어 보아야 할 거야… 모든 인류가 고대하던 평화 대신에 세계 곳곳에서는 전쟁이 끊이지 않고 모든 인류가 먹고 남을 만한 식량이 생산되고 있는 오늘날 한쪽에선 팔리지 않는 식품이 썩어 나가는가 하면 다른 한쪽에서는 하루에도 수만 명씩 굶어 죽어나가고 있는 오늘! 그 이유는 사람들이 자신만을 생각하는 이기심! 그리고 더욱 더 많은 것을 지니려 하는 끝없는 욕망 때문인데 바로 이 점은 동물들보다 더 못한 사람의 약점일지도 모른다. 그런데 인간들은 평생 먹을 것을 쌓아두고도 자꾸만 남의 것을 노린다! 쯧쯧쯧… 인간들의 이러한 욕망은 끝내 두 차례에 걸친 세계대전까지 일으켰고 남은 물론 자신까지도 상처투성이로 만든 쓰라린 경험을 지니고 있다. 그래서 과거엔 남의 것을 다른 민족의 것을 노리던 눈은 그것이 결과적으로 아무런 이득도 가져오지 못한다는 것을 깨달은 뒤에 자신의 것, 자기 민족의 것 안에서 내 몫 더 차지하기로 바뀌어져 버렸지. 그 이후 같은 민족, 같은 나라 안의 서로 다른 민족끼리의 분쟁은 도무지 해결의 길을 찾지 못하고 끊임없이 되풀이되고 있는데 남북으로 갈라져 아직도 통일의 길이 요원한 우리나라도 예외는 아니야. 또 역사를 통한 지혜를 지닌 인간들이라면 모든 문제를 대화나 타협으로 해결할 수도 있을 법한데 세계 도처에서 한시도 쉬지 않고 계속해서 저질러지는 폭력, 폭력, 그리고 폭력 자신의 이익을 위해서 같은 민족을 총칼로 살육하고 자기집단의 이익을 위해서라면 서슴지 않고 폭탄을 던지며 자기민족의 이익이라면 전쟁까지도 두려워 않는 공격적이고 파괴적인 행동을 인간들은 거듭하고 있다."라고 지적하고 있다.

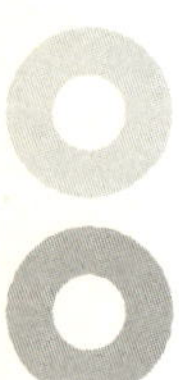

불문하고 투쟁과 대립은 그 자체로 스릴 넘치고 흥미롭다. 작자는 이 점을 간과하지 않고『먼나라 이웃나라』를 기술하면서 각 편마다 분명한 스토리 라인을 바탕으로 적대적 세력 간의 갈등과 투쟁에 의존하여 전체 스토리를 이끌어 가고 있다.[34]

자연히『먼나라 이웃나라』의 스토리 라인은 언제나 적대적 세력 간의 투쟁으로 점철되고 독자는 해설자의 구연을 통해 재미있는 싸움 구경을 지속적으로 하게 된다. 작자는 의도적으로 이 점을 중시한다. 그 구체적 실례를 보면, 일본 편에서는 덴노(天皇)와 신도(神道)를 중심으로 한 권력 투쟁의 역사를 스토리 라인의 핵심으로 집요하게 그리고 있다. 즉 야마토 시대 지방호족의 두 세력가인 모노노베 가문과 소가가문 사이에서 벌어진 투쟁의 역사에서부터 시작하여 쇼토쿠 태자가 확립한 중앙집권국가 시기의 중앙정부와 지방 고조쿠(豪族)간의 투쟁, 나카노오에 황자(皇子)와 소가 가문과의 투쟁, 덴무 덴노와 간무 덴노 시기의 덴노와 귀족 및 고주쿠 간의 투쟁, 셋쇼 및 간바쿠 직위를 둘러싸고 벌어지는 권력 투쟁, 귀족과 막부간의 투쟁, 겐지와 헤이지 두 무사 가문 간의 투쟁, 남조와 북조의 전쟁, 대명과 쇼쿤 간의 투쟁, 오다 노부나가와 도요토미 히데요시 그리고 도쿠가와 이에야쓰로 이어지는 대명을 둘러싼 권력 투쟁, 존왕파와 막부파 간의 투쟁 등이 있다. 이와 같은 갈등 구조를 통해 작가는 음모, 결탁, 배신, 살인 등으로 이어지는 긴박감 있고 흥미로운 역사 서술을 시도한다.『먼나라 이웃나라』가 역사의 지식과 정보를 흥미 있게 전달하는 또 다른 비결이 바로 이것이다.

이런 사실은 유럽 편에서도 그대로 볼 수 있다. 작가는 영국 편에서, 유난히 켈트 족의 침략, 로마 군의 침략, 앵글로 색슨 족의 침략, 알프레드 대왕 시절의 영국과 덴마크 간의 전쟁, 노르만족의 침략, 사자와 리처드 1세의 등극을 둘러싼 권력 투쟁, 헨리 2세 시절의 영국과 프랑스 간의 전쟁, 존 왕 이후 시절의 왕과 귀족 및 시민 간의 권력 투쟁, 영국과 프랑스 간의 100년 전쟁, 요크 가문과 랭커스터 가문 사이의 장미전쟁, 헨리 8세 이후의 종교 투쟁, 엘리자베스 여왕 시절의 영국과 스페인 간의 전쟁, 제임스 1세 이후의 왕과 국회 간의 다툼, 카톨릭파와 신교파 간의 30년 전쟁, 스코틀랜드와 영국 간의 전쟁, 왕당파와 자유파 사이의 투쟁, 네덜란드와 영국 간의 전쟁, 북 아일랜드 내의 구교도와 신교도 간의 분쟁, 영국과 아일랜드 간의 전쟁 등을 강조하며 스토리 라인을 구성하고 있다.

(4) 기획의 힘은 어디에서 오는가

에듀테인먼트는 경성문화인 교육을 연성문화인 오락과 결합하여 지식과 정보를 전달하는 동시에 재미를 추구해야 하기 때문에 고도의 전략과 기획이 필요하다. 더욱이 에듀테인먼트의 가능성이 알려지면서 이미 많은 에듀테인먼트 제품들이 쏟아져 나오고 있고, 수요자들의 눈높이도 향상된 터라 지식과 정보를 알차게 담으면서도 신선한 재미를 갖춘 에듀테인먼트를 제작하려면 무엇보다도 참신한 기획이 중요하다. 이제 그 몇 가지 사례를 살펴보려 한다.

교양학습만화인『마법천자문』은 2003년 11월 그 첫 권을 선보인 이래 현재 제5권까지 출간하였으며, 판매 부수도 200만 부를 넘었다. 최근의 출판계 불황을 감안하면 경이적인 양이라 하겠다. 시리즈물의 경우 일반적으로 2권 이후의 판매량이 1권 판매량의 70% 수준인데 반해 마법천자문은 2권 이후 각 권의 판매량이 1권의 90%에 이르고 있다. 그만큼 한번 책을 산 독자들의 추가구입 성향이 강하다.

한자능력검정시험 응시자가 지난 2000년 15만 7,500명 수준이던 것이 2003년 78만 2,000명으로 다섯 배가량 늘었고, 2005년도부터 수학능력시험 제2외국어(선택)에 한문이 포함되었으며, 신입사원 채용 때 한자 시험을 보는 기업이 늘어나는 시대적 조류에 맞추어 한자 학습서인 『마법천자문』을 출간했다고 한다. 이 책은 서유기의 이야기를 만화의 형식으로 구현하여 한자 학습의 재미를 느끼도록 하였다.

『마법천자문』 표지

첫째, 손오공이 모험 도중 마법을 쓰는 긴박한 순간에 걸맞은 한자를 글자의 모양과 함께 음과 훈을 주문처럼 소리치며 따라하게 설정하였다. 자연히 독자는 긴박한 순간에 몰린 절박한 마음에서 마법의 소리와 함께 크게 강조된 글자의 모양을 기억하도록 배려하였다. 또 한 글자를 상황에 맞는 다른 곳에도 배치하여 반복 학습이 가능하도록 하였다. 아울러 이 책의 주요 수요자인 아동의 학습 능력에 맞도록 한 권에 소개되는 한자를 20자로 한정하였다. 이는 자칫 한자 습득이라는 교육적 필요 때문에 재미가 사라지지 않도록 배려한 것이다.

둘째, 손오공의 캐릭터는 드래곤볼을 연상시키는 역동적인 모습이며, 그 옆에는 삼장법사 역할의 보리도사와 손오공 또래의 예쁜 소녀가 함께 있어 아이들에게 익숙한 최근의 애니메이션을 보는 듯한 분위기를 만들었다. 이처럼 『마법천자문』이 애니메이션과 유사한 분위기를 조성하려고 노력한 것은 실제 한자가 등장하는 장면에서 가장 노골적으로 드러난다. 예를 들면 풍(風)이란 한자가 등장하는 장면에서 "불어라 바람 풍(風)!" 하고 외치면 나무가 휘어지고 바람이 부는 그림과 함께 '風'자가 커다랗게 클로즈업 되어 나타나는 식이다.

셋째, 책 말미에 한자 학습·연습장을 두어 해당 책 속에서 소개한 한자들을 정리하여 다시 학습할 수 있도록 배려하였다. 이를 통하여 한자의 음과 훈, 유래 등을 기술하면서도 그 한자의 한자능력검정시험 급수를 명기하여 학습 의욕을 불러일으키고 있다. 또한 한 권에 나와 있는 각 한자의 한자능력검정시험 급수도 2급에서 7급까지 다양하게 배치하여 아동들이 자신의 급수와 비교해가며 게임을 하듯 자신감과 조바심을 적절히 느낄 수 있도록 배려하였다. 아울러 디지몬이나 요리몬 카드게임과 같은 각종 카드게임에 익숙한 아동들을 감안하여 각 권마다 부록으로 한자카드를 제공하고 있다. 이 카드를 이용하여 무려 5가지의 게임-매직넘버 게임, 공격력/방어력 베틀게임, 난이도 게임, 뜻과 소리 말하기 게임, 뜻과 소리 말하고 쓰기 게임-을 즐길 수 있도록 배려하였다.

이른바 '앗 시리즈'라는 별칭으로 화제를 불러일으켰던 김영사 간행의 에듀테인먼트 출판물들은 기획의 중요성을 일깨우는 또 다른 예이다. 놀람과 깨우침을 담고 있는 '앗'이란 감탄사는 즐기는 가운데 어느덧 배움을 깨닫게 되는 에듀테인먼트의 핵심적 의미를 상징하는 말이다. 그동안 『앗, 이렇게 재미있는 과학이!』 시리즈, 『앗, 이건 예술이야!』 시리즈, 『앗, 이렇게 짜릿한 스포츠가!』 시리즈, 『앗, 이렇게 생생한 역사가!』 시리즈, 『앗 이렇게 폼나는 상식

이!』시리즈,『앗, 이렇게 산뜻한 고전이!』시리즈,『앗, 문화가 보인다!』시리즈를 연이어 출간하면서 200만 부 이상의 판매고를 올렸다. 이 중에는 번역물도 있고 국내 필진에 의한 창작물도 있다.

이른바 '앗 시리즈'는 기발한 제목과 참신한 내용 및 체제로 인해 공공기관과 언론으로부터 우수 도서로 선정되어 각종 상을 받았으며 각급 학교의 추천 도서로 선정되기도 하였다. 게임과 같은 오락물이나 영상에 익숙한 신세대들에게 걸맞게 다양하고 참신한 기획을 다채롭게 선보이고 있다. 짧은 글들, 토막상식, '요건 몰랐을걸!' 등 상자로 묶은 이모저모, 만화체의 풍부한 그림 자료들, 사이사이 끼워 넣은 퀴즈와 테스트, 문답법 활용과 요점정리, 활자를 바꾸거나 거꾸로 박아 넣은 편집 변화 등이 그 예이다. 아울러 판매 전략 또한 성공적이었다. 그 구체적 사례를 보면 단기간에 시리즈물의 발간과 광고를 집중하는 집중화 전략을 통해 책의 인지도를 높였고, 책의 용지를 미색 모조지 대신에 가격이 싼 서적지를 사용하거나 책표지의 날개를 없앰으로써 제작 비용을 절감하여 책의 정가를 청소년 독자의 가격저항선을 훨씬 밑도는 3,900원으로 정했다. 또한 일괄진열이 가능한 서가를 직접 제작하여 일선 서점에 보급함으로써 이 시리즈가 내용별로 흩어져 진열되는 것을 막았다.[35]

여기에서는 재미있고 신선한 독서를 유발하기 위한 '앗 시리즈'의 세심한 기획의 일례를 살펴보고자『앗 이렇게 산뜻한 고전이!』시리즈 중『뜨끔뜨끔 동화 뜯어보기』편에 관하여 논의하고자 한다.

『뜨끔뜨끔 동화 뜯어보기』편은 세계적으로 가장 많은 사랑을 받는 동화 10편을 택하여 그 동화가 사회적 규범이나 특정 집단 혹은 작가에 의해 개작되기 전의 원형적 모습을 복원하고

---

35 한기호,『디지털과 종이책의 행복한 만남』, 창해, 2000, pp.166-167.

있다. 예를 들어 헨젤과 그레텔 남매가 못된 계모의 간계로 숲속에 버려져 마녀의 희생양이 될 위험에 빠졌다가 기지를 부려 마녀를 오히려 화덕에 가두고 마녀의 보물을 빼앗는 '헨젤과 그레텔' 이야기는 사실 독일 작곡가 엥겔베르트 훔퍼딩크가 오페라로 만들면서 사회적 규범에 맞게 각색한 것인데, 그 이전의 원형적 이야기에서는 두 아이를 버린 것이 그들의 친부모라고 밝히고 있다. 이른바 동화를 원형 그대로 다시 뜯어보자는 것으로, 인어공주나 신델렐라 등 각 편이 소개될수록 인간의 탐욕, 잔인함, 선정성 등이 드러나면서 때로 소름끼치는 충격을 주기도 한다.

'앗, 시리즈 『뜨끔뜨끔 동화 뜯어보기』의 표지

　그런데 여기에서 우리의 관심을 끄는 것은 작자(마이클 콜먼)가 10편의 동화를 소개하면서 각각의 스토리텔링 방식을 모두 다르게 설정하는 참신하고 집요한 기획을 보여준다는 점이다. 사실 각 편 모두 기존의 동화 내용을 뒤집어 인간의 본성을 적나라하게 노출시킴으로써 충격을 준다. 사실 그 내용만 가지고도 재미와 흥미를 유발할 수 있지만 작자는 더 큰 호기심과 기호를 이끌기 위해서 10편 모두의 스토리텔링 방식을 각기 변별적으로 차별화하는 열의를 보이고 있다. 작자는 10편을 소개하면서 기획 의도를 갖고 그 충격성이 큰 것부터 순위를 매겼는데, 소개하는 순서는 10위에서부터 시작하여 점차 충격성이 큰 편으로 옮기다가 급기야 최후에 가서 제일 충격성이 큰 「잠자는 숲 속의 미녀」 편을 1위로 하여 소개하고 있다. 독자가 끝까지 긴장하며 읽도록 만들었는데, 그 세심한 배려가 우선 눈에 들어온다. 이제 각 편마다 드러나는 스토리텔링 방식의 차이점들을 살펴보면 다음과 같다.

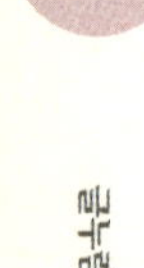

　이처럼 『뜨끔뜨끔 동화 뜯어보기』 편은 동화를 새롭게 해석한 충격적인 내용에 더해 한 권에 수록된 10편의 동화를 소개하는 스토리텔링 방식을 각기 달리함으로써 독자들이 재미와 흥미를 갖고 읽을 수 있도록 만들었다. 또 그 스토리텔링 방식들도 아동들을 포함한 일반인들이 가장 가깝고 쉽게 접근할 수 있는 매체들을 수용한 것이어서 친근감을 준다. 뿐만 아니라 각각의 상이한 스토리텔링 방식에서 오는 이야기의 변화와 새롭게 창출된 시각(예를 들어 그간 소외되었던 악인의 절박한 사정 혹은 사고에 기댄 시각)을 경험할 수 있게 만들어 주고 있다. 이는 무릇 성공한 에듀테인먼트의 창출을 위해서는 기획에 얼마나 세심한 노력을 기울여야 하는지를 보여주는 대목이다.

3. 영화에서 서사와 감각 체험은 어떻게 관련되는가

(1) 이야기의 운명

❶ 커다란 물고기라는 상징

영화 「빅 피쉬」의 한 장면

    팀 버튼 감독의 「빅 피쉬(*Big Fish*, 2003)」라는 영화에는 '커다란 물고기' 한 마리가 나온다. 물론 영화 속 물고기는 평범하게 주변에서 볼 수 있는, 덩치만 큰 종류의 물고기가 아니다. 그 물고기가 어떻게 생겼는지 또 어디에 사는지 무엇을 먹는지에 관해서는 아무도 모르지만 사람들은 늘 물고기에 관해 이야기한다. 그윽하고 깊게 출렁이는 강의 여기저기를 가로지르며 멈출 줄 모르고 쉼 없이 헤엄쳐대는 거대한 한 마리의 물고기, 그 물고기는 하나의 '전설'이 되

어 사람들이 강을 지그시 바라볼 때마다 파문을 일으키며 수면 위로 불쑥 떠오른다. 잡힐 듯 잡히지 않아 그 정체가 드러나지는 않지만, 잊힐 듯 잊히지 않는 괴물 같은 물고기와 그에 관한 소문들, 이 영화는 이러한 감추어진 비밀스런 물고기에 관한 이야기로부터 시작된다.

신비한 물고기에 관한 상징은 서사의 변화 양상에 관하여 재미있는 관점을 열어준다. 영화는 암에 걸려 죽어가는 아버지와 그런 아버지와 함께 있으려는 아들의 어긋남과 교감을 기본 스토리로 삼고 있다. 아버지는 생의 마지막을 마치며 젊은 시절 방랑벽이 강한 모험가로서 수많은 낯선 곳을 다니며 겪었던 이야기들을 주변 사람들에게 들려준다. 과거 아들이 어린 시절에 잠자리 머리맡에서 들려주던 '커다란 물고기'의 이야기와 유사한 종류의 이야기들을 아버지는 끊임없이 만들어내는 것이다.

'옛날 옛날에…'로 시작되는 이야기가 항상 그렇듯이 물고기로부터 시작된 이야기는 황당하고 허무맹랑하기까지 하다. 뱀과 거미와 모래 늪으로 우중충한 곳에 혼자 사는 마녀에서부터 보름달이 뜨는 밤이면 늑대로 변하는 서커스단의 단장이나 입김으로 사람을 날려 버리거나 힘으로 기울어진 집을 똑바로 세우는 어마어마한 거인 그리고 아무도 모르는 곳에 감추어진 이상적이고 평화로운 어느 마을까지, 어린아이의 잠자리 머리맡에서 펼쳐지는 이야기들은 언제나 그런 법이다. 우리 식으로 바꾸어본다면 할머니들이 어릴 적 들려주던 호랑이와 귀신 그리고 도깨비들을 그 자리에 두어도 무방하다.

그런데 그 이야기들의 시원(始原)인 아버지는 이제 수명을 다해가고 있다. 그럼에도 불구하고 허탕한 이야기들을 멈출 줄 모른다. 암에 걸려 죽어가면서 아버지는 앨라배마의 작은 마을에서 태어나 젊은 시절 방랑벽이 강한 모험가로 수많은 낯선 곳을 떠돌며 겪었던 자신의 젊은 시절에 관한 이야기를 늘어놓는다. 믿기는 힘들지만 그 이야기는 사람들을 즐겁게 해 준다.

끊임없이 반복되고 이어지는 이야기들 앞에서 이제 다 자라 결혼까지 한 아들은 넌더리를 낸다. 신문사에서 글을 쓰는 직업을 가진 아들은 죽음을 목전에 두었음에도 불구하고 그칠 줄 모르는 아버지의 이야기들을 믿을 수가 없고 그런 아버지를 이해할 수도 없다. 아들은 진실한 이야기를 나누기를 원하지만 아버지는 늘 허풍뿐이다.

❷ 아버지와 아들의 대립

대립 관계의 아버지와 아들은 그대로 영화의 주제의식을 지탱하고 이야기를 이끌어나가는 두 축이 된다. 아버지는 곧 이야기가 구전되던 시대의 입담꾼이자 그 이야기 자체이다. 원래 전설에는 비범한 인물이 등장하며 또 그것은 사실을 뛰어넘는 이야기로 구성된다. 시골 마을 애슈턴의 영웅이며 좁은 세계를 견디지 못하고 더 넓은 세계로 모험을 떠나 온갖 고난을 헤치고 사랑하는 여인을 차지하는 아버지의 과거는 그러니까 고전 속에 나타나는 영웅적 모험 구조의 전형이라 할 수 있다. 영웅들은 많은 여인들에게 흠모의 대상이지만 늘 한 여자에게 순정을 바친다. 그런데 그런 아버지가 죽어가고 있다는 것은 오늘의 시대에 그런 이야기들이 힘을 잃어서 더 이상 주목받지 못하고 소멸되어가고 있는 위기 상황을 반영한다.

반면 입에서 입으로 전해지는 이야기보다는 확실한 증거에 입각하여 육하원칙에 따라 정확한 사실을 논리적인 문장으로 표현하는 신문사 기자라는 직업을 가진 아들은 현재 시대를 대변한다. 조금 더 나아가자면 아들은 현대의 모든 서사에 대한 하나의 비유로 이해할 수 있다. 그러므로 아무 근거도 없이 꼬리를 물고 이어지는 아버지의 이야기에 대해 아들이 반발

하는 것은 지극히 자연스럽게 이해된다. 오늘날의 서사에서는 개연성 없는 플롯과 핍진성이 결여된 모티프들이 살아남기가 쉽지 않다. 과장이나 우화보다는 논리에 입각한 인과 관계와 밝혀진 진실이 더 중요하게 여겨지는 시대이기 때문이다.

이처럼 이 영화는 아버지와 아들의 대립 구도를 통하여 구전시대와 문장시대, 환상과 현실, 나아가 신화시대와 현대의 대립과 갈등 또는 이야기의 생성과 소멸을 우회적으로 보여준다. 좀 더 덧붙이자면 이 영화는 과거의 이야기가 지니고 있던 매력과 일종의 '낭만'에 대한 향수를 내포하고 있다.

그 이야기의 시대에 우리의 삶은 얼마나 풍성하고 여유 있고 행복했는가. 현대문명은 그것을 답답하고 비논리적이며 밝혀지지 않아 두려운 '어둠'으로 인식하고 있지만 실상은 그렇지만은 않다. 영화 속에서 늑대로 변한 서커스단 단장의 공격을 받은 주인공(젊은 시절의 아버지)이 나뭇가지를 던지자 흉포한 늑대가 순진한 강아지처럼 그것을 물어오는 장면을 떠올려보라. 악마나 요괴 혹은 마녀나 거인이라고 부르는 것들은 사실 근대의 사회성을 결여한 외로운 사람들의 변형일지도 모른다. 이 점은 '가위손'[36]을 가진 쓸쓸하고 고독한 산발머리의 한 인간과도 비슷한 맥락에 위치해 있다.

❸ 현실과 비현실 혹은 허구와 실제의 접점

물론 이 영화는 과거의 낭만에 관한 향수를 성급하게 강요하지는 않는다. 또 그것을 유치하고 전근대적인 것으로 쉽게 몰아버리지도 않는다. 아들은 수면 위로 올라온 "빙산의 조그만 일부분" 외에 그 밑에 숨겨진 거대한 아버지의 실체를 알고 싶어 하며 아버지의 이야기들을

---

36 동일한 감독의 이전(1990) 작품의 제목이자 영화의 주요 상징 요소이다. 영화는 할머니가 손녀딸에게 들려주는 옛날이야기의 액자 구조 속에서 시작된다. 한 과학자에 의해 만들어진 주인공 에드워드는 손을 완성하지 못하여 차가운 가위 손을 달게 된다. 그는 순수한 마음의 소유자로 아름다운 여인을 사랑하고자 하나 마을 사람들은 그를 오해하고 괴물 취급한다. 괴물이나 마녀의 전형으로 사람들에게 여겨지는 그가 정상적인 인간으로 완성되지 못하는 이유가 하필 손의 기형적 형태인 '가위손' 때문이라는 사실이 재미있다. 주

"산타클로스"나 "부활절 토끼" 정도로 치부한다. 이때 한 영웅과 그가 담고 있는 전설은 완전히 힘을 잃고 그 존재 가치가 부인되는 것이다. 아들의 태도에 관해 아버지는 "네가 감추어진 빙산의 나머지 부분을 볼 수 없다면 그건 네 잘못이지 내 잘못은 아니"라고 일갈한다. 은유적 방식을 직설적으로 바꾸라는 강제는 부담스러울 뿐 아니라 부적절한 태도에 다름 아니다.

아들은 아버지의 흔적들을 하나하나 살펴나가면서 아버지의 삶 자체가 통째로 허무맹랑한 것이 아님을 조금씩 체득해간다. 아버지가 실제로 군에 입대했던 기록에서부터 과거 아버지가 되살리려고 했던 마을에 살았던 소녀―현재에는 할머니가 된―를 직접 만나면서 조금씩 아들은 '신화'적 세계의 표현 방식에 관해 이해하기 시작한다.

논리적으로는 소녀가 다시 아버지의 어린 시절 마녀가 되는 것은 불합리하다. 하지만 소녀의 말처럼 '아버지의 관점에서'라면 그것은 자연스럽게 이해된다. 그러니까 이 영화에서 그런 식의 리얼(real)을 따진다면 그것은 감독이나 원작자의 의도를 전혀 곡해한 것이 된다. 허구적 이야기 속으로 현실적 진실이 틈입하는 그 교차의 순간, 그것이 단순히 낡고 아무 쓸모없게 되어버린 거짓말이 아니라는 인식이 싹트는 것이다.

마찬가지로 흉가가 되어 버린 마을의 소녀를 만나는 장면이 실제인가 실제가 아닌가의 문제는 이 영화에서 중요하지 않다. 그런 환상이 현실이 되는 설정 그 자체는 지극히 의도적인 것인 동시에 역시 팀 버튼의 영화가 지닌 최대 매력이라 할 수 있다. 시간이 지나고 사람들의 삶과 사고방식이 분절되고 개인화되어도 그 생명력을 잃지 않는 신화적 상상력의 무한한 매력, 그것이 이 영화의 원작소설이 표방하고자 하는 바였고 또 영화는 그것을 영화만이 표현할 수 있는 환상적인 장면의 배치와 감독 특유의 유머로 아름다우면서도 우아하게 표현하였다.

주인공에게 '가위손'은 사람들의 머리카락을 아름답게 만들고 정원을 마술처럼 환상적으로 바꾸며 단단하고 뭉툭한 얼음 덩어리를 예술적 형태의 조각으로 변화시키는 도구이다. 그러나 마을 사람들에게 그것은 뾰족하여 무엇인가를 찌르고 잘라내는, 대단한 성기 나아가 살해의 위협이 되는 기호로서 기능한다. 이러한 구도는 주인공이 추구하는 낭만적 사랑이 사람들에게는 금지된 사랑으로 여겨지는 것과도 동일한 구도를 이룬다.

❹ 이야기와 삶

갈등으로 치닫던 부자 관계는 아들이 아버지의 임종을 지켜보는 결말 부분에서 둘의 화합에 관한 해답의 실마리를 얻는다. 죽어가는 아버지의 옆에서 차분하게 그를 지켜보고 있는 아들에게 주치의는 마치 고전소설의 어떤 조력자(혹은 신적 존재)처럼 조언을 한다. 주치의는 아버지의 '거대한 물고기'에 관한 이야기는 사실 그가 태어나던 때 외부 출장으로 인해 어머니의 곁을 지키지 못한 슬픔을 배경으로 하고 있다는 것과 함께 자신에게 물고기 이야기와 같은 '낭만적 허구'와 출산을 지켜보지 못한 '우울한 진실' 중에 무언가를 선택해야 한다면 아마 전자를 선택하리라는 말을 아들에게 전한다.

영화는 그 대답을 강요하기보다는 비유적으로 보여준다. 아들은 아버지의 이야기를 이어서 새로 만들어가고 또 그 이야기는 손자들에 의해 지속적으로 생명력을 유지한다. 신화적 이야기의 분신인 아버지는 수장되어 '거대한 물고기(Big Fish)'가 된다. 그리고 강이 유유히 흐르는 한 늘 그 강의 어느 부분을 힘차게 누빈다. 그리고 그의 장례식에서 비로소 아들은 환상 속의 인물들과 허물없이 대면하게 된다. 상상력의 생명력이 살아 있는 한 우리는 언제라도 은빛 물살을 출렁이며 튀어 오르는 커다란 물고기의 자맥질을 볼 수 있을지도 모른다.

죽은 아버지가 판타지의 상상력을 통해 커다란 물고기가 되는 것은 서사의 운명과 성격에 관한 하나의 상징이라 할 수 있다. 과거의 이야기 그 자체였던 아버지는 죽지만 자신의 본성에 관한 이해의 여지를 아들에게 남긴다. 그리고 지상에 쉽게 노출되어 활동하지는 않지만 깊은 물속에서 영원하고 신비로운 존재로 남는다. 물론 아들은 아버지의 방식에 완전히 동화될 수는 없지만 언제나 커다랗고 신비로운 물고기의 존재를 자신의 삶의 원형적 기억으로 삼는다.

과거의 이야기들은 이제 낭만과 우화의 무늬로 우리 주변에 남아 있지만 현대의 서사 속에서 그것들은 지속되지 못한다. 수명을 다해 죽은 아버지는 이러한 과거 이야기 형태의 원형이라 할 수 있다. 표면으로 드러나지는 않지만 커다란 물고기의 상징으로 늘 아들의 기억 속에 존재할 뿐이다. 실제로 오늘의 이야기들은 바로 이러한 원형적 신비감의 자장 속에서 형성된다.

❺ 영웅 이야기와 서사의 변화

영웅의 모험구도는 과거의 서사와 현대의 서사를 동시에 바라볼 수 있는 하나의 기준이 될 수 있다. 구체적으로 소설의 경우에서 영웅 이야기 구도의 번성과 소멸은 서사의 현대적인 성격을 설명하는 유용한 관점을 제공한다. 중세 시대에는 이야기를 만드는 사람들이 사람들의 영혼을 망치고 정신적 혼란을 야기하는 죄인으로 취급받던 것에 비해, 20세기에 들어서며 소설이 인류 최고의 지적 유산으로 추앙받게 된 것은 거기에 담긴 내용이 변화했기 때문이다.

과거 이야기 속에서 영웅이 보여주는 행동은 지극히 상투적이고 평면적일 수밖에 없다. 영화 「빅 피쉬」의 아버지가 들려주는 이야기들이 황당한 것도 마찬가지이다. 영웅 이야기의 주인공들은 결국에는 그에게 닥친 수많은 역경들을 극복해내는 탁월한 능력을 보여준다. 그 속에는 일상에서 우리들이 늘 겪게 마련인 사소한 어려움들이 생략되어 있다. 또 그들의 그런 성공 속에는 늘 완벽한 사랑의 대상을 얻게 되는 보상의 구조도 뒤따른다. 현대의 서사는 그런 상투적이고 초월적인 방식의 이야기 전개에 적극적으로 의문을 제기한다. 조금 더 구체적으로 말하자면 문자에 기반을 둔 기존의 현대소설은 고전소설의 영웅담과의 거리를 통해 그

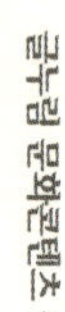

정체성과 존립 기반을 획득한다. 따라서 현대소설은 기존에 성립된 윤리와 가치 나아가 모든 규정된 방식의 사고체계에 의문을 제기하고 낯선 방식의 관점을 견지하기 위해 끊임없이 노력한다. 프루스트의 말을 빌리자면 이러한 노력이 결국은 '우리가 체험한, 유일하고도 참다운 삶'에 해당한다고 믿기 때문이다.

그런데 문자와 함께 형성된 현대의 서사가 영화라는 시각적 이미지의 서사로 전환되면서 이야기에 관한 관점도 변화한다. 여기에 디지털 기술이 발달하면서 이미지들을 다루는 방식은 더욱 복잡한 상태로 바뀐다. 변화의 양상은 대단히 다양하고 그 속도도 빨라서 그 전체 구도와 근본적 의미를 단번에 파악하기란 쉽지 않다. 그러나 서사적 측면에서 명확하게 드러난 몇 가지의 특징을 살펴봄으로써 본래 의미를 추적하는 과정에 지름길을 제시할 수도 있을 것 같다.

우선 디지털 기술이 첨단화할수록 그것이 적용되는 서사물 속에 고대 신화적 요소들이 새롭게 차용되고 부각된다는 사실에 주목해 볼 필요가 있다. 일정한 길이의 시간적 제약을 넘어서서 방대한 길이의 서사물로 진화하고 있는 영화의 변화에서도 이러한 사실은 잘 드러난다. 「반지의 제왕(*The Lord of the Rings*)」 연작이나 「매트릭스(*The Matrix*)」 연작과 같은 10시간 분량의 긴 영화들에는 디지털 기술의 세례 흔적이 극명히 드러난다. 물론 표면만을 보면 각각이 보여주는 구체적 표현 방식은 완전히 다르게 보일 수도 있다. 더불어 이와 같은 작품들의 경우에서 그 이면의 서사구조가 모험을 겪는 영웅담을 그대로 차용하고 있다는 점은 그 자체로 흥미로우면서도 서사의 변화에 관한 중요한 질문을 제기한다.

소설의 경우에서 출발하는 것은 유용한 방법이 될 수 있다. 어떤 소설을 고전소설 혹은 현대소설이라고 명확히 규정하는 것은 쉽지 않다. 엄격한 기준을 세워서 분리되는 지점을 추출하기가 쉽지 않기 때문이다. 다만 이런 저런 차이를 생각해보는 것은 양자의 개념을 분명히 하는 데 도움이 된다.

무엇보다도 이들의 가장 큰 차이는 인물의 성격에서 찾아볼 수 있다. 고전소설 속 주인공은 대개 출중하고 뛰어난 능력의 소유자인 경우가 대부분이다. 그는 남다른 비범함을 가지고 사람들을 사로잡으며 보통 사람들이 겪는 사소한 어려움 따위는 대수롭지 않게 뛰어넘기 마련이다. 아름답고 예의 바르며 착하고 무슨 일을 해도 법도에 어긋나는 법이 없으며 정의나 대의 혹은 명분에 늘 부합하는 행동을 하는 경향이 있다. 따라서 그 인물들의 성격은 반복적이거나 쉽게 예상되는 경우가 많다. 다른 말로 하자면 판에 박힌 유형의 평면적인 성격을 지닌다.

반면 현대소설에 등장하는 인물들은 상대적으로 어딘가 결핍되어 있으며 삶의 여러 국면 속에서 늘 고민하고 쟁투하며 어려움을 느낀다. 평범한 사람들이 느끼는 고통과 어려움보다 더한 난처함에 허우적거리는 경우도 허다하다. 때로 이들은 일상의 우리들이 한번쯤 속으로 생각했거나 강한 충동에 이끌리면서도 사회적 관습이나 체계의 억눌림에 의해 차마 표현하지 못하던 욕망들을 드러내기도 한다. 그 때문에 더한 어려움에 처하고 사람들에게 비난을 받기도 하면서 비참한 나락으로 전락하기 일쑤다. 이들은 평범한 생의 순간들 속에 마주치기 쉬운 사람들이면서 동시에 곤란하고 난해하며 독특한 성격을 지니기도 한다. 이처럼 현대소설은 개성적이고 입체적인 성격의 인물들이 큰 비중을 지니고 등장한다.

플롯의 측면을 보면, 고전소설의 사건전개는 우연적이고 초자연적인 요소에 크게 의존한다. 가령 뜻밖의 구원자가 나타나 주인공을 위기에서 구해주는 일이 빈번하다. 그리고 주인공의 승리는 초자연적인 힘에 크게 의존한다. 아마도 예기치 못했던 구원자의 출현이 없거나 초자연적인 힘의 도움이 없다면, 고전소설은 사건전개가 거의 불가능할 것이다. 고전소설을 지탱하는 힘은 우연성의 개입이 많은 스토리의 우여곡절에 있다고 말할 수 있다. 선한 자가 부당하게 고난과 위기의 상황에 처하고, 우연성과 초자연적인 힘에 의해 위기를 극복하고 마침내 승리한다는 것이 고전소설의 상투적인 플롯이다. 이에 비하여 현대소설은 '개연성(provability)'을 매우 중시한다. 성격, 행위, 플롯 등의 모든 면에서 그럴듯하지 않으면 안 된다. 실제 삶에서 있을 법해야 한다는 것이 현대소설의 필수조건이다. 인과적인 관계도 분명해야 하며, 어떤 성격이나 행위 또는 정황이 사실감을 주어야 한다. 고전소설에 등장하는 완벽한 인물은, 그런 인물이 실제로 존재하지 않기 때문에 개연성이 없는 인물이며 그래서 현대소설에서 기피된다. 또 구두쇠로 그려진 인물이 별 이유도 제시되지 않고 돈을 낭비하는 행위를 한다면 그것 역시 개연성이 없는 행위로서 기피된다.[37]

인용 글은 고전소설과 현대소설의 차이를 간명하게 드러내 보여준다. 문자를 중심으로 이루어진 서사 속에서 영웅 이야기의 구도는 이처럼 상투적으로 느껴질 수밖에 없다. 그러나 디지털 기술을 기반으로 한 감각적 요소들을 바탕으로 이루어진 서사에서는 이러한 구도가 오히려 적극적으로 수용된다. 무엇보다도 영웅 이야기들 속의 황당하고 환상적인 모습들이 일상적인 세계 속의 모습들보다 화려한 이미지와 소리로 구현하기에 더 유용하기 때문이다. 바꾸어 말하자면 감각적 요소들에 초점을 맞추기 위해서는 단순하고 분명한 서사적 구도를 차용하는 것이 더 적절하게 느껴질 수도 있다. 이미 많은 사람들에게 익숙한 서사적 구도를 도입함으로써 감각적인 것들을 더 부각시킬 수 있다.

감각적인 요소의 활용에 더욱 집중할수록 이와 같은 경향은 더욱 짙어질 수밖에 없다. 영

---

[37] 오탁번·이남호, 『서사문학의 이해』, 고려대학교출판부, 1999, p.18.

화뿐 아니라 애니메이션에서도 영웅 이야기는 계속해서 반복되면서 큰 틀을 형성하며 마침내 게임에서는 서사를 진행시켜 나가는 존립 근거가 된다. 이제 우리는 고대의 신화적 세계 속에 머물던 영웅이 어떻게 현대의 서사 속에 부활하는지, 나아가 그들의 부활이 현대 서사물의 형성에 어떠한 영향을 주어 그 모습을 바꾸고 있는지를 구체적으로 살펴볼 필요가 있다.

❻ 빗발치는 총알 속에서 휘날리는 태극기

영화는 이미지와 소리의 형태로 존재한다. 이와 같은 이유로 영화를 이해하기 위해서는 문자만으로 이루어진 과거의 소설과는 다른 여러 가지 해석의 관점과 방식이 필요하다. 그러나 영화 또한 일정한 서사를 바탕으로 하고 있음 또한 분명한 사실이다. 그런 점에서 하나의 서사로서의 특징으로부터 완전히 벗어날 수는 없다. 2004년 5월에 개봉한 한국 영화 「태극기 휘날리며」(2004)는 영화 미학적 측면과 이야기로서의 서사적 측면을 대조하여 이해하기 위한 좋은 준거가 된다.

이 영화는 전국 430개 극장에서 동시 개봉하였고, 개봉 당일 32만 4천여 명의 관객을 동원하며 비슷한 시기에 개봉한 영화 「실미도」와 함께 한국 영화의 발전된 면모를 과시했다. 놀라운 출발과 비례하여 최초로 총 관객 수가 1천만 명을 넘어서고 실질적 매출도 1천억 원을 돌파하는 등 한국 영화사의 각종 기록을 갱신하며 사회적인 이슈가 된 바 있다.

6 · 25 한국 전쟁을 배경으로 삼고 있는 이 영화의 최대의 성과는 한마디로 한국 영화 기술 진보의 눈부신 성과를 보여줌으로써 할리우드식의 이미지와 화면 구성이 제3국에서도 충분히 가능하다는 인식을 명확히 확인시켜 준다는 점이다. 요컨대 이 영화는 엄청난 양의 자본

영화 「태극기 휘날리며」의 포스터

과 첨단 기술을 결합시켜 현란하게 변화하는 이미지들의 놀라움을 촉발하는 할리우드식 영화보다 훨씬 적은 자본으로 이에 필적하는 효과를 창출했다.

실제로 영화가 보여주는 전투신은 매우 실감나고 현란하다. 폭격기의 폭탄 투하신이나 대규모의 피난민을 묘사한 화면 그리고 정신없이 돌아가는 핸드헬드 카메라의 리얼한 기법은 관객의 혼을 뒤흔들기에 충분하다. 개개 전투신의 성취도로만 본다면 외국의 어떤 영화들에 비해서도 뒤지지 않는다. 더구나 예산 규모까지 따져본다면 전쟁 영화의 명작인 「라이언 일병 구하기(*Saving Private Ryan*, 1998)」나 「플래툰(*Platoon*, 1988)」 같은 작품들과 비교해 보아도 조금의 손색도 없다. 그러나 할리우드 영화의 스타일과 방식을 빌려옴으로써 영화 기술의 놀라움을 보여주면서 대중영화로서의 성공을 이끌어내는 동시에 다른 할리우드식 결점으로부터 또한 벗어나지 못하는 결과를 초래하고 있다.

영화의 많은 부분들이 할리우드식 기법을 유사하게 옮긴다. 가령, 영화 전체의 틀을 형성하는 시작과 종결의 구조 또한 그렇다. 참전용사들의 유적을 발굴하는 장면에서 과거를 회상하는 시점으로 넘어가는 기법은 「타이타닉(*Titanic*, 1997)」의 그것과도 유사하다. 물론 이야기 속의 이야기라는 액자 식 구성 방식은 이미 소설 속에서도 흔하다. 많은 영화들이 이러한 구성의 형식을 취하고 있다. 그 구성 방식 자체에 관하여 이야기하고자 하는 것이 아니다. 오래된 유적의 발굴이라는 구체적 모티프와 발견된 그것을 집어 드는 순간의 화면 전환 등 세세한 기법들이 그대로 일치하고 있다는 것을 떠올려 볼 필요가 있다. 심지어 마지막에 다시 현재의 나이든 주인공에게로 빠져나오는 장면의 화면 구성까지 닮아 있다는 사실을 알 수가 있다. 이는 다른 모티프들에서도 자주 드러난다. 사랑하는 여자와 손수건의 모티프는 「브레이브 하트(*Braveheart*, 1995)」라는 영화의 그것과 유사하다.

인물의 행동과 사고 또한 지극히 평면적이며 상투적이다. 플롯의 측면에서도 마찬가지이다. 영화의 줄거리를 따로 언급하지 않는 것은 이런 이유 때문이다. 우리의 닫힌 혹은 굳어진, 그래서 낡고 빛이 바랜 인식의 틀을 뒤흔들 만한 아니 조금이라도 불편하게 만들 만한 문제적 인물이나 독특한 서사적 장치를 찾아보기가 거의 힘들다. 포스터만으로도 충분히 예상할 수 있는 바대로 적어도 서사적 측면에서는 6·25 한국전쟁의 모습을 평범하게 그려내고 있다. 형제간의 사랑과 연인간의 사랑 그리고 부모와 헤어져 징병에 끌려간 자식의 안타까움 같은 익숙한 구도가 별다를 것 없이 반복된다.

학교 성적이 우수하고 부모와 가족을 사랑하는 평범하고 선한 주인공인 진석은 전쟁이라는 급박한 상황 때문에 부당한 이유로 강제 징집의 위기에 직면한다. 이때 그의 형인 진태가 구원자로 등장하여 거의 '초자연적'인 능력을 발휘하며 동생을 구해내기 위해 희생한다. 플롯의 상투성을 제외하고 생각해보아도 인물의 비현실적 상투성은 더욱 짙어진다. 전쟁이라는 참화에 묻혀 버린 여리고 섬세한 영혼을 지닌 진석의 모습을 보여주려고 했던 것 같으나 정작 그것은 거의 보이지 않고 빗발치듯 쏟아지는 총알을 절대 맞지 않는-'람보'나 '코만도'와 같은 슈퍼 히어로의 익숙한 재현이다!—진태의 슈퍼맨과 같은 초능력만이 드러난다. 주제 의식은 증발한 듯 실감나는 사운드에 묻혀 찾아볼 수가 없다.

'람보'는 '코만도'와 함께 남성성의 전형적인 이미지를 보여준다. 나아가 그들의 초능력에 가까운 능력은 우람한 근육의 차원을 넘어서는 일종의 '슈퍼맨'과 같은 인간 이상의 경지에 이르기도 한다. 사진인용은 Louis Giannetti, 『영화의 이해』, 김진해 역, 현암사, p.440.

그 외에 다른 장면들도 흑백 영화로 만들어졌던 '백마고지' 시리즈물이나 과거의 6·25 한국전쟁 관련 영화들에서 한 장면씩 따온 것만 같은 내용들이 이 영화에 줄을 잇고 있다. 그런 장면이 아닌 경우도 마치 참전용사들의 무용담에서 꼭 나올 법한 비현실적이고 전설과 같은 이야기들이 웃음과 눈물의 신경기관을 자극하기는 마찬가지이다.

다르게 비유하자면 멜로드라마나 순정만화에 나오는 대사들이 거의 틀에 박힌 공식이 있듯이 이 영화에 나오는 대부분의 상황과 대사들은 대부분 전쟁 상황에 꼭 나오는 것들로 구성되어 있다. 이 영화는 그런 안일한 대사들과 놀라운 이미지의 향연이 상호 침투하거나 조응하지 못하고 부자연스럽게 섞여 있다.

자극적인 장면의 배치와 첨단기술을 활용한 전투신은 밀접한 관계가 있다. 관객의 눈에서 눈물을 짜내보려는 최루성 장면과 상황 배치가 정신을 차릴 사이도 없이 연속된다는 점도 마찬가지 측면에서 이해할 수 있다. 비극의 진실함은 왜곡된 인식의 틀이 깨지는 순간의 감흥으로부터 비롯된다. 그 놀라움은 입체적인 인물들이 영화적 상황에 자연스럽게 녹아들어가서 관객의 상상력을 북돋을 때 배가되기 마련이다.

(2) '사실적'이라는 것은 무엇인가

「태극기 휘날리며」에 관한 이야기의 서두에서 필자는 "실제로 영화가 보여주는 매 전투신은 그처럼 실감나고 현란할 수가 없다."라는 표현을 사용하였다. 여기에서 '실감'이라는 표현은 단순하게 전쟁 장면이 기술적으로 화려하게 표현되었다는 의미이다. 이미 언급한 것처럼 폭격기가 투하한 폭탄이 터져 여기저기 파편들이 튀고 그것에 피해를 입고 피를 흘리는 사람들의 모습을 영화는 다양한 촬영 기법을 통해 그려낸다. 일차적으로 영화는 이미지와 소리를 활용하기 때문에 우리에게 일상적 경험과 유사한 감각적 체험을 가능하게 한다.

예를 들어 앞선 영화적 묘사는 '폭격기에서 떨어진 폭탄의 파편에 사람들이 피를 흘리며 죽어가고 있었다'라고 문장으로 써 놓은 것보다 우리에게 보다 '사실적'이라는 느낌을 줄 수도 있다는 의미이다. 앞의 문장을 '고요한 가운데 하늘을 가로지르는 작은 점은 점점 커지며 고막을 찢을 듯한 소리와 함께 뱃속에서 무언가를 쏟아놓았다. 검은 물체가 순식간에 땅으로 곤두박질치는 순간, 소리는 증발하고 다만 팔다리가 잘린 사람들, 온몸이 흙으로 범벅이 되어 머리에서 피를 흘리며 땅바닥을 뒹구는 사람들의 모습만이 눈앞에 아른거렸다'라고 써 보아도 마찬가지이다. 아무리 자세하게 묘사한다고 해도 적어도 마음속에 떠오른 이미지를 모두

고정적 문자로 바꿀 수는 없다. 이미지나 소리와 같은 요소와 문자는 지각 방식에 근본적으로 차이가 있기 때문이다.

지속적으로 발전한 기술은 이와 같은 기초적 사실감을 높이는 데에 중요한 역할을 하고 있다. 단순한 예로 채널이 분리된 극장식 음향 장치가 불러일으키는 효과를 꼽아볼 수 있다. 극장이 아닌 일반 가정에서조차 쉽게 찾아볼 수 있는 다채널 음향 장치는 저편에서 쏜 총알이 이편으로 날아오는 소리를 입체적으로 전달한다. 또 멀리서 울리는 포함과 바로 가까이서 터지는 폭발음을 생생하게 구분한다. 최근에는 그 진동까지 구현하는 장치가 개발되었다는 소식도 들린다. 그렇다고 해도 현재의 영화는 주로 이미지와 음향 이 두 가지가 사실감을 구현하는 주요 요소가 된다.

영화는 '어떤' 이미지들과 소리를 '어떻게' 나열하고 배치하느냐 하는 것으로 그 자신만의 느낌을 환기하려 한다. 그러나 기술적으로 '실감이 난다'는 것과 실제 재현과는 다르다. 소설과 같은 종래의 문자 중심의 문학에서는 상세한 '묘사'를 통해 현실감을 구현하려 애쓴다. 그런데 언어를 통해 아무리 정교하게 묘사를 한다고 해도 지정되는 세부 사항은 상대적으로 영화의 시각적 요구 사항보다 적기 때문에 전체 형상을 추론해야만 하는 독자의 몫이 커진다.

예를 들어 '그는 폭탄을 피해 남쪽으로 뛰어갔다'라고 언어로 적었을 때 '그'의 옆에서 여기저기 폭탄이 터지는 모습이나 그 주변에서 쓰러지고 혹은 같이 뛰는 사람들의 급박한 표정, 나아가 피를 흘리거나 옷 어느 한쪽이 찢어져 있는 '그' 자신의 외양을 생략하고도 소설의 문장은 성립할 수 있다. 그런데 영화는 어떤 옷을 입고 어떤 얼굴 표정을 가진 '그'인지를 분명히 보여줘야 한다. 또 그 공간에서 벌어지는 정경과 소리를 조명과 카메라와 음향을 통해 복

합적으로 선택하지 않을 수 없다.[38]

　분명히 '선택'이라는 용어를 사용하는 것은 독단이 아니다. 아무리 세부적으로 지정해야 할 부분이 많다고 하더라도 영화 속 이미지가 현실 공간의 모든 부분을 있는 그대로 혹은 완전하게 수용하는 것은 불가능하다. 우선 공간적인 측면에서도 영화의 화면들은 취사선택된다. 현실 속의 어떤 장면들은 시나리오와 감독의 의도에 의해서 필요한 부분만 선택된다. 선택된 장면들 또한 순수한 본래의 모습에 머물지 않는다. 배우들은 의상이나 분장을 통해 영화 속의 인물이 되기 위해 계속해서 모습을 변형시킨다. 촬영의 순간에도 조명이나 카메라의 각도를 통해 그것은 재구성된다. 촬영이 끝나도 편집의 단계가 기다리고 있다. 이 단계에서 포착된 이미지들은 프레임이라는 고정된 틀 안에서 다시 필요한 이미지와 불필요한 이미지가 구분되고, 여기서 선택된 이미지들은 영상과 음향 모두 새롭게 다시 수정된다. 심지어 다큐멘터리와 같은 기록의 속성이 강한 영상물의 경우도 지금까지 언급한 기본 속성을 거치는 것은 마찬가지이다. 이처럼 수많은 선택의 과정을 거치고 난 이후의 결과물을 우리는 극장에 가서 관람하거나 DVD를 통해 감상하게 되는 것이다.

　이미지를 변형하고 가공하여 재배열하는 과정에는 당연히 감독을 포함한 많은 사람들의 '주관'이 개입될 수밖에 없다. 그런데 '선택'하는 사람들은 그것을 보거나 듣는 사람들로 하여금 '꾸며냈다'는 인상을 받기를 원하지 않는다. 모든 이야기들은 사람들이 실제 경험에서 관습적으로 알고 있는 것에 근접함으로써 더욱 호소력을 지니게 마련이기 때문이다. 영화 또한 허구적인 이야기를 바탕으로 이루어진 서사물이라는 점에서 이러한 점은 문학과 다를 바가 없다.

---

[38] 영화에서 '묘사'가 무엇인지에 관한 더 자세한 설명은 다음 책을 참조할 수 있다.
　　Seymour chatman, 『영화와 소설의 수사학』, 한용환·강덕화 역, 동국대학교출판부, 2000.

❶ 핍진성

이제 우리는 어떤 서사물에 대한 평가에서 '사실적이다' 또는 '현실감이 증가한다'는 말이 엄밀한 의미에서 부적절하며, 더 정확한 표현은 '실제처럼 느껴지게 만든다'는 말 정도라는 점에 대해 쉽게 동의할 수 있을 것이다. 서사 이론에서는 이를 '핍진성'이라는 용어로 표현한다.

핍진성이란 이와 같이 꼭 현실과 같다고 볼 수는 없지만 그것을 수용하는 사람들에게 현실과 같다는 느낌을 불러일으키는 것을 말한다. '사실 같다'라는 말은 그렇게 느끼는 사람의 '경험적 체험'이나 '서사적 관습'에 의해서 각기 다르게 판단되기 마련이다. 그것들은 시대가 변하고 사람들이 느끼는 상식과 경험의 세목들이 변화함에 따라 바뀌기 때문이다.

일반적으로 서사물에서 사실감의 밀도가 높아지려면 일반적 경험 혹은 서사적 관습과 일치해야 한다고 볼 수 있다. 조금 더 단순화해서 말하자면 조선시대가 배경인 역사물의 등장인물이 요즈음 사람들의 방식대로 꾸미고 분장하며 현대적인 표준어를 구사한다면 현실감이 떨어질 것은 뻔하다. 마찬가지로 지금 막 상영하고 있는 영화나 드라마의 인물들이 조선 시대의 복장과 말투로 일관하며 당시의 풍속대로 살아간다면 사실적이라 믿기 힘들다.

물론 보이고 들리는 것들이 우리가 현실에서 경험하여 관습적으로 알고 있는 것과 보다 유사하다고 해서 무조건 서사물 전체의 사실감이 보장되는 것은 아니다. 우리는 이 지점에서 폭탄이 터지는 장면을 입체적으로 경험하는 것이 정말 더 사실적인지에 의문을 제기해 볼 필요가 있다. 아마도 실제로 전쟁을 경험한 사람들이 「태극기 휘날리며」의 전투신을 본다면 빗발치는 총알을 모두 뚫고 쏘아대는 총알마다 적군을 다 맞히는 진태의 모습을 전혀 실감하지 못할지도 모른다. 실제 전쟁의 경험을 통해 확보하고 있는 관습적 사실과 영화 속 장면이 일치하지 않기 때문이다.

오히려 실제 전쟁을 겪어보지 못한 사람들의 경우 「태극기 휘날리며」의 전쟁 장면에 대해 대단히 사실적이라고 느낄 수 있다. 또 할리우드의 여타 다른 영화들을 통해 어떤 특정한 서사적 관습에 익숙한 사람들도 이러한 장면을 더욱 사실적이라고 느낄 수 있다.

나아가 묘사하려는 대상이 처한 위치가 현실의 공간과 거리가 멀어질수록 사실감에 대한 일차적 개념은 더욱 의미를 잃게 된다. 「반지의 제왕」은 판타지의 세계를 기본 배경으로 삼고 있다. 귀가 뾰족하고 이상한 언어를 구사하는 영화 속 요정의 모습을 우리가 늘 상상해 온 요정의 모습과 비교해 볼 수는 없다. 그러나 「반지의 제왕」을 보는 사람들은 아무도 요정의 모습이 인간과 너무 닮았다거나 하는 점에 관해 이의를 제기하지 않는다. 핍진성은 작품의 배경 공간이 현실의 지평으로부터 멀어질수록 혹은 장르에 따라, 서사물의 종류에 따라 가변적으로 변화하는 개념이라 할 수 있다. 심지어 애니메이션이나 게임과 같이 실제 현실에 대한 재현성이 줄어들수록 핍진성의 요구와 기대는 줄어들거나 많은 부분 포기된다.

❷ 이미지와 소리의 감각적 경험

영화를 포함한 디지털적 서사물들이 문자로 이루어진 서사물에 비해 번성하는 것이 사실적인 측면에서 더 쉽게 이해할 수 있기 때문이라는 주장에 관해 생각해보자. 이에 관한 검토를 위해서 일단 서사를 제외하고 우리는 근본적인 이미지의 속성에 관해 되새겨볼 필요가 있다. 영화는 이야기 구조를 포함하고 있는 하나의 서사물인 동시에 그 이야기를 이미지와 소리라는 감

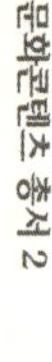

각적 장치의 기술적 구현을 통해 표현하는 장르다. 따라서 서사의 측면에서 그것의 성격을 논의하기 이전에 기본적인 구성의 수단이 되는 재료의 성격에 관해 생각해보는 것은 중요하다.

단정적으로 말해서 글자를 통해 읽는 것보다 눈으로 보고 소리로 듣는 것을 더 실제와 유사하다고 느끼는 것은 일종의 착각일 수 있다. 이와 같은 착각은 상징적 기호 체계의 하나인 언어가 읽는 이의 사고 과정과 상상력에 의거한 논리적 추론을 요구하는 반면 이미지와 소리는 그러한 과정 없이 직접 감각기관에 호소하기 때문에 받아들이는 사람이 더 편안하고 쉽게 느낄 수 있다는 사고에서 비롯한다. 그러나 정말로 이미지나 소리 혹은 나아가 그것이 환기하는 촉각이나 후각과 같은 여러 감각은 문자로 이루어진 체계보다 이해하기가 쉬운가? 이미지를 수용하는 것은 정말 자연스럽고 단순하며 문자로 이루어진 책을 읽는 행위는 매우 추상적이고 지적인 수련을 요구하는가? 사람들은 흔히 아이들이 만화나 텔레비전의 이미지에 현혹될수록 책읽기를 더 싫어하고 어려워하게 된다고 이야기한다. 오늘날 젊은이들이 매주 혹은 매달 영화를 보면서도 책읽기를 멀리한다고 많은 사람들이 한탄한다. 단순화의 위험을 무릅쓰고 질문을 다음과 같이 줄여보자. 독서를 통해 책의 내용을 이해하는 것은 영화나 텔레비전 속의 이미지를 이해하는 것보다 어려운가?[39]

학식이 풍부한 학자나 재능 있는 작가와 같은 우수한 독서 능력의 소유자들도 텔레비전 광고의 어떤 부분들을 전혀 이해하지 못하는 경우가 실제로 많다. 그들에게 난해하게 다가온 광고들은 단속적인 이미지들이 추상적으로 나열되어 그것이 환기하는 느낌만으로 상품에 대한 어떤 인식을 심어주려는 의도를 지니는 것들이 대부분이었다. 그 광고에는 전달하는 바를 한 줄로 표현할 수 있는 분명한 의식이 존재하지 않는다. 그러나 그들은 거기에서 그것을 얻

---

[39] 고정 이미지의 본질적 특성에 관한 질문을 기호학적 연구 방법을 통해 세심하게 살피고 있는 아래 책을 보면 제기된 문제에 관해 상세한 해답을 얻을 수 있다.
Martine Joly, 『이미지와 기호』, 이선형 역, 동문선, 2004.

으려 하였기 때문에 이해하는 데에 어려움을 느낄 수밖에 없었다. 또한 이들은 문자로 이루어진 예술 작품에 대한 높은 식견과 문학적 미학에 관한 놀라운 안목을 가지고서도 추상적이고 비형상적인 사진이나 이미지들을 이해하는 데 어려움을 겪기도 한다.

　이미지에 관해 부정하며 그것의 열등한 위치를 논하는 사람들은 많은 경우 비교의 기준에 공정성을 상실한다. 단순하기 그지없는 만화나 텔레비전의 손쉬운 프로그램들과 헤르만 헤세나 제임스 조이스의 소설을 비교하는 것은 적절하지 않다. 반대의 경우도 마찬가지이다. 가령 구로자와 아끼라의 몇몇 작품이나 「시민케인」을 삼류 애정소설이나 신문지류에 덧붙여지는 광고 문구나 구호와 비교할 수는 없다. 이 경우에 문자의 의미 해독이 이미지가 환기하는 감각적 느낌을 해석하는 것보다 훨씬 쉬우리라는 것은 언급할 필요도 없다. 문자로 이루어진 서사 문학-그 중에서도 특히 소설-의 일반적 특성과 종종 비교의 지평에서 쓰는 이 글이 분석의 대상으로 삼고 있는 영화도 이러한 맥락과 일치하는 관점을 유지하고 있다. 분석 대상이 되는 영화들은 비교 대상이 되는 문자 서사물들과 유사한 정도의 예술적 층위에 위치한 것들이다. 또 최근에 대중적으로 많은 사람들에 의해 수용되었던 것 중에서 취사선택하였다. 프랑스 누벨바그의 영화들이나 이탈리아에서 네오리얼리즘이라고 명명되었던 어떤 감독의 영화들에 대한 분석은 이 글의 관심 대상이 아니다. 그것의 분석은 영화만의 미학을 전문적으로 다루는 학자들에게 맡겨두면 된다.

　지금까지의 논의를 정리해보면 다음과 같다. 먼저 '현실감'이라는 것은 서사 속에서 서사적 관습에 의해 마치 '현실인 것처럼 느껴지는 것'이라 할 수 있다. 때때로 이러한 느낌은 실제 현실과는 다를 수도 있다. 그런데 영화는 소설과 똑같이 허구적인 이야기를 포함하고 있

는 서사물로 볼 수 있으므로 이러한 '현실감'의 개념은 동일하게 적용된다. 다만 영화는 이미지와 소리와 같은 감각적 요소들을 통해 구성되는 서사이므로 이때의 서사적 관습은 상징적 의미 체계인 문자에 대한 해석보다는 더 감각적인 체현이라는, 또 다른 이해 방식이 요청된다. 지각 방식에서 근본적인 차이를 보이기 때문에 둘 사이의 해석에서 쉽고 어려움을 단정하는 것은 간단한 문제가 아니다.

❸ 누추한 현실 감각과 근사하게 조작된 가상 감각

1999년에 첫 편을 개봉한 이래 2003년까지 2편의 후속 편을 개봉함으로써 총 3편으로 이야기를 마감한 영화 「매트릭스」는 가상의 공간과 현실의 공간이 양립할 수 있다는 하나의 공상에서 출발한다. 낮에는 평범한 회사원이자 밤에는 신출귀몰하는 해커로 살아가던 주인공 네오는 어느 날 낯선 이들과 만난다. 이들은 네오가 현실이라고 믿고 있는 세계의 총체가 한낱 위조된 가상일 뿐이라는 사실을 알려준다. 네오가 1999년의 언제쯤이라고 생각하던 현실은 실제로는 2199년 기계에 의해 설정된 프로그램에 불과하다. 실제 세계 속 인간은 인공으로 수정되고 인공 자궁 안에 갇혀 기계에 의해 구축된 시스템을 유지하기 위한 에너지원으로 전락한다.

스스로 지능을 획득한 기계들은 인간의 뇌를 자극하여 에너지를 발생시키기 위해 매트릭스라는 프로그램을 만든다. 영화적 상상력에 의하면 네오와 인간들이 믿고 있는 현실 세계는 기계에 의해 물질화한 에너지와 힘의 원동력일 따름이다. 꿈은 매트릭스라는 프로그램과 실재 사이에 발생하는 일종의 혼란에 해당한다. 네오는 조작된 시스템으로부터 인간의 완전한 해방을 도모하는 몇몇 소수자들에 의해 구원자로 선택된다. 이들은 네오를 위조된 현실로부터 끄집어내

2199년의 실제 지구가 오랜 전쟁에 의
해 완전히 폐허가 된 모습을 보여준다.

한편 가상의 시스템으로부터 탈출하
여 실재를 자각한 인간들은 기계를 피
해 어두운 땅 속으로 파고들어간다. 네
오는 실재와 가상의 매트릭스를 들락거
리며 이들을 구원할 자신의 운명을 자
각한다. 지하로 숨어들어간 인간들은
레지스탕스처럼 네오를 중심으로 그들
의 소망을 구현하기 위해 분투한다. 구
원자인 네오는 그를 알아보고 그가 갈
길을 미리 인도하는 선지자격의 모피어
스와 그가 구원의 소명을 완성하기 위
해 삼위일체를 이루는 트리니티 그리고
그를 배신하여 밀고하는 사이퍼 등과
함께 활동한다.

영화의 흥미는 일차적으로 우리가
실재라고 믿고 있는 지금의 현실 세계
가 완전히 가상의 코드에 지나지 않을

영화 「매트릭스」에서 기계의 에너지원으로 전락한 인간의 모습

지도 모른다는 도발적인 발상을 다채로운 이미지의 변환을 통해 구현하고 있다는 사실에서 비롯된다. 그런데 더 흥미로운 것은 그러한 발상을 전개하는 모티프들을 과거 이야기의 여러 서사로부터 그대로 차용하고 있다는 점이다. 시스템으로부터 탈출한 인간을 추적하는 프로그램인 요원들에게 네오를 고발하는 사이퍼의 사고는 성서 속에서 예수를 배반하고 밀고하는 제자인 '유다'를 닮아 있다.

또 예수의 손에 박혔던 못자국과 허리에 찔렸던 창자국을 실제로 손으로 느껴보지 않고는 부활한 그의 실재를 믿을 수 없다고 했던 다른 제자인 도마의 생각과 사이퍼의 생각을 비교해 보는 것도 재미있다. 도마보다 사이퍼는 한 발 정도 더 나아간다. 그는 황폐하게 폐허만 남은 현실 세계를 거부한다. 매트릭스라는 가상공간 안의 모든 감각들—보이는 것과 만져지는 것을 포함한 모든 느낌—이 프로그램을 통해 뇌에 전달되는 조작일 뿐인 것을 잘 알고 있지만 몰락한 현실 세계의 누추하고 보잘것없는 감각들보다 낫다고 여긴다. 네오와 일당들을 요원에게 넘기는 대가로 비록 실재하지만 잔해만 남은 현실을 버리고 근사하게 위조된 프로그램의 일환으로 돌아가기를 요구한다. 그리고 현실 세계에 대한 기억을 모두 지워주기를 요구하기에 이른다.

> 난 말이지, 이 스테이크가 존재하지 않는다는 것을 알고 있어. 내가 이걸 입 속에 넣으면 매트릭스가 뇌에 이렇게 말하는 거지. 아주 부드럽고 맛있다고 말야. 9년 동안 살면서 내가 깨달은 게 뭔지 알아? 모르는 게 행복이라는 거야.

그에게는 실재와 가상의 구분이 중요하지 않다. 다 망가져서 너덜너덜한 현실에 실재하는 알코올을 마시기보다 가상의 공간에서 오래 묵어 맛과 향이 좋은 포도주의 조작된 감각을 느끼는 것이 오히려 행복하다고 여긴다. 위조된 감각 안에서는 모든 기억과 과거의 시간들이 휘발된다. 그야말로 보지 않고도 믿는, 실제 감각을 통하지 않고도 감각을 확신하는 지경과 다르지 않다.

사이퍼는 이미지들의 짜깁기와 중첩을 통해 구성된 수많은 서사들 속에 살아가는 현대인의 암시적 초상으로 이해할 수 있다. 매트릭스라는 공간은 위조된 감각이 그대로 현실과 일치하는 공간이다. 가상의 꿈이 현실이 되는 것은 모든 허구적 서사물이 지향하는 바이며 근본적으로는 영원히 이루어질 수 없는 인간의 소망이다. 다른 말로 하자면 허구적 서사물은 늘 현실과 완성할 수 없는 꿈의 의미 지평 사이에 위치한다. 합치될 수 없는 양쪽의 공간은 서사라는 허구적 장치를 통해 연결된다고 볼 수도 있다.

그는 매트릭스라는 공간 속에서 자신이 먹고 있는 스테이크가 실제로는 존재하지 않으며 매트릭스 속에서 그것을 먹는 행위가 뇌신경에 대한 자극과 같은 조작된 감각에 불과하다는 사실을 분명하게 자각하고 있다. 그럼에도 불구하고 그는 "진실의 사막"을 걷기보다 "인공의 낙원"을 거닐기를 택한다. 위조된 감각의 극치, 쾌락의 경험을 위해 누추하고 비참한 감각에 머무를 수밖에 없는 몸을 자발적으로 누에고치와 같은 에너지원으로 다시 폐기시킨다.

매일 매일의 일상에서 우리들은 위조된 감각에 몸과 마음을 빼앗겨 피폐한 나락으로 전락하거나 그러한 유혹에 노출되어 있지는 않은가. 심지어 뻔히 그것이 위조되었다는 사실을 알고 있으면서도 나아가 그 위조된 이미지와 같은 것들이 단순히 쾌락적인 감각만을 자극한다는 사실을 알고 있으면서도 속수무책으로 빨려드는 경우는 또 얼마나 많은가.

텔레비전 속에서는 항상 상품에 대한 이미지와 소리가 반복된다. 오늘날 광고들은 텔레비전 속에만 머물지 않고 거리로 나와 벽과 대형 전광판을 통해 우리의 시각이나 청각을 압도

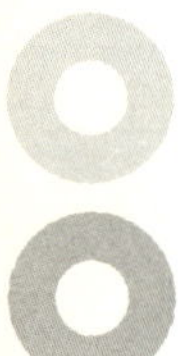

한다. 감각이 환기하는 느낌을 조작하는 기술이 발달할수록 광고는 더욱 감각적으로 변한다. 가장 능숙한 광고 제작자일수록 실제 상품에 대한 설명은 제한하고 감각적 요소들만을 전면에 내세운다. 많은 소비자들은 상품의 실용적이고 물리적인 가치를 가늠해보지도 못하고 감각의 마술에 사로잡혀 돈을 지불한다.

시각의 만족을 위해 몸을 훼손하는 사례도 빈번하다. 몸의 일부를 고치는 사람들은 그러한 과정이 결과적으로 자신의 몸을 혹사하여 더 커다란 감각적 고통을 초래할 것이라는 사실을 알면서도 병원으로 들어가기를 주저하지 않는다. 문제는 사이퍼는 현실에서 완전히 벗어나 현실의 기억을 모두 지워버릴 수 있지만 우리는 현실로부터 완전히 벗어날 수 없다는 데 있다. 영화적으로 구현된 사이퍼라는 인물은 우리에게 이러한 가정의 상황을 제시하고 있는지도 모른다. 만약 당신이 완전히 현실로부터 분리될 수 있다면, 그런 불가능한 상황이 가능해진다면 당신은 과연 무엇을 선택할 것인가라고 말이다.

이미지나 소리와 같은 감각적 체험의 부각에 관해 부정적인 입장을 취하는 사람들의 의식 속에는 그것이 말초적이거나 지극히 쾌락적인 차원에 머물러 무엇이 진실인지에 대한 판단을 흐리게 만들기 쉽다는 전제가 깔려 있는 경우가 많다.

사이퍼와 우리의 처지 사이에는 명백한 차이가 존재한다. 우리는 '선택'할 수가 없다. 우리는 현실을 완전히 저버리고 허구적으로 조작된 감각인 환각에 완전하고 지속적으로 머물 수 없다. 허구적 체험은 끊임없이 현실 속에서 느끼는 감각을 흉내 낼 뿐 실제로 존재하지는 않는다는 사실을 우리는 모두 알고 있다.

영화와 같은 디지털 서사물은 감각 체험을 중심 요소로 삼는다. 앞서 우리는 감각 경험 그 자체가 근본적으로 문자를 통한 인식보다 더 사실적이거나 더 쉽지는 않다는 사실에 관해 논의한 바 있다. 그럼에도 불구하고 아직도 많은 사람들은 지극히 상식적인 차원에서 이런 견해에 쉽게 동의하기 힘들지도 모르겠다.

'사실감'은 서사적 차원의 논의에 해당한다. 다시 말해 그것은 꾸며진 이야기 속에 있는 '사실적이라고 느껴지는 것'에 관한 논의이다. 이것과는 별개로 우리의 일상생활은 대개 감각적 충동과 체험을 통해 이루어진다. 실제 생활에서 우리는 성대를 진동시켜서 내는 음성이라는 소리 자질이 만들어내는 말을 통해 대화를 하고 가시적인 범주에서 확인되는 상대의 모습을 통해 판단하며 행동한다.

감각 체험이 이처럼 일상적임에도 불구하고 지금까지 그것은 대단히 억압되어 왔던 것이 사실이다. 오늘날처럼 기술이 발달하여 감각 체험이 일정 형태의 서사물로 자리 잡기 이전의 감각은 일상적 차원을 벗어날 수 없었다. 그것이 취사선택되고 재배치되어 다른 방식으로 배열되는, 다시 말해 완결된 서사의 형태를 취하게 된 것은 기술의 진보를 통해 가능해진 것이다. 그 이전의 감각 체험은 그야말로 일상적 현실 속의 감각뿐이었던 것이다. 그런데 일상적 현실 속의 감각은 선택과 가공을 거칠 수 없으므로 충동적이고 임기응변적일 수밖에 없다. 아무리 말을 잘 하는 사람도 글을 쓰는 것처럼 말을 할 수는 없게 마련이다. 말은 특정한 시간에 거주하기 때문에 한번 발화되고 나면 수정할 수 있는 기회가 주어지지 않는다는 사실을 상기해보는 것도 좋다.

일상의 실제 감각 체험이 이처럼 불완전하고 충동적이기 쉽다는 사실 때문에 기술적으로 그것과 근사한 체험을 재배치할 수 있기 전까지 감각적 표현 방식은 대단히 억압될 수밖에 없었다. 바꾸어 말하면 일상의 감각은 시간적으로나 공간적으로 순간적일 수밖에 없기 때문에 진지하고 복잡하며 오랜 숙고의 과정을 거친 사유의 표현방식으로는 적합하지 않다고 여겨졌다고도 볼 수 있다. 정교한 논리와 관념을 표현하기에 감각 체험의 순간성은 분명히 적절하지 못한지도 모른다. 그러나 감각이 제어할 수 없는 충동의 영역에서 벗어나 특정한 주체—작가나 감독 혹은 그 외의 제작자—에 의해 재구성되는 지경에 이르게 되면 사정은 달라진다. 이제는 감각 체험 그 자체에 가치를 부여하기는 힘들어졌다. 다만 감각적 요소를 통해 서사를 구성하는 주체의 태도와 미학적 표현 능력에 따라 서사물의 가치가 평가될 뿐이다.

미디어는 의사전달(communication)의 수단에 해당한다. 물론 미디어의 변화는 다시 그것을 편집하는 주체의 의식에 변화를 초래한다는 점에서 상호적이지만 또 미디어를 조작하는 '주체'의 의지 또한 강력하게 작용한다는 것도 함께 기억해야 한다. 특히 확고한 편집에 의해 계획적으로 재배열되는 이미지나 소리는 단순한 전달의 차원을 넘어서 제작자의 전략적 의도와 사상, 나아가 가치관을 포함한 근본적 미학의지를 통해 구성된다. 더 이상 감각적 요소들은 '충동적'으로 튀어나오지 않고 '치밀하게' 제 자리를 찾는다.

(3) 신화적 세계의 반복과 변주 :「매트릭스」,「반지의 제왕」

❶ 미디어의 변화와 서사의 변화

기술이 발달하고 미디어가 다양한 감각적 체현이 가능하도록 고도화하면서 문자 서사에서는 불가능했던 표현 방식이 가능해졌다. 물론 미디어(기술)의 변화와 서사의 변화에서 선후

관계를 엄밀하게 구분하기는 힘들다. 새로운 표현 방식이 또한 기술의 발전을 이끌어내기도 하기 때문이다. 양자는 상호적인 인과 관계로 서로 맞물려 있다고 볼 수 있다.

앞서 간단히 언급한 바 있는 핸드헬드 카메라와 다채널 입체 음향 장치의 예를 들어 보자. 핸드헬드(hand-held) 카메라 촬영기법은 말 그대로 카메라를 삼각대와 같은 고정 장치에 올리지 않고 손에 든 채로 찍는 것을 말한다. 영화사적으로는 활기 있고 자유로운 독창성을 살리고자 하는 60년대 프랑스 누벨바그 영화들에서 활용의 폭을 넓히는 계기가 되었다고 알려져 있다. 만일 영화의 프레임이 보여주는 시점을 영화 속 어떤 인물의 시점으로 표현하려 한다면 그 인물은 미끄러지듯 지나다니지는 않을 것이므로 걷고 뛸 때 흔들리는 시각을 고스란히 보여준다는 느낌을 줄 수도 있다. 이것은 시점이라는 시각에서 새로운 표현 방식을 열어준다. 영화 서사의 시점을 다양하게 구현하기 위한 발상이 이러한 기술적 기법을 탄생시킨 셈이다.

그런데 이러한 촬영 기법이 관객에게 많은 호응을 불러일으키게 되자 더 많은 영화에서 그 기법을 다양하게 활용하기 시작했다. 「라이언 일병 구하기」라는 영화에서 그 기법은 전쟁터의 어지럽고 급박하며 정신을 차릴 수 없을 정도로 혼란스러운 상황을 표현하는 데에 대단한 효과를 발휘한다. 이런 효과는 이후 다른 영화들에게까지 영향을 주었고 「태극기 휘날리며」 또한 마찬가지로 그러한 영향을 받고 있다. 심지어 라스 폰 트리에를 중심으로 하는 '도그마 영화'들은 그들의 생각을 표현하기 위해 영화 전반에 핸드헬드 촬영기법을 도입한다. 새로운 촬영기법이 다른 방식의 서사적 상상력을 촉발하고 나아가 새로운 서사가 또 다른 서사에 영향을 준다.

다채널 음향 장치는 영화나 디지털 서사물의 소리를 여러 채널로 분리하여 여러 개의 스피

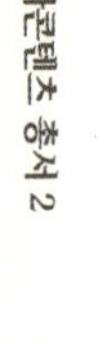

커에서 교차하는 소리의 울림을 통해 입체적 공간감각이 느껴지도록 만드는 장치이다. 이러한 장치는 삼차원 그래픽(3D)과 함께 이차원의 평면 공간인 고정 프레임 안에 입체적인 느낌을 구현하려는 시도와 맞물려 있다. 처음에 이와 같은 기술은 이미지들을 새로운 방식으로 조작하여 이야기에 더욱 사실적인 느낌을 부여하고자 하는 의도와 맞물려 성립하게 되었을 것이다. 그러나 기술적 표현 방식이 고도로 발달하면서 오히려 다른 것이 희생되는 경우가 종종 발생한다.

소리를 통하여 공간 감각을 부각시키기 위해서는 그것을 구현할 수 있는 다양한 효과가 필요하다. 쉽게 말해 단순히 몇 사람이 나와서 카페에서 이야기를 하거나 거리를 거니는 장면에서 이와 같은 공간 감각은 잘 드러나지 않는다. 기술적으로 그것을 드러내기 위해서는 사물들이 폭발하며 부딪히고 싸우고 움직이는 역동성과 속도감의 조절이 필요하다. 전쟁과 같은 특수한 배경은 이를 효과적으로 드러내기에 대단히 적절하다.

전쟁 상황 속에서는 군대와 같은 대규모 인파가 공간의 여기저기로 움직이며 화살이나 총알이 날아다니고 여기저기에서 엄청난 폭발로 인해 사물의 변화가 끊임없이 역동적으로 펼쳐진다. 이미지들은 고정되어 있지 않고 쉴 새 없이 움직이며 거기에 따라서 채널이 분리된 소리들도 제 역할을 하기 위해 바쁘게 스피커를 울려댄다. 현대의 대중 영화들에 과학을 소재나 주제로 삼는 SF의 요소나 과거의 신화적 세계를 판타지로 재구성하는 내용이 주로 인기를 끄는 것은 이처럼 기술이 발전함에 따라서 새로운 표현 방식으로 구현하려는 노력이 적극적으로 시도된 결과라고 할 수 있다. 나아가 이와 같은 기술상의 진보는 다른 기술의 발전을 촉발시키기도 한다. DVD와 같은 영화적 장치가 탄생하게 된 것에는 다른 여러 가지 요인도 작용했겠지만 채널이 분리된 음향을 가정용 영화에 효과적으로 도입시키고자 하는 요구가 중요한 역할을 한다. 입체적으로 분리된 소리를 영화에 덧입히는 것은 비디오테이프와 같은 아날로그 방식으로는 어려우며, 디지털 방식을 사용한다고 하더라도 VCD의 경우보다 훨씬 많은 정도의 실질적 자료 저장 기술이 필요하다.

❷ 서사의 시간과 공간

서사에서 사실감은 서사적 관습을 통해 설정되며 현실과의 시간적 혹은 공간적 거리에 따라 사실적인 것에 대한 기대가 달라진다는 것은 이미 언급한 바 있다. 미디어와 서사가 상호 영향을 주고받으며 변화함에 따라 수용자들에게 '사실적'이라는 느낌을 줄 만한 기법들은 점점 더 많이 증가한다. 그러나 이러한 기법들을 수용하기 위해서 지금 우리가 살고 있는 현실적 공간은 턱없이 부족할 수밖에 없다.

마법은 어느 시대에도 존재해왔다. 고대의 수많은 신화와 전설 혹은 민담 속에는 요정들과 난쟁이들과 불을 뿜는 용과 그 외에도 감히 상상할 수조차 없었던 형상을 한 괴물들이 수도 없이 출현하였음을 우리는 익히 알고 있다. 위엔커의 『중국신화전설』을 보면 이야기와 함께 제시된 그림들이 현대의 여타 서사물에서 보여주는 상상적 이미지들보다도 훨씬 기기묘묘하다는 사실에 놀라게 된다.

그런데 이 책에 각종 그림이 곁들여 있다는 사실이 재미있다. 아주 오래된 옛날 책들의 모습은 오히려 가장 현대적인 요즈음의 책이나 인터넷 웹 페이지와 유사한 형태를 취하고 있었다. 이남호에 의하면 14세기의 장 프루아사르의 『연대기』와 같은 책을 살펴보아도 그것은 글자만으로 이루어지지 않았으며 그림과 각종 문양과 같은 이미지들이 함께 자리하고 있는 것

을 알 수 있다고 한다.[40] 책이 '문자의 집합'이라는 개념에 가까워진 것은 근대 이후의 인쇄 문화의 바탕 위에서 이루어진 결과이다.

아마도 과거에 신화와 전설에 관한 책을 집필하던 사람들도 다양한 상상력들을 문자만으로 표현하기에 한계를 느꼈을지도 모를 일이다. 신화적 공간에 등장하는 개체들은 그만큼 현실 세계의 '사실감'의 구속으로부터 자유로울 수 있기 때문이다.

미래의 공간을 서사에 도입하는 것도 마찬가지 측면에서 이해할 수 있다. 신화적 공간은 단순히 과거의 공간이 아니다. 그것은 본질적으로 완전한 상상적 공간에 해당한다. 그러한 시간과 공간은 과거 어느 시점에도 존재한 적이 없다. 신화적 공간은 실재 공간이 아니라 환상적 공간이라 할 수 있다. 환상적이라는 측면에서는 미래의 어느 시공간 또한 동일한 성격을 지닌다. 똑같이 현실로부터 거리가 멀기 때문에 오히려 서사적으로 구현되었을 때 사실적인 느낌을 불러일으키기가 용이하다. 신화적 이야기에서 용이 공중을 날아다니는 것처럼 미래에 관한 이야기에서 어떤 비행물체가 자신만의 방식으로 자유롭게 날아다녀도 그것을 보고 듣는 수용자들은 아무런 이의를 제기하지 않을 것이기 때문이다.

「매트릭스」를 보면 주인공이 현란한 기술로 수많은 적들을 제압하며 급기야 슈퍼맨처럼 날아다니기까지 하는 액션과 특수효과에 일차적으로 감탄하게 된다. 그러한 특수효과는 이미지를 단순하게 배열하거나 일정 구도에 맞추어 배치하는 문제를 넘어선다. 디지털 기술의 고도화가 전제되지 않는다면 불가능한 상상력의 구현이 가능해진다. 「반지의 제왕」 또한 마찬가지이다. 원작 소설을 영화화하면서 문자로 이루어진 서사 속에서 관념적 상상 속에 머물렀던, 상상력 속에서나 성립할 수 있었던 장면들은 현대적 디지털 기술에 힘입어 감각적으로 재현된

---

40 이남호, 『문자제국쇠망약사』, 생각의나무, 2004, pp.165-167.

다. 소설을 읽으며 각자의 머릿속에 실제의 장면을 그리던 독자들은 그것이 실제로 구현되는 양상을 영화관에서 온갖 특수효과들을 동원한 새로운 미디어의 기술에 의해 체감하게 된다.

물론 이때의 사실감은 종래의 리얼리즘의 '리얼하다'는 개념과는 다르다는 사실을 우리는 이미 알고 있다. 또 이것은 현실의 충실한 재현을 소망하는 리얼리즘의 일반적 의미와도 다르다. 스테판 코울이나 르네 웰렉이 이야기한 리얼리즘은 주제를 선택하는 데 제한을 가하거나 과장되고 비논리적이며 환상적인 이야기들을 배제한다는 개념으로 사용된다. 그들에게 현실이란 신화나 동화 속에 나오는 꿈의 세계가 아니다. 그러나 일상적 현실의 모습 또한 그들에게는 '리얼한' 것이 아니다. 모든 기존의 상식적 가치체계는 리얼리즘 예술의 내용이 되지 못하며 오히려 그 이면에 숨겨진 사물의 현실성에 대한 인식을 탐구하는 것이 '리얼한' 예술 작품이 된다. 구체적으로 보면 르네 웰렉이 말하는 리얼리즘은 낭만적이고 관념적인 것을 거부하고 사소하고 저속한 현실까지 다루는 경험적이고 실증적인 태도와 연결된다.

영화가 형상화하는 서사와 문자로 이루어진 서사 사이의 표현 방식은 분명한 차이가 있기 때문에 영화 속 사실감의 개념은 달라질 수밖에 없다. 「매트릭스」에서 세상이 하나의 프로그램 코드가 되어 그 공간 안으로 사람들이 흘러 다니는 장면을 문자로 표현하려면 수백 권의 소설로도 불가능할지 모른다. 반대로 말해서 영화 「반지의 제왕」이 아무리 원작소설을 온갖 특수효과를 동원하여 실감나게 그려냈다고 해도 그 표현 방식이 문자의 간극에 담긴 의미 전체를 포괄하고 있다고 보기는 어렵다. 얼마든지 다른 이미지와 다른 표현 방식으로 새롭게 구성하는 것이 가능하다.

두 영화의 서사 속 환상 공간의 배치 구도는 약간의 차이를 보인다. 「반지의 제왕」의 시공간은 완전히 독립된 새로운 세계관이 적용된 마법의 환상공간이다. 그 공간에서 인간은 중심 존재가 아니다. 걸어 다니고 말하는 나무나 그런 나무와 이야기를 나누는 요정 그리고 마법사들과 동등한 존재일 뿐이다. 영화를 보는 관객은 영화의 시작부터 끝까지 등장인물들과 동일한 시공간에 대한 시점을 유지한다. 다시 말하면 마치 신화시대의 환상 공간 속에 있다는 느낌으로 영화를 본다.

이와 달리 「매트릭스」는 현실의 세계와 환상의 세계라는 두 개의 공간적 구도를 가지고 있다. 주인공 네오는 현실 세계 속에서는 아무런 힘을 발휘하지 못하지만 매트릭스라는 환상의 공간으로 '접속'되는 순간 신(神)과 같은 초능력을 발휘한다. 영화 속에서 이러한 접속의 순간은 종종 꿈과 같은 현상과 비교되기도 한다. 꿈이 현실과 환상 세계를 연결하는 통로가 되는 것은 고전 소설, 그중에서도 환몽(幻夢)소설이나 장자의 나비 이야기에서 익숙하게 사용되던 장치이다.

❸ 디지털 기술의 아들, 현대적 영웅

슬라보예 지젝과 17인의 철학자에 의해 엮어진 『매트릭스와 철학』이라는 책은 영화 「매트릭스」가 기독교와 불교를 포함하여 다양한 종교와 철학의 요소들을 포함하고 있다는 사실을 잘 보여준다. 이 책은 심지어 이 영화의 많은 부분들이 플라톤과 아리스토텔레스에서부터 비롯하여 보드리아르와 콰인에 이르기까지의 철학과 종교의 수많은 인유들이 들어 있다는 사실을 정교하게 제시해 보여주고 있다. 그러한 철학적 사유는 제쳐두고라도 우리는 영화 「매트릭스」가 고전적 영웅 이야기의 전형이라는 단순한 사실 자체만은 쉽고 분명하게 파악할 수 있다.

---

41 셋을 의미하는 어원인 'Tri-'에서 알 수 있듯이 여주인공의 이름은 삼위일체를 암시한다. 「매트릭스」에는 그 외에도 서사 구조 자체나 세부 모티프들 심지어 등장인물의 이름과 같은 요소들에서 기독교적 의미가 곳곳에 드러난다. 본문에서 예수를 배반하는 제자인 유다와 사이퍼의 유사성을 예로 든 적이 있다. 영화에서 '시온(Zion)'은 인간이 최후로 만든 도시이자 인류의 마지막 희망이다. 구약성서에 시온은 예루살렘을 가리키는 시적이고도 종교성이 충만한 이름이다. 또 기독교 문학에서 그것은 종종 믿음이 깊은 자들의 영혼의 집이자 천국을 지칭하는 단어로 사용된다. 네오와 그의 동료들이 탑승하고 있는 우주선의 이름이 다니엘서에 등장하는 "기억할 수 없는 꿈

「매트릭스」에서 현실 속 주인공 네오는 낮에는 회사원이면서 밤에는 해킹 범죄를 통해 생활을 유지해나가는 별 볼일 없는 인물이다. 그런 그가 어느 날 어떤 특별한 계기를 통해 '선택받은 자'로서의 능력을 자각하게 된다. 물론 영화 내내 그것은 네오에게 하나의 운명이자 형벌이지만 또 거기에는 그것을 받아들이는 그 자신의 '자유의지'가 포함되어 있다. 또 인물의 성격 또한 고전서사의 경우처럼 상투적이고 평면적이지만은 않다. 네오는 끊임없이 자신의 정체성에 대해 고민하고 이야기가 진행됨에 따라 다양하게 변모하면서 생생한 자신의 개성을 유지한다. 이처럼 전체적 이야기의 구도는 영웅담에 해당되지만 그 세부에는 다양한 사유들이 조각조각 끼워 맞추어져 있다.

마치 구원자를 영접하고 그의 길을 예비하며 그를 인도하는 선지자와 같은 모피어스를 통해 주인공 네오는 자신을 '자각'하게 된다. 그리고 자기가 살고 있다고 믿고 있던 세계 전체가 하나의 가상공간일 뿐이며 실제 세계와는 다른 허구라는 사실을 깨닫는다. 이러한 자각의 과정을 거치면서 네오는 멸망 직전에 놓여 있는 인간을 구원하기 위한 구원자의 역할을 자임하게 된다. 영웅이 되기 위해서는 이전의 '무지'한 상태에서 탈피하게 되는 계기가 필요하다. 단계를 거듭할수록 그의 능력은 더욱 강해진다. 그리고 마침내는 기계와 인간의 거대한 전쟁에서 자기 자신을 '희생'시킴으로써 갈등에 종지부를 찍고 평화를 가져온다. 덧붙여 그 이야기는 아름다운 여자 주인공인 '트리니티'와의 사랑으로 완성된다.[41] 성서의 이야기 구조는 고전 서사의 거대한 모태이자 전범이 된다. 자각과 모험을 통해 능력을 발휘하다가 결국 마지막에는 대의를 위한 희생을 감수한다. 그 모든 것은 사랑을 매개로 가능해진다.

「반지의 제왕」 또한 이와 비슷하면서도 어떤 점에서는 더욱 전형적인 구조를 보여준다. 「매

의 해몽을 구하는" 바빌로니아 왕의 이름과 동일한 '느부갓네살'호라는 사실도 흥미롭다. 더 자세한 사항은 아래 글을 참조할 수 있다. Gregory Bassham, 「모든 종교는 참되다 : 매트릭스가 보여 주는 종교적 다원주의」, 『MATRIX&PHILOSOPHY』, 이운경 역, 한문화, 2003. 이 글에서 그레고리 바샴은 이외에도 더 많은 기독교적 주제와 소재를 잘 분류하여 보여준다. 그러나 이와 같은 요소는 기독교의 교리를 충실하게 반영한다기보다는 다른 종교적 요소와 섞여 일종의 종교적 다원주의가 구현되고 있을 뿐이라고 설명하면서 그것이 일관되고 합리적인지를 검토한다.

트릭스」가 현실 공간과 접속된 환상공간이라는 이중 구조를 통해 인간의 모습과 인간을 벗어난 초월적 존재의 모습을 명확히 구분한다면 「반지의 제왕」은 전체 시공간이 환상 세계로 이루어져 있으므로 그 안의 인물들을 인간과 유사한 측면에서 복합적으로 그려냄으로써 서사의 현실성을 확보한다.

비록 인간으로 설정되어 있지는 않지만 작품 속에 등장하는 다른 존재들은 인간의 성격을 다면적으로 보여준다. 최고 권력의 상징인 '절대 반지'에 대한 욕망에 담긴 상징적 의미나 '골룸'을 통해 표출되는 인간의 자기 분열적 모습들은 대단히 '인간적'이다. '요정'들은 처음에는 인간의 일이 자기들과는 관계없다는 듯이 방관하지만 결국 악에 맞서는 '정의'와 '의리'에 가득 차 위기에 처한 인간에게 협력한다. 그 외에도 이 영화에서 인간적인 요소는 수많은 곳에서 살펴볼 수 있다. 괴물로 묘사되는 오크의 외양이 전형적 동양인—특히 몽고인—의 모습을 바탕으로 하고 있다는 사실과 인종주의와 같은 이데올로기적 측면에서부터 사회·문화적 의미를 읽어낼 수도 있다.

그렇다고 하더라도 전체적인 서사 구조는 영웅(들)—숫자는 많아졌지만 다른 영웅들은 결국 주인공 프로도를 도와주는 조력자의 역할에 해당한다—이 모험을 떠나 온갖 역경을 헤치고 마침내 세상을 악에서 구원한다는 내용을 고스란히 담고 있다. 판타지라는 특성이 강하게 작용하면서 영웅담의 일부는 수정되고 변형되었지만 세부적인 요소들은 여전히 영화 속에 유지되고 있다.

힘없고 보잘것없는 종족의 인물 중 하나인 프로도가 강력한 악의 욕망을 간직한 반지를 운반할 수 있는 순수한 능력을 자각하게 되는 것부터가 그러하다. 영웅이 여러 명이 될 수밖에 없는 이유는 여기에서 비롯된다. 진짜 영웅은 주인공 프로도지만 프로도는 외면적으로 이렇게 힘이 없고 약하기 때문에 다른 능력자들의 호위를 받을 수밖에 없다. 주인공 프로도는 '자신의 죽음을 무릅쓰고' 대의를 위한 임무를 수행한다. '자신의 죽음을 무릅쓴다'는 표현의 내부에는 '희생'의 전제가 깔려있다. 또 그의 바로 곁에서 임무 수행을 끝까지 도왔던 이가 대신해서 사랑을 완성해준다. 사랑도 완성되고 세상은 마침내 구원되며 그들의 이름은 이야기 속에 영원히 남게 된다.

당연한 말이지만 모든 영화가 이와 같은 영웅적 구도를 그대로 담고 있는 것은 아니다. 아직도 어떤 영화들은 감독의 내면 의식을 복잡한 가공을 거치지 않은 이미지의 배치를 통해 드러낸다. 다만 디지털 기술의 발전과 영웅적 서사 구조의 복원이 서로 의미 있는 상관관계를 가지고 있다는 사실에 주목할 필요가 있다.

기술의 발달이 일차적으로는 단순 재현의 욕망을 확장한다는 것은 당연하다. 실제로 두 영화 속에서 전쟁과 현란한 전투 장면의 비중은 전체 작품 속에 많은 부분을 차지한다. 다시 말하면 향상된 미디어의 가능성을 최대한 발휘하기 위한 의도가 영화 곳곳에 녹아 있다. 상상력이 미디어와 기술의 발달을 촉진하지만 똑같은 측면으로 기술의 변화가 새로운 상상력을 가능하게 한다.

이미지와 소리가 부각되고 최대한 강조되면서 자연스럽게 그 서사성은 약화될 수밖에 없다. 원작소설을 기반으로 하고 있는 영화가 증가하는 것도 같은 맥락에서 설명할 수 있다. 이미 팀 버튼의 「빅 피쉬」[42]와 「반지의 제왕」이 원작소설을 기반으로 하고 있다는 사실을 이야기한 적이 있다. 그 외에도 수많은 영화들은 서사적 모태인 시나리오를 구성할 때 다양한 원

---

42 영화 「빅 피쉬」는 Danial Wallace의 『Big Fish : A novel of Mythic Proposal(1998)』을 원작소설로 삼고 있다.

작을 차용하고 있다. 김기덕 감독의 「빈집」이나 허진호의 「봄날은 간다」 등 국내 영화들의 경우에서도 그 예를 찾아볼 수 있다.

많은 현대소설 속에 등장하는 주인공은 복합적이고 다면적인 문제적 성격을 내포하고 있다. 루카치의 말을 빌리자면 이들은 '이질적이고 무의미하게 존재하는 세계 속에서 침울하게 갇혀 있는 상태에서 명백한 자기 인식으로 나아가는 길'을 찾기 위해 분투한다. 현대소설 속의 주인공들은 세계와의 갈등을 통해 자신의 고유한 본질을 발견하려 노력한다. 따라서 전형적인 가치에 순종하고 굴복하기란 거의 불가능하다.

실질적인 측면에서도 영화나 기타 애니메이션 나아가 모든 디지털 기술이 접목된 서사물이 보여주는 감각적 호소는 문자를 통한 외부묘사와는 다른 생동감을 지닌다. 언어라는 상징의 묘사 방식이 실제 시각과 청각과 같은 감각에 직접적으로 진동하기가 어려워지면서 문자서사의 대표주자인 소설은 다른 방식으로의 존재 의미를 모색할 수밖에 없다. 직접적 감각으로 보여주기 힘든 감정 묘사와 내면의 심리 묘사들을 복잡하게 표출하면서 현대소설은 자신의 정체성을 확보하게 된다. 많은 현대소설이 일반 독자들에게 어렵게 느껴지고 외면 받는 이유도 여기에 있다.

고정된 플롯을 파괴하고 복잡다기한 내면의 심리들을 새로운 방식의 서술을 통해 드러내는 수법이 고도화될수록 이야기가 가지고 있는 본래의 서사성은 약화될 수밖에 없다. 포스트모던의 문학들이 보여주는 경향의 일부는 이러한 서사성의 약화를 잘 보여주는 하나의 지표가 된다. 근대 문학의 역사가 서구에 비해 짧은 우리의 경우에도 90년대 이후의 소설들을 살펴보면 내성적 경향의 강화와 서사성의 약화가 두드러지게 나타난다. 이는 소설 고유의 본래적 성향으로부터 의도적으로 탈피하려는 노력이라 할 수 있다.

소설의 운명과는 반대로 디지털 기술이 적극적으로 침투된 영화를 비롯한 다른 서사물들은 오히려 단순한 감각적 체험이 쉽고 분명해진 만큼 이야기가 가지고 있는 본래의 서사성에 대한 욕망이 증가한다. 따라서 전형적인 서사의 틀이 분명한 고전시대의 이야기들을 차용하게 된다. 반면 현대의 많은 문자 서사물들은 감각적 체험이 불가능한 영역으로 사고의 지평을 넓혀감으로써 자신의 존재 의미를 획득하고 있다.

(4) 감각적 요소를 어떻게 활용할 것인가 : 「말아톤」

❶ 달린다는 행위에 관한 질문

영화 「말아톤」(2005)은 마라톤이라는 장거리 달리기에 도전하는 한 자폐증 소년의 성장에 관해 이야기한다. 마라톤이라는 소재가 별로 특이할 것은 없다. 오히려 우리에게 그것은 대단히 친숙하기까지 하다. 한국은 손기정으로부터 이어지는 세계 대회를 제패한 거물급 마라토너들의 굳건한 계보를 가지고 있는 마라톤 강국이다. 90년대 황영조의 바르셀로나 올림픽 금메달 소식은 하루끼의 금연과 달리기 예찬에 대한 분위기들과 겹치면서 묘하게 마라톤 붐을 조성하였고 그 분위기는 지금까지도 어느 정도 지속되고 있는 듯 보인다.

동네마다 달리기가 성행하고 아마추어 마라토너의 인구가 꽤 많은 나라가 대한민국이다. 페르시아와의 전쟁의 승전보를 알리기 위해 쉬지 않고 뛰어 마침내 그 소식을 알리고 숨을 거두었다는 한 그리스 병사의 이야기는 현대를 살아가는 우리들의 마음에 어떤 무늬의 파문

을 일으키는 것일까. '42.195km'라는 거리가 지닌 기묘한 한계점의 질감을 새삼 떠올리지 않을 수 없다.

그들은 도대체 왜 저렇게 쉬지 않고 뛰는 걸까. 도대체 어디로 뛰어가는 걸까. 뛰면서 무슨 생각을 하나. 끊임없이 뛴다는 건 어떤 느낌일까. 이 영화는 이와 같은 '뛰는 행위'에 관한 의미를 규정하는 것으로부터 시작된다. 다시 말하자면 이 영화는 장애를 가진 초원이 '왜 뛰는가' 혹은 '정말 뛰어야만 하는가'라는 질문에서 출발하여 인간에게 '뛴다는 것은 어떤 의미인가'와 같은 존재론적 질문까지 의미를 확장시킨다.

❷ 장르의 경계에 관한 질문

이 영화는 뛴다는 행위의 상징적 표현에 대한 탐색에 의미가 머물지는 않는다. 마라톤이라는 장거리 달리기가 영화의 서사를 구성하는 하나의 중심축이라면 '자폐'라는 장애를 가진 소년의 성장은 다른 한 편의 중요한 나머지 축을 이룬다. 영화는 '형진'이라는 실제 자폐 장애를 가진 소년과 그 가족의 이야기를 기반으로 삼고 있다. 일종의 다큐멘터리적인 속성을 영화에 도입하고 있는 일련의 영화 중 하나로 구분할 수도 있다.

이야기를 내장하고 있는 모든 서사는 현실과 어느 정도의 거리를 두고 있으며 거리감의 정도에 따라 서사의 속성은 조금씩 차이를 드러내게 마련이다. 물론 실제의 사건이 어느 정도 작품 속에 반영되었는가와 그 사건이 실제 발생한 시점이 언제인가에 따라 거리감은 다양해질 수 있다.

영화사적으로 '다큐멘터리 영화'에 관해 자세히 알아보는 것은 이 글에 어울리지 않는다.

다만 이 영화는 현재 비슷한 상태로 실존하고 있는 인물의 처지를 배경에 두고 작품을 형상화하고 있다는 점에서 최근에 나온 어떤 한국 영화들보다도 다큐멘터리 속성(이하, 다큐 속성)이 강하다고 할 수 있겠다.

다큐 속성을 활용한 영화가 부각되는 것은 판타지 속성의 영화가 부각되는 것과 맞물려 있다. 완전한 허구적 세계를 배경으로 하는 '판타지'의 속성이 강해지는 의미 지평의 반대편에서는 실제 세계를 정확히 표상하려는 욕구가 증가한다. 그러나 다큐 속성을 지닌 서사물 또한 그 자체를 실제와 동일시할 수는 없다는 서사의 근본 속성을 다시 한번 상기할 필요가 있다.

최근 영화에서도 이미 「화씨9/11(*Fahrenheit 9/11*, 2004)」이 아카데미와 칸을 자극한 적이 있고 「슈퍼사이즈미(*Super Size Me*, 2004)」라는 영화는 몸을 가눌 수 없이 비대해지는 현대인들에게 강한 메시지를 직접적으로 던진 바 있다. 우리의 경우도 이와는 조금 다르지만 비교적 가까운 시기의 인물들을 재구성한 영화들(「바람의 파이터」(2004) 「역도산」(2004) 등)이 최근에 이와 같은 경향을 반영하고 있다.

「말아톤」은 아주 최근의 실제 이야기를 소재로 차용하고 있지만 형식적 구성은 일반적인 허구적 서사에 의한 영화의 기법을 그대로 따르고 있다. 바꾸어 말하자면 엔딩 크레딧의 증언을 빼놓고 보아도 이 영화가 지닌 작품으로서의 의미는 손상되지 않는다. 다큐 속성을 지니지만 그때의 다큐 속성은 영화 자체가 거기에 기대고 있는 것이라기보다는 이 영화가 담고 있는 근본적 메시지의 한 측면을 감독이 진지하게 보존하려는 의지를 담고 있다고 느껴진다. 즉 영화는 그 나름대로 한 소년의 성장 이야기의 구도를 잘 담고 있어서 실제 이야기임을 강조하거나 그렇지 않거나 별 상관은 없다. 따라서 엔딩 크레딧의 증언은 그동안 우리 사회에서 잘 부각되지 않았던 자폐와 같은 장애를 가진 모든 소수자를 보는 일반인의 시각에 대한 메시지를 분명히 고수하겠다는 감독의 의도에 해당한다.

이것은 「말아톤」이라는 영화를 평가하는 데 매우 중요한 지점이 될 수 있다. 앞서 언급한 두 편의 미국 영화들이 마치 TV시리즈물을 구성하듯 현실적 속성에 바싹 기대어 있다면 뒤에 예로 든 한국 영화들은 현실보다는 가공의 새로운 이야기를 만들어내는 데 더 주력하고 있다는 점과 비교해보면 더욱 그렇다. 앞선 두 편이 강렬한 메시지를 위해 영화적 서사를 거의 포기하고 있는 점과 뒤의 두 편이 극적인 전개를 중요시하면서 실제 현실을 많이 왜곡하거나 신비화하고 있다는 점을 고려해 볼 필요가 있다. 심지어 「역도산」에서 주인공 역을 연기했던 설경구는 어느 인터뷰에서 '영화 속 역도산이라는 캐릭터는 실제 인물과 완전히 다른 사람이며 설경구의 역도산일 뿐'이라고 이야기하기까지 했다. 다큐 속성의 영화를 이해하는 데에서, 현실과 허구 사이의 거리 조절 문제에 관한 중요한 의미 지평에 「말아톤」이라는 작품이 놓여 있다. 이 작품은 작품 자체의 영화적 구성에 충실하면서도 바탕이 되는 실제 사실이 내포하고 있는 메시지가 진지하고 차분하게 전달될 수 있는 가능성을 잘 보여주고 있다.

❸ 성장의 서사

대개의 서사는 방식과 정도의 차이는 있을지라도 인물의 성장 요소를 포함하기 마련이다. 이야기는 인물에 의하여 전개되며 작품 속에서 인물은 끊임없이 변화하기 때문이다. 궁극적으로 서사물 속에서 작가와 독자는 모두 인물의 행동과 사고 그리고 가치관의 변화 양상을 기대하고 그것에 의해 서사의 성패를 가늠하는 경우가 대부분이라 할 수 있다. 조금 크게 말해서 '모든 서사는 결국 성장의 테마를 담고 있다'고 표현할 수도 있겠다. 이미 이전의 글에서 '영웅의 탄생과 소멸'을 통한 현대 서사 속에 내장된 '실종된 영웅에 대한 향수'와 고전 서사에 대한 재현에 대해 언급한 바가 있다. '성장'에 내포된 의미도 각각 다르겠지만 디지털 기술이 최대로 촉발된 대중적 영화에서 '성장'의 의미는 주로 고전적 의미의 '영웅'의 복원에 앞 다투어 나서고 있는 것처럼 보인다. 신화적 배경과 판타지의 결합은 이와 같은 영웅적 모델의 산출에 적합한 배양 조건이 된다.

그러나 「말아톤」에 나타난 '성장'은 '영웅'의 '레벨 업'이 아니다. 역경을 거치면서 변화한다는 속성에서는 유사하지만 '초원'의 성장은 단계를 거듭할수록 무엇을 획득해가는 단순 레벨 업이 아니라 더욱 복잡한 현실적 문제에 다다르며 새로운 어려움에 봉착하게 되는 다면적 성장의 과정을 보여준다. 따라서 그 결말이 '위대한 승리'가 될 수 없음은 마치 결말을 보지 않아도 영웅들이 미인도 얻고 권력이나 명예도 모두 독차지—때때로 이들의 영웅성을 더욱 돋보이게 하기 위해 권력과 명예 중 한쪽은 포기하게 되는 경우도 빈번하다—하게 되는 '위대함'만큼이나 당연하다.

「말아톤」의 주인공 초원에게는 세상 모두가 부러워할 미녀와의 사랑도 그것을 쟁취하기 위한 눈물겨운 노력도 없다. 또 마치 '람보'의 현신인 듯 종횡무진 빗발치는 화살과 총알의 폭풍을 귀신같이 피해나갈 능력도 없다. 오히려 그는 남과 다른 '자폐' 장애라는 결점을 지니고 있으며 결코 낭만적 사랑의 대상이 될 수 없는 집요한 어머니가 늘 그림자처럼 따라다닌다.

초원에 대한 어머니의 집요함은 「말아톤」의 서사를 이끌어가는 중심 문제로 부각된다. 영화는 시종일관 '초원'이 왜 뛰어야 하는지를 질문한다. 질문을 제기하는 사람은 영화 속 특정 인물이기도 하며 감독 자신이기도 하며 영화를 지켜보는 관객이기도 하다. 따라서 영화 속 서사의 갈등구조도 이 지점에서 생성된다.

감독은 어머니의 '아이가 뛸 때의 느낌을 알 수 있다'라는 대사와 코치나 기타 인물들의 '어머니의 집착일 뿐'이라는 대사를 중첩해 놓고 끊임없이 이 문제를 환기시킨다. 두 갈등 지점의 접점에는 어린 시절 장애를 가진 초원을 포기하려 했던 어머니의 죄의식과 마지못해 훈련을 시키며 초원의 감정을 공감하고 대리 경험하는 전직 마라토너 코치의 변화가 각기 다른 추동력으로 작용하고 있다. 「말아톤」은 이와 같은 치밀한 갈등 구조 속에 생성된 문제의식과 주인공 초원의 변화 과정을 영상과 음악과 배우의 절제된 감정이 적절하게 결합된 섬세한 영화적 장치를 통해 거듭해서 집중적으로 표현해내는 데 성공하고 있다.

❹ 열악한 자아와 웃음

「말아톤」은 장애를 가진 주인공을 내세우고 있다는 점에서 「레인맨(*Rain Man*, 1988)」이나 「포레스트 검프(*Forrest Gump*, 1994)」와 같은 영화들의 연장선상에 맞닿아 있다. 이러한 영화들에서 자아는 대단히 왜소하고 주변 세계에서 패퇴한다. 이들이 가진 장애는 일반인과 그들을 구별하게 만들고 그것을 인식하지 못하는 자아는 엉뚱한 행동을 펼쳐 고립된다. 이상하고도 유별난 행동은 사회 구성원의 일반적 가치관과 배치되기 때문에 곧잘 주목의 대상이 되고 곤란해질 수밖에 없다.

물론 엉뚱한 행동 그 자체만으로 웃음이 유발되는 것은 아니다. 어떤 엉뚱한 행동은 심각하고 진지하다. 의도된 돌출 행동은 때로 위험하고 수많은 슬픔을 자아내기도 한다. 엉뚱함이 웃음으로 바뀌기 위한 중요한 조건은 자아의 열위에 있다. 관객은 자신보다 열악한 위치의 주인공이 벌이는 일종의 '사고'들을 경험하면서 웃음을 자아낸다. 이때의 웃음은 위협이 제거된 돌출행위에서 발생하는 하나의 안도감 내지는 자기 위안이라 볼 수 있다. 완벽하지 못한 각각의 자아는 자신보다 훨씬 불완전한 다른 자아를 관찰하면서 긴장을 풀고 쉽게 으쓱함을 느낀다. 코미디 프로그램에서 영구나 맹구와 같은 '바보' 스타의 계보가 끊임없이 지속될 수밖에 없는 것도 당연한 일이다. 또 이와 같은 속성 때문에 웃음은 비극이나 눈물과 강한 친연성을 내장한다. 열악한 자아는 안도감을 불러일으키는 동시에 연민의 감정 또한 유발하기 때문이다.

「말아톤」에서 웃음의 요소들은 복합적인 질감을 지닌다. 영화 내내 반복되는 '백만불짜리 다리'와 '끝내줘요'와 같은 대사와 함께 진행되는 장면들은 일종의 마스코트처럼 열악한 자아의 처지를 반어적 주술로 환기시킨다. 또 우스꽝스러운 자세로 학교의 식단을 줄줄이 꿰는 장면이라든지 아마도 백과사전에서 습득했을 것 같은 세렝게티 초원과 얼룩말에 대한 비상한 암기력을 보여주는 장면 등은 연기 자체의 표현 방식이 재미있으면서도 초원이 어린 시절 어머니가 자신의 손을 놓아버린 것을 기억하는 것에 대한 충분한 개연성을 형성하는 복선 구실을 한다. 그 외에도 초코파이와 자장면 등과 같은 자잘한 요소들도 웃음을 유발하는 동시에 작품 전체의 핍진성을 높이는 구실을 톡톡히 하고 있다. 이러한 것들이 실제 사실을 차용한 것인지는 확인할 수 없으며 확인할 필요도 없다. 이 같은 사실이 앞서 언급한 다큐 속성과 허구적 작품 사이의 완결성을 잘 연결하고 있다는 사실을 증명하는 준거가 되기 때문이다.

「태극기 휘날리며」에 관해 이야기하면서 비극의 속성에 관해 간략히 언급한 바 있다. 한마디로 말하면 그야말로 눈물을 짜내려고 한다고 해서 비극이 성립되는 것이 아니며 감동이 형

성될 수 없다는 요지였다. 물론 「태극기 휘날리며」와 「말아톤」은 완전히 다른 지점에 위치한 영화이므로 일 대 일 비교가 불가능하다. 그럴 필요도 없다. 「태극기 휘날리며」의 강점에 대해서도 이미 설명했다. 다만 여기에서 새삼스레 그것을 소환하는 것은 비극의 측면에서 하나의 대차대조표를 작성해보려는 의도이지 「태극기 휘날리며」를 비하하려는 의도가 아니다.

「말아톤」은 분명히 비극의 지점에 위치한 영화이다. 기본적으로 영화 속 웃음의 요소는 그 비극적인 속성을 상쇄하면서 동시에 강화시킨다. 다면적인 웃음이 유발하는 복합감정은 때때로 주인공의 열악한 비극적 처지를 이해하도록 관객을 이끌고, 때로는 비극적인 요소에 함몰되어 비극 자체의 비극성을 잊어버리는 일이 없도록 감정의 리듬을 적절하게 제어한다. 「말아톤」에서 실제 눈물이 노출되는 장면은 그렇게 많지 않지만 이러한 복합감정의 배치가 각각의 장면 속에 섬세하게 녹아들어가면서 깊은 슬픔과 연민 속으로 관객을 몰입시킨다. 일상적인 감정의 측면에서 벗어나 낯설고 새로운 감정의 감각을 만들어내는 능력은 좋은 작품의 성패를 가늠하는 잣대가 된다. 그 감정들이 유발하는 효과가 얼마나 갈등구조와 문제의식을 잘 형상화하느냐에 따라 비극의 성패가 좌우된다.

❺ 육체적 감각의 부각과 조화

다시 영화의 중심 갈등 문제로 되돌아가 본다. 이미 언급한 바와 같이 「말아톤」의 갈등 구조는 과연 초원이 주체적으로 뛰려고 하는가 혹은 초원이 뛰게 되는 것이 어머니의 집착 때문인가에 관한 문제의식에서 비롯된다. 그 갈등 구조는 전직 마라토너인 코치와 어머니가 초원을 사이에 두고 벌이는 사건을 중심으로 전개된다. 물론 이 작품은 그 중심 구조 사이에 자폐 장애 아이를 둔 가정의 문제와 그것을 대하는 일반적인 세상의 시선에 대한 소소한 관찰과 태도 또한 무시하지 않고 적절하게 배치하고 있다.

어머니는 누구보다도 자신의 아이를 사랑하는 사람이므로 다른 누구보다 초원에 관해 잘 알고 느끼는 것은 당연한 사실이다. 그러나 누구도 당사자가 되어 보지 않은 바에야 초원의 심정을 정확하게 알 수는 없다. 코치가 지나칠 정도로 극성적인 어머니에게 하는 대사는 이를 대신 표현해준다. "직접 뛰어봤어요? 직접 뛰어보지 않고 어떻게 알아요?" 물론 코치 또한 타인일 뿐이므로 초원의 심중을 읽어낼 수 없는 것은 마찬가지이다. 다만 코치는 같이 훈련하는 과정을 통해 뛰는 것에 대한 초원의 마음을 어머니보다 좀 더 가까이 느낄 수 있다는 장점을 지닌다. 실제로 훈련시키는 일에 무관심하던 코치는 무심코 말한 운동장 백 바퀴 돌기를 전부 채우는 초원을 보면서 또 한강변을 뛰는 본격적인 훈련을 함께 하면서 점차 초원의 진심을 느끼게 된다.

심장박동은 어머니와 코치 그리고 초원을 매개하는 하나의 장치가 된다. 갈등의 첨예한 대립 속에서 초원의 느낌은 인식과 이성의 말다툼을 넘어서 심장박동이라는 물리적이고 육체적인 감각을 통해 각각의 인물들에

영화 「말아톤」에서 코치와 어머니가 대화를 나누는 장면

게 전이된다. 순수하고 꾸밈없는 육체의 정직한 반응, 이것은 「말아톤」의 주제의식과 깊은 관련이 있다. 영화는 시종일관 감각의 다양한 반응 양상을 보여준다. 말놀림이나 논리로 판단할 수 없는 아니 그것을 넘어서는 직관적이고 꾸밈없는 육체의 느낌이야말로 자꾸 어긋나는 관계의 고리를 연결하는, 그럼으로써 인간의 직접적 소통을 가능하게 만드는 통로가 된다. 이러한 감각적 장면에 공을 들인 영상과 그에 조화를 이루는 음악이 아름다운 것은 이 영화의 최대 매력이자 미덕이다.

가족과 코치의 불화를 통해 고조되던 위기감은 지하철에서의 초원의 사고와 어머니의 입원을 통해 반전 계기를 얻는다. 작품이 결말로 치달으면서 부각되는 또 하나의 감각적 요소는 '비'이다. 심장 박동과 마찬가지로 비는 육체적 감각을 부각시킨다. 비가 내리거나 비를 맞는 장면은 이 작품에서 다소 지나치다 싶을 정도로 자주 등장한다.

사실 이와 같은 작품에서 어떤 새로운 결말을 기대하기는 쉽지 않다. 사실 창조적이고 개성 있는 결말을 만드는 것은 모든 제작자들의 희망 사항이다. 하물며 이처럼 뚜렷한 성장의 서사를 중심축으로 하고 있는 작품에서 그 결말이 어떻게 매듭지어질 것인지는 쉽게 예측이 가능하다. 그러나 좋은 서사물은 상투적인 구조를 가지고서도 낯설고 새로운 감정 형성을 가능하게 하는 것이라고 한다면 역경을 딛고 일어서는 자폐 소년의 이야기에 대한 전개도 독특하고 개성적이었기에 영화를 보는 내내 결말에 대한 기대감과 긴장감이 유지된다. 적어도 '미인을 얻고 권력도 얻고 행복하게 살았다'라든가 '불치병에 걸려서 죽었다'라는 결말이 아닐 것이기 때문이다.[43] 과연 「말아톤」의 결말은 '비'라는 장치를 통해 이야기 전개와 위기감이 불러일으킨 감각 요소를 잘 이어받고 있다.

---

[43] 텔레비전 드라마는 이러한 결말을 끊임없이 반복함으로써 서사적 개성을 포기한다. 오히려 상투적 결말 구조는 하나의 유행이나 경향으로서 자리매김하고 있는 것으로 보인다.

마라톤에 참가한 초원이 마라톤을 수행하면서 초코파이를 떨어뜨리는 장면으로 스스로의 의지를 표현하는 것은 조금 상투적이지만 코치의 마지막 발언은 자칫 상투적일 수 있는 영화의 결말을 세련되게 마무리하고 있다. "그렇게 천천히 뛰다 보면 어느 순간 비가 내릴 거야. 그러면, 비가 내리면 죽을 것처럼 뛰어." 죽을 만큼 뛰라고 할 때의 느낌은 마라톤을 연습할 때의 그 터질 것 같았던 심장의 박동 소리, 그 육체의 반응을 기억하라는 말과 연결된다.

마라톤이 사람들을 사로잡는 최대 매력은 죽음에 대한 아우라에서 비롯된다. '42.195㎞'는 인간이 쉬지 않고 뛸 수 있는 극한 거리의 마지노선에 해당한다. 폐가 끝까지 차오르고 심장이 터질 것처럼 멈추지 않는 고통의 순간에 마라토너들은 도로를 지나는 차로 뛰어들고 싶은 죽음의 충동을 느낀다고 한다. 절정의 극한에 자신을 내모는 일, 그것은 초라한 자아의 마지막 남은 감각인 육체성을 마지막까지 시험해보는 일과 다르지 않다. 특히 자폐아는 논리적 능력이 일반인보다 훨씬 열악하여 어린아이처럼 감각적 경험에 대해서만 반응하는 경향이 있다. 실제로 자폐 장애가 심각한 사람들은 나이가 들어서도 어린아이와 같이 행동하며 육체적 접촉을 통해 획득한 지식만을 인정하고 기억하는 경향을 보인다.

주인공 '초원' 또한 마찬가지여서 숫자를 설명할 때는 팔뚝에 직접 그것을 그려주며 설명해야 하고 웃는 방식을 설명할 때도 눈꼬리와 입가를 직접 올려주어야 겨우 이해한다. 또 식사할 때 '방귀'를 껴서는 안 된다는 사실을 인식시킬 때를 포함하여 해서는 안 될 일을 인지시킬 때도 병원에 데려가 '주사를 맞힌다'는 통증에 대한 기억을 환기시켜야만 가능해진다.

「말아톤」에서 감각 요소가 더욱 부각될 수밖에 없는 것은 일차적으로 '초원'의 자폐증세 때문이다. 감각을 통하지 않고는 일상적 지식을 잘 습득하지 못하는 '초원'의 모습은 웃음과

코치와 함께 한강변을 달리면서 초원은 손에 스치는 갈대나 몸에 와닿는 바람을 통해 감각적 느낌을 체득한다.

울음으로 전환되면서 영화적 재미와 쾌락의 모티프가 된다. 감각 요소의 활용은 여기에 그치지 않고 주제의식을 부각시키는 데 주도적 역할을 한다.

자폐 증세를 가진 아이가 정말 달리는 행위를 좋아하느냐 하는 것에 관한 코치와 어머니의 갈등 속에서 '초원'은 처음에는 갈피를 잡지 못한다. 그러나 코치의 실수로 운동장 백 바퀴를 돌게 되는 한계 상황에 직면해보거나 코치와 함께 한강변을 달리면서 터질 듯한 육체의 반응을 함께 느끼게 되면서 '초원'은 점차 스스로의 의지를 판단하게 된다. 나아가 그런 육체의 반응은 홀로 버려져서 사람들과의 관계를 단절하는 자폐 성향의 초원이 타인에 대한 이해와 연대의 느낌을 기억 속에서 소환하여 자기를 변모시키는 계기가 된다. 달리는 것의 의미가 무엇인지도 모르던 '초원'은 운동장을 백 바퀴나 돌고 나서 비로소 그 행위의 좋고 나쁨을 가 초원은 마라톤을 그만두고 다른 자폐아들과 함께 공장에서 일하면서도 달릴 때 느끼던 몸의 감각을 떠올린다. 영화에서 이 장면은 초원이 스스로 달리고 싶어하는지에 관한 코치와 어머니의 논쟁에서 벗어나와 주체적으로 달릴 것을 결심하게 되는 과정을 보여준다.

늠하게 된다. 또 강변에서 손을 스치던 갈대의 느낌과 몸을 따라 흐르던 바람의 감각은 여타 장애아들과 같이 공장 부품 조립원으로 취업한 그가 쉬는 시간에 혼자 눈을 감은 채 팔을 벌리고 선풍기 바람을 느끼면서 과거의 감각을 떠올리는 장면과 연결된다. 영화 속 음향과 소리와 이미지들은 이와 같은 감각적 요소들을 다채로운 방식을 통해 섬세하게 표출하기 위해 유기적으로 연결된다.

비는 '초원'이 이러한 육체적 반응을 기억하고 떠올리게 만드는 매개물로 작용한다. 비는 코치가 초원의 진심을 알아가게 되는 계기에서 등장했었고 어머니의 입원으로 깊은 슬픔과 사랑을 경험하는 장면에서 등장했었다. 다시 말하면 어떻게든 마라톤을 시키려던 어머니의 입장과 그것에 반대하던 코치의 입장이 완전히 역전되는 순간에 비가 내렸던 것이다. 이제

상황은 역전되어 어머니는 마라톤을 반대하고 코치는 적극 추천하게 되었지만 초원에게는 그 역전이 별로 중요하지 않다. 역전의 과정을 통해 초원은 달리는 행위 속에 자기 자신의 느낌을 분명하게 인식하게 되었고 그러한 변화와 성장의 과정 속에 사랑과 슬픔을 경험하면서 좀 더 자립적인 주체적 의식을 획득하게 되었기 때문이다.

육체성과 비의 배치는 단순히 서사적인 맥락에서만 조화를 이루는 것은 아니다. 「말아톤」에서 초원의 육체성의 부각은 세렝게티 초원을 '자유롭게' 뛰노는 얼룩말과 중첩된다. 얼룩말 무늬에 집착하는 초원의 행동양식은 뛰는 행위에 대한 자립적 자아의 확립과 자유 갈망에 대한 상징적 장치가 되는 것이다. 그런데 얼룩말이 뛰어다니는 초원의 기후는 아열대성으로 게릴라성 폭우가 빈번하다. 그러니까 이 영화에서 비가 너무 자주 내린다는 앞서의 지적은 그 자체로는 허점인 것처럼 보이지만 또 나름대로의 의도는 있다고 볼 수도 있다.

지상에 유일하게 보존되어 있는 동물들의 낙원인 세렝게티의 평원을 질주하는 얼룩말의 이미지가 주인공인 '초원'과 중첩되면서 그 뛰는 행위는 하나의 감각적 이미지로 표현된다.

햇볕 쨍쨍한 춘천의 어느 여름 날 구름 한 점 없는 하늘에서 비가 내릴 리 만무하다. 그런데 초원이 달리기를 포기하려는 어느 순간 갑자기 초원에게만 비가 내린다. 실제로는 마라토너들에게 뿌려주는 스프링클러의 물방울이 초원에게는 비처럼 느껴진다. 비가 내린다는 것, 그리고 내리는 비를 몸으로 맞으며 느낀다는 것은 달린다는 행위를 통해 초원이 알게 된 모든 감각적 경험들 나아가 그것을 통해 체득한 주변인의 사랑과 애정이 어린 시절 버림받았던 자신의 상처를 치유하는 계기가 된다는 것을 의미한다. 감각 경험의 유사성을 통해 자폐적 성향의 초원은 비로소 다른 사람들과의 연대가 가능해지고 더불어 자기 정체성을 확보하는 계기를 만든다. 이것은 여러 가지의 환각을 통해 제시된다.

「말아톤」은 이와 같은 섬세한 감각 요소의 조율을 통해서 자연스럽게 비현실의 상상력을 진실한 소통의 가능성과 연관시키며 불완전한 자아의 성장을 아름답게 그려낸다. 나아가 웃음의 요소들과 진지한 갈등을 통해 장애를 가진 사람들에 대한 세상의 일반적 시각과 태도까지 짚어내고 있다. 이는 사회적 소수자이자 약자로서 자신들도 알 수 없는 부끄러움과 피해의식에 고통 받던 사람들의 입장까지도 헤아리는 계기가 된다.

나아가 쉬운 이야기지만 자폐 장애를 지닌 초원의 '성장 경험'은 현대라는 괴물을 등에 업고 살아가는 우리들의 왜소하고 초라한 초상에게 든든한 본보기가 된다. 장애를 가진 사람들을 천대하는 사람들은 어쩌면 자신의 보잘것없음과 초라함을 들키는 것이 두려운 것은 아닐까. 그를 관대히 대하면 왠지 자신 또한 동등한 위치로 전락하는 것과 같은, 그래서 그보다 훨씬 우위에 있다는 사실을 괜히 강조하고 싶은 쓸쓸하고 초라하고 못난 심정의 발로는 아닐까. 어디 그만한 장애 없이 굳건하게 살아가는 사람이 얼마나 될까.

마지막으로 다채로운 감각 요소의 활용을 이미지로 재현하는 경험을 통해 「말아톤」은 엄청난 특수효과가 아니더라도 인간의 내부에 숨겨진 감정을 얼마나 효과적으로 활용할 수 있는지를 잘 보여준다. 수술을 받고 누워 있는 어머니의 모습을 유리창 너머 지켜보는 초원의 손가락의 움직임은 「팔월의 크리스마스」의 한 장면을 연상하게 하고 실제 헬기를 타고 찍었다는 춘천 마라톤의 거대한 인파는 컴퓨터 그래픽으로 처리된 「태극기 휘날리며」의 피난민 장면을 떠올리게 만든다. 서로 완전히 상반되는 영화와 유사한 두 장면이 불러일으키는 효과를 음미해 보는 것도 유용할 수 있겠다.

4. 애니메이션의 상징과 판타지

(1) 영화와 애니메이션은 어떻게 구분되는가

❶ 시공간의 기계적 왜곡

「빅 피쉬」는 일반 영화와 애니메이션의 차이를 살펴보는 데에도 유용하다. 이 영화의 감독인 팀 버튼은 초기에 디즈니 사에서 애니메이션 작업에 참여한 바 있다. 그가 영화감독으로 활동하기 시작한 무렵에 「크리스마스 악몽(*Nightmare for christmas*, 1993)」과 같은 애니메이션 작품을 만들게 된 것 역시 이러한 이력과 무관하지 않을 것이다. 그는 「빅 피쉬」라는 영화에서도 실사 영화 속 이미지들을 애니메이션의 기법과 결합시킴으로써 내부의 서사적 특징을 다양한 방식으로 활용하고 있다.

영화는 아버지의 이야기를 중심으로 하는 판타지와 아들을 중심으로 하는 현실 이야기가 중첩되어 있다. 집을 무너뜨리는 거인이라든지 그밖에 샴쌍둥이나 마녀의 이야기와 같은 판타지의 세계를 표현하기 위해서는 컴퓨터 그래픽을 통한 화면의 조작이 불가피하다. 또 아들을 중심으로 하는 현재의 실제 세계를 표현하려면 일반적인 실사 영화의 기법을 동원해야만 한다. 그런데 이 두 세계는 영화 속에서 기묘하게 중첩되고 있다. 영화는 현실 세계와 판타지 세계가 자연스럽게 중첩되는 것을 보여주기 위해 독특한 표현 방식을 사용한다.

감독은 '특수효과로는 절대 자아낼 수 없는 실감나는 영사를 위해' 기린, 낙타, 사자, 코끼리, 곰 등 150여 마리의 동물들을 동원하여 환상적인 서커스 장면을 연출하였고 아버지의 젊은 시절 로맨틱한 프러포즈를 그려내기 위해서 1만 송이의 황금수선화를 직접 공수하여 전 제작진이 참여한 가운데 수선화를 직접 심었다고 한다. 실제로 영화를 제작하면서 감독이 가장 중요하게 꼽은 목표는 블루 스크린[44]이나 컴퓨터 그래픽을 최대한 배제하는 것이었다고 한다. 개연성이 전혀 없는 아버지의 허풍스런 이야기와 같은 판타지를 표현하는 데 오히려 7천여 명에 달하는 엑스트라와 실제 장치를 사용하고 있다. 이것은 애니메이션의 상상력을 실사로 구현하려는 노력이자 기술적 흐름의 혼종과 결합이라는 독특함을 보여준다.[45]

사랑하는 여자를 발견했을 때 시간과 공간이 정지하는 듯한 느낌을 표현하는 감독의 재치를 보자.[46] 사랑에 빠진 순간은 흔히 '세상이 멈춰버리는 것 같다'고 묘사된다. 수없이 반복되어 상투적으로 되어 버린 이 표현을 감독은 영화의 프레임에 생생하게 되살려낸다. 영화 속

영화 「빅 피쉬」의 한 장면

---

44 컴퓨터 그래픽을 통한 이미지의 합성을 위해 아무런 배경을 놓지 않고 라이트블루 계열의 인공배경에 인물을 위치시킨 채 촬영하기 위한 소재
45 제작에 관한 세부 사항은 네이버 영화 코너의 제작 노트를 참조하였다.
46 고정된 이미지인 사진으로만 이 장면을 표현하기는 거의 불가능에 가깝다. 하이퍼링크가 불가능한 점이 아쉽지만 불편하게 인터넷 주소를 나열하는 수밖에 없다. 인용된 장면을 감상하기 위해서는 아래 주소의 [11호]를 참조하라. http://paper.cyworld.com/TSDM

145

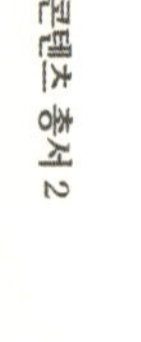

에서 사랑하는 사람을 발견한 주인공을 제외한 주변의 시간과 공간은 '정말로' 멈춘다. 더 재미있는 것은 멈춤으로써 지연된 시간은 주인공이 의식을 되찾으면서부터 한꺼번에 복원된다는 사실이 덧붙어 있다는 점이다. 즉 시간의 총량은 변함이 없으며 늘어난 시간은 나중에 다시 줄어듦으로써 보존되어야 한다는 생각이다. 사랑하는 사람을 발견했을 때의 멈추어졌던 시간이 나중에 한꺼번에 빨리 지나가 버린다는 발상은 그야말로 팀 버튼 식의 애니메이션의 상상력이 영상과 결합된 최대 장기라 할 만하다.

음악의 개념 중에서 '템포 루바토(Rubato)'라는 것이 있다. 이탈리아어로 '도둑맞다' 혹은 '잃어버리다'라는 의미에서 유래한 이 개념은 리듬의 진행과 관련이 있다. 주로 순수음악에서 쓰이는 개념인데 재즈와 같은 음악에서는 '싱코페이션(Syncopation)'과 유사한 개념으로 볼 수도 있다.

쉽게 말해서 루바토는 연주자의 해석과 자의에 따라 악보 위에 표시된 특정 음의 길이를 조정하는 것과도 같다고 할 수 있다. 한 마디 혹은 한 프레이징 안에서 표시된 것보다 어떤 음은 더 길게, 또 다른 어떤 음은 더 짧게 연주함으로써 연주자의 곡에 대한 해석을 최대로 증폭할 수 있다. 현대 음악에서 이와 같은 루바토의 활용은 다른 몇 가지 요소들과 함께 대단히 중요해졌다.

편집을 통해 시간과 공간을 왜곡하는 이 장면은 일종의 영화적 '루바토'로 이해하면 편리하다. 사랑하는 사람을 처음 발견한 그 '순간'의 느낌과 감정과 전율을 이만큼 유머러스하게 표현할 수 있다는 점이 재미있다. 공중에 흩날린 채 멈춰 있는 팝콘을 손으로 헤치며 여자에게 다가가는 주인공의 모습, 그 집중의 순간, 그것을 독특한 기법으로 표현해내는 능력은 팀

버튼의 장기인 동시에 영화 서사물이 가지고 있는 특장이다.[47]

영화 속의 모든 움직임들은 궁극적으로 실제 현실이 될 수 없고 그것은 실제 현실을 어떤 의도에 의해 포착하여 편집한 하나의 환영이다. 영화는 1초라는 짧은 시간에 수십 개의 프레임을 배치하여 연속된 속도로 그것을 진행시켜 보여주어 보는 사람에게 움직인다는 착각을 불러일으킨다. 이때 영사의 시간을 조절함으로써, 감독은 여러 가지 효과를 창출한다.

여러 가지 촬영 기법 중에서 패스트 모션(fast-motion)이나 슬로우 모션(slow-motion)의 기법은 특히 애니메이션에서 자주 사용된다. 일반적으로 애니메이션은 움직임을 극단적으로 왜곡함으로써 갖가지 정서적 반응을 창조해낸다. 사물의 움직임이 영화 속에서 가속되거나 감속됨으로써 그것은 자연스러움의 고정적 선입견에서 벗어나 우스워지기도 하고 장엄하거나 슬프게 보이기도 한다.

❷ 리얼리티와 판타지

애니메이션에서 왜곡된 움직임이 자연스러워지는 것은 그것이 실제 현실 속 장면으로부터 완전히 동떨어져 있다는 가정 때문이다. 루이스 쟈네티는 애니메이션의 특징적 성격을 일반 영화와 비교하여 잘 구분해준다.

애니메이션과 실제 일반 영화 간에는 두 가지 근본적 차이가 있다. 애니메이션은 스스로 움직이는 피사체를 촬영하진 않는다. 촬영되는 것은 대체로 그림이거나 정적인 사물이다. 따라서 애니메이션을 이용한 영화에서는 수많은 프레임이 각각 촬영된다. 각 프레임은 이웃하는 프레임과 극히 미세한 정도로만 차이가 난다. 이러한 프레임의 연속이 초당 24프레임씩 영사되면

---

[47] 흔히 사랑하는 사람을 발견했을 때 '세상이 멈춰버리는 것 같다'라고 표현하는 것은 '문장'의 차원에서는 직유의 방식으로 존재할 수밖에 없다. 인용한 장면은 문장 속 하나의 현실적 상황을 재현하기보다는, 문장 속에서는 '죽은' 직유의 방식으로 표현될 수밖에 없는 장면을 상상적 이미지로 구현한 것이다. 즉 인용한 장면은 실사 영화의 촬영 기법을 뒤틀어서 애니메이션과 유사한 특성을 구현하려는 시도에 해당한다.

그림이나 대상물이 움직이게 되고, 그래서 동화적(animated)으로 변하는 환영을 낳게 된다.
애니메이션과 일반 영화 제작의 공통분모는 카메라의 사용, 즉, 촬영 과정이다. 어떤 의미에서 보면 일반적인 극영화가 연극에 가까운 반면 애니메이션은 그래픽 아트(graphic arts)에 더 가깝다. 그러나 두 경우 모두 녹화하는 카메라가 피사체와 관객 사이의 중개자이다.[48]

일반 영화나 애니메이션 모두 카메라를 통해 촬영된 이미지를 보여준다는 점에서는 다르지 않다. 보다 분명한 차이는 기본적으로 일반 영화가 현실 속 실제 장면을 직접 포착하여(capture) 보여준다면 애니메이션은 그려낸(draw) 이미지들을 다시 촬영한다는 데 있다. 더 단순화해보면 일반 영화가 사진으로부터 확장된다고 가정한다면 애니메이션은 그림이나 회화의 확장이라고 볼 수 있다.

물론 최근에는 기법상의 교류로 인하여 이러한 구분이 명확하지는 않은 것이 사실이다. 실사 영화로 구분되는 많은 영화들에 컴퓨터를 이용한 여러 가지 형태의 그래픽이 덧입혀지는 일이 허다하다. 반대로 애니메이션을 더 사실적으로 보이게 하기 위해 실제 사진을 컴퓨터 그래픽으로 재조작하여 입체적이고 더 사실적인 그림을 만들어내기도 한다. 기술의 발전에 따라 상상력의 지평이 확장되면서 장르의 경계는 자꾸 옅어지는 경향을 보인다.

논의를 좀 더 확장하여, 만약 리얼리티를 단순히 현실 사물의 재현이라는 좁은 의미로 규정한다면 리얼리티의 의미 지평을 다음과 같이 표현할 수 있다.

48 Louis Giannetti, 앞의 책.

화살표의 방향으로 진행할수록 이미지 자체에 포함된 현실성은 옅어진다. 이는 다르게 말하면 화살표의 방향으로 진행할수록 서사의 시공간은 현실 세계로부터 멀어져 환상적 경향을 보인다. 리얼리티가 약해질수록 판타지의 속성은 더욱 짙어진다.

컴퓨터 기술이 발달하여 서사에 디지털 기술이 적극적으로 활용될수록 화살표로 표시된 영역의 범위가 점점 축소된다. 일반 영화가 실제 현실 속 장면을 촬영하여 표현하는 기본적 문법을 준수하는 가운데 점차 컴퓨터로 그린 그래픽을 합성하는 장면이 늘어나는 것은 화살표의 오른쪽으로 더욱 가까워지려는 경향으로 이해할 수 있다. 반면 처음부터 컴퓨터 시뮬레이션의 디지털 이미지 구현 기법으로 전체 서사를 구성하는 것을 기본으로 삼고 있는 게임의 경우에 점차적으로 그 이미지를 구현하는 데에서 실제 현실 속 사물의 사진이나 이미지들을 바탕으로 하는 경향이 증가한다. 이는 화살표의 왼쪽으로 게임이 더욱 거리를 좁혀가려는 경향으로 볼 수 있다.

실사 영화에 애니메이션을 직접 결합시켜 보려는 최초의 시도로 주목받은 작품으로는 1988년에 미국에서 만들어진 「누가 로저 래빗을 모함했는가(*Who Framed Roger Rabbit*)」를 꼽을 수 있다. 이 영화는 애니메이션의 이미지를 실제에 가깝게 그리려는 노력들을 넘어서서 아예 직접적으로 애니메이션의 화면 속 이미지를 실사 영화의 화면과 결합시킨다.

영화 속 애니메이션의 캐릭터들은 영화에 출연하는 다른 배우들과 동일한 층위에 배치되어 있다. 다시 말하자면 영화 속 주인공 중의 한 명인 토끼를 포함하여 그 외에 빗자루와 같은 사물들은 인간처럼 말하고 행동하며 슬프고 기쁜 감정을 느낀다. 그러나 이들이 보여주는 행동은 현실 속 인간의 능력을 넘어선다. 엄청난 속도로 뛰어다니거나 날아다니기도 하고 벽

을 뚫고 지나가기도 하는 등 애니메이션에서 보여줄 수 있는 비현실적 속성을 현실적 공간인 실사 영화에서도 그대로 구현한다.

인용한 사진에서 알 수 있듯, 회색이나 갈색조의 어두운 배경색에 묻혀 있는 주인공 발리언트는 강렬한 천연색으로 표현된 또 다른 주인공 토끼의 과장되고 현란한 움직임을 도저히 따라잡을 수가 없다. 애니메이션의 기법과 실사 영화의 기법을 같은 화면에 중첩시키고 있는 이 작품은 둘의 특징적인 면을 대조적으로 감지하는 데 편리한 관점을 제시해준다. 영화의 내용이 보여주는 기본 구도는 실제 인간처럼 행동하는 애니메이션 캐릭터들이 인간들에 의해 조종된다는 이야기를 담고 있지만 역설적으로 영화 속에서 드러나는 행동의 측면에서는 그들이 인간을 훨씬 능가하고 있다.

이처럼 애니메이션은 실제 장면으로부터 완전히 자유롭게 가공된 이미지들을 통해 성립된다. 실제 현실 속 장면의 압박으로부터 벗어나면서 판타지적 상상력은 최대한으로 촉발된다. 애니메이션 속 인물은 인간과 아주 유사하게 그려질 수도 있고 완전히 다르게 그려질 수도 있다. 이는 현실과의 거리

애니메이션과 실사 영화가 결합되고 있는 양상을 보여주는 영화 「누가 로저 래빗을 모함했는가」의 한 장면

를 자유자재로 조절할 수 있다는 의미이다. 일반 영화에서 아무리 특수 효과가 가미된 영화라고 하더라도 실제 현실 속 장면을 완전히 배제할 수는 없다. 애니메이션은 이러한 모든 가능성들이 선택의 의미 지평에서 자유롭게 유동한다. 그 안에서 이미지들은 아무런 제한 없이 뒤틀리고 전복되며 여러 가지 방식으로 자유롭게 배치된다.

(2) 감각적 표현 형식과 인간중심 시선의 결합 : 디즈니 애니메이션을 중심으로

❶ 인간의 시선으로 재구성한 환상 세계

세계적인 애니메이션의 부흥을 촉발한 디즈니 사의 초기 작품들이 신화적 세계의 이야기들을 모티브로 삼고 있다는 사실을 떠올려보는 것은 우리의 사고가 전개되는 과정에 하나의 이정표가 될 수 있다. 디즈니는 아이들을 위한 만화영화쯤으로 취급되던 애니메이션의 기술을 바탕으로 동화나 고전문학의 이야기 속 서사구조를 현대적으로 각색하는 작업을 통해 애니메이션에 대한 인식을 전환시켰다. 이를 통해 디즈니 사는 상업적 성공도 함께 거둘 수 있었다.

컴퓨터 그래픽 기술이 발전하여 일반 영화가 애니메이션의 기법을 적극적으로 활용하기 이전에는, 동화나 전설과 같은 옛날이야기의 다채로운 상상적 구조를 표현하기에 이미지를 자유롭게 왜곡할 수 있는 애니메이션이 가장 적합했다. 문학이나 일반 영화가 현실 세계의 모습을 직접화법으로 제시하면서 그 의식 속에 이데올로기를 내장하고 있었다면 애니메이션은 오래 전부터 전래해 온 이야기들 속의 환상 공간을 상징적 이미지를 통해 구현함으로써 보다 추상적인 주제를 형성하는 데 성공할 수 있었다.

1920~1930년대 후반에 이르는 기간에 디즈니는 '미키마우스'나 '도날드 덕'과 같은 캐릭터들을 만들어냄으로써 애니메이션의 기술적 표현 양식 속에 비교적 긴 길이의 서사를 수용할 수 있는 가능성을 보여주었다. 특히 1930년대 후반에 등장한 「백설 공주와 일곱 난장이(*Snow White and the Seven Dwarfs*)」나 「피노키오(*Pinocchio*)」와 같은 작품들은 동화 속의 이야기들을 적극적으로 차용함으로써 극장에서 상영될 수 있었다.

디즈니는 초기 작품에서부터 옛날이야기 속의 서사구조를 빌려오면서 그것을 새로운 방식의 현대적 서사로 구현하기 위해 노력하였다. 넓은 의미에서 그것은 인간 중심적인 세계관을 보여주며 더 세부적으로는 인종적 배타주의와 전통적이고 보수적인 가치의 옹호 그리고 신성화된 가족주의와 같은 지극히 미국적인 세계관으로 집약된다.

인간처럼 말하고 행동하는 쥐와 오리의 전형적 캐릭터는 이후 1990년대까지 디즈니 애니메이션에 지속적으로 나타나고 있다. 주로 캐릭터들은 동물적 형상으로 그려지는 경우가 많지만 때로는 귀뚜라미 같은 곤충이나 용과 같은 상상 동물들이 등장하기도 한다. 그들은 대체로 인간처럼 직립하여 팔다리를 자유자재로 사용하고 인간처럼 말하고 걷고 뛰며 현실 속 인간이 보여주는 감정의 양태를 그대로 지니고 있다. 말하자면 표면에 드러나는 것은 동물이나 다른 사물의 형태를 취하지만 그들의 모든 가치관과 감정과 행동 양식은 인간과 흡사한 형태를 보여준다.

캐릭터들은 현대인의 모습을 반영하고 있다. 그것에는 특히 할리우드를 중심으로 하는 미국인들의 생활양식과 가치관이 고스란히 투영되어 있다. 그러므로 디즈니 애니메이션이 마치 미국인이 동물의 탈을 쓰고 연기하는 영화처럼 보이는 것은 지극히 당연할 수밖에 없다.

영화 「피노키오」의 앞부분에서 소년(꼭두각시 피노키오)은 '진짜 소년'이 되려면 '용감하고, 진실하며, 헌신적'이라는 것을 보여 주어야 한다는 말을 듣는다. 영화 속에 등장하는 세 가지 주요한 에피소드는 제의적인 시련을 상징하며, 젊은이의 도덕적인 꿋꿋함을 시험한다. 피노키오는 앞의 두 가지 면에서는 비참하게 실패하지만, 고래를 물리치는 에피소드를 마무리 지으면서 스스로를 구원한다. 그는 정말로 용기와 정직과 헌신성을 보여준다. 다른 원형적인 요소들로는 괴물, 마법적인 변형, 잃어버린 아들을 찾는 아버지, 피노키오의 양심을 대신 말해주는 말하는 귀뚜라미, 갇힌 아버지를 찾는 아들, 자연의 의인화, 그리고 선견지명 없는 젊은 주인공이 책임 있는 행동을 하지 못할 때 그를 구원해 주는 요정 같은 대모 등이 있다.[49]

나무 인형인 피노키오가 '진짜 인간'이 되기 위해 겪어야 하는 시련은 다양하다. 게으름을 피우거나 거짓말을 할 때마다 코와 귀가 자라는 시련을 겪는 피노키오의 모습은 인과응보의 강력한 교훈적 형벌에 대한 상징이다. 디즈니 애니메이션은 원작 동화와는 다른 방식으로 이것을 강조한다. 무엇보다도 달라진 점은 실제로 아이들의 눈앞에 주체할 수 없이 길어진 코와 커다란 귀 때문에 쩔쩔매는 피노키오의 모습이 이미지로 노출된다는 점이다.

내면적 자의식이 아직 확립되지 않은 아이들의 무의식에 작용하는 교훈적 공포감은 나무토막일 뿐인 인형이 살아있는 인간이 되고자 하는 욕망과 맞물려 있다. 끊임없는 시련에 노출되어 있는 피노키오를 보면서 우리는 자립적인 주체로 바로 서도록 강요당하는 소년의 모습과 함께 인간이 되기를 끊임없이 욕망하는 나무토막 인형의 몸부림을 같이 보게 된다.

❷ 사람이 되고 싶은 사물들

전래동화나 민담과 같은 과거의 서사로부터 디즈니가 빌려온 이야기들 중 상당수는 인간

이 되고 싶어 하는 사물들의 이야기이다. 디즈니는 단순히 캐릭터의 움직임이나 말투와 같은 요소들을 인간과 유사하게 표현하는 기술적 양식의 차원을 넘어서 내용적 차원에서도 인간이 되기를 열망하는 주제의식을 구현한다. 이것은 현실을 왜곡하여 다른 모습으로 '그려내는' 애니메이션 본래의 상징적 미학과 달리 오히려 실사 영화처럼 현실 속 인간의 모습을 지향하는 태도에 가깝다.

디즈니 애니메이션은 추상적 표현양식으로 나아가기 위한 시도를 보여주는 애니메이션의 일반적 속성과 오히려 반대되는 행보를 보여준다. 오히려 현실의 사실적 모습을 단순히 알레고리적인 표현으로 읽어내는 경우가 대다수이다. 이와 같은 특성으로 인하여 디즈니 애니메이션은 종종 강력한 비판의 대상이 된다.

디즈니 애니메이션의 더 심각한 문제는 과거 이야기 속에 담긴 의미를 현대적으로 변용하면서 그것을 단순화하거나 의미 구조를 왜곡한다는 것이다. 옛날이야기 속에 담긴 모티프들은 그것을 읽는 사람들-주로 어린이-로 하여금 막연한 혼란과 불안의 형상을 구체적으로 인식할 수 있게 하며 호기심과 즐거움 속에 자신이 필요한 의미를 발견해나가게 만드는 상징적 서사구조를 내포하고 있다. 반면 디즈니는 그 모티프들을 억압적인 이데올로기로 손쉽게 바꾸어 반복적으로 표출하고 있다.

1990년대에 들어서 흥행에 대단한 성공을 거두고 막대한 이윤을 형성하면서 애니메이션의 새로운 지평을 연 작품들에서도 이러한 서사구조는 거의 그대로 반복되고 있다. 미국의 문화비평가인 헨리 지루는 마치 아이들의 상상력과 환상을 자극함으로써 순수함을 보존하는 것처럼 보이는 디즈니의 애니메이션에 오히려 아이들의 순수를 이용한 거대 상술과 이데올로기적

인 차별과 억압의 암시적 강요가 짙게 깔려 있다고 비판한다.[50]

극장식 장편 애니메이션으로 성공의 신호탄을 쏘아올린 작품 「인어공주(*The Little Mermaid*, 1989)」 또한 인간이 되기를 소망하는 물고기(인어)의 이야기를 다루고 있다. 헨리 지루에 따르면 원래의 동화 「인어공주」에는 천한 출신 성분을 가지고 태어난 안데르센이 부호의 가문에 양자로 들어가면서 형성된 고독하고 정신분열적 감정이 상징적으로 표출되어 있다고 설명한다. 이교적 세계(paganic)에 속한 인어는 시련을 통해 인간의 세계로 진입하려 한다. 시련은 참혹하기 이를 데 없다. 혀를 잘라서 마녀에게 주어야 하며, 두 다리로 걸을 때마다 칼로 베이는 듯한 고통을 느낀다. 출신 성분이 다른 어떤 세계로 들어가는 것, 혹은 미천한 신분을 극복하고 부르주아의 사회로 편입하는 것은 혀가 잘리는 것처럼 고통스러운 과정일지도 모른다. 혀가 잘린다는 것은 여러 가지 상징적 의미를 내포하고 있다. 일차적인 의미에서 언어와 예법을 포함한 모든 규율의 억압에 대한 암시로 생각해볼 수 있다. 또 자신의 본래 출신과 욕망에 관한 언급이 철저히 금기되어 있다는 의미로도 이해할 수도 있다.

헨리 지루는 이와 같은 해석의 가능성들을 일단 젖혀두고 인어공주가 이교적인 세계, 본래 자신의 고향으로 돌아가기를 거부하고 있다는 점에 초점을 맞춘다. 그녀가 자신의 정체성을 되찾고 자신의 고향으로 돌아가려면 왕자를 죽여야 하는데 왕자의 사랑을 잃어버리면 영혼불멸의 속성 또한 같이 잃어버리게 되는 모순을 지니고 있다. 이 모든 이유로 인하여 그녀는 자살을 택한다. 헨리 지루는 이와 같은 동화의 의미 구조 속에서 피지배계급의 정체성이 지배계급의 승인에 묶여 있으며 더불어 지배계급에 의해 피지배계급이 자기포기와 희생을 강요당한다는 사실을 읽어낸다.

---

50 김진민 외, 「디지털 미디어방송」, 북랜드, 1999, pp.203–204.

디즈니의 애니메이션인 「인어공주」에서는 인간이 되기 위해 혀가 잘리는 공포와 인어의 신분을 버리고 얻은 다리로 걸을 때마다 칼에 찔리는 듯한 고통이 제거된다. 원작에 흐르고 있는 시련의 드라마는 순진한 판타지에 의해 변형된다. 그 결말도 왕자와 인어공주의 행복한 결혼으로 마무리된다.

디즈니는 애니메이션 기술의 감각성을 바탕으로 새로운 서사물을 창조하려는 욕망에 사로잡힌다. 그러나 그 기술을 뒷받침할 만한 서사의 개발과 탐구를 소홀히 하고 전래동화가 가지고 있는 무의식적 갈등과 풍부한 환상적 상징을 단순하고 낭만적인 로맨스의 상업적 표출로 일축한다.

헨리 지루는 서구의 많은 동화들조차 그 자체로 이데올로기적인 갈등을 표출하고 있는 경우가 적지 않음을 지적하면서 디즈니가 그러한 작품들을 현대적으로 계승하여 강한 계급적 의식과 상투성을 강조하면서도 그 속에서 시련과 갈등과 같은 요소를 제거하고 막연한 행복을 배치한다고 비판한다. 그는 전래동화가 양가감정과 같은 혼란의 요소를 포함하고 있으면서도 아이들과 모든 인간의 무의식적 불안과 갈등을 상징적으로 제시함으로써 그들이 자연스럽게 그것에서 벗어나는 데 도움을 준다면, 디즈니는 이 핵심 요소를 제거하거나 다른 방식으로 왜곡함으로써 거짓된 환상을 제공하고 나아가 심각한 무의식적 선입견을 강요할 수도 있다고 비판한다.

「미녀와 야수(*Beauty and the Beast*, 1991)」 또한 인간으로 변신하는 동물의 이야기를 담고 있다. 헨리 지루의 해석대로 원작 동화의 이야기를 귀족인 야수가 부르주아 숙녀인 미녀에게 구애하는 과정으로 이해할 수도 있다. 이때 귀족이 야수로 그려지는 것은 사랑이나 혼인의 문제보다 성적 상징의 의미를 지닌다. 섹스를 요구하는 무례한 야수는 결과적으로 예절 바른 왕자로 변한다. 이때 사랑은 외모를 척도로 삼는 것이 아니라 난폭한 욕망을 순화하는 부르주아적 예법의 내면화라고 이해할 수도 있다. 그러나 좀 더 넓은 의미에서 원작 「미녀와 야수」는 더욱 근본적인 상징구조를 지니고 있다.

미성숙한 처녀인 미녀는 아버지에 대한 사랑 때문에 자신을 희생하여 어쩔 수 없이 야수의 궁전으로 간다. 아버지를 떠난 처녀가 처음 애인을 만나면서 그 애인이 야수로 느껴지는 것은 쉽게 이해된다. 미녀에게 난폭한 성적 요구를 하는 애인이 야수처럼 보인다는 상징은 위의 해석과 다르지 않다. 미녀는 아버지와 야수 사이에서 갈등하며 병을 앓는다. 어린 처녀가 아버지를 떠나 섹스를 요구하는 야수와 같은 배우자를 사랑하게 되는 과정은 보편적인 인간의 이야기이다. 그 갈등의 과정을 이겨내고 나면 끔찍한 모습이었던 야수가 왕자로 변한다. 두렵고 피하고 싶었던 성적 결합은 아름답고 즐거운 것이 된다. 한편 미녀가 아버지에게로 가버리는 순간 야수는 죽는다. 미녀가 야수를 받아들이는 순간 야수가 왕자로 변하는 것처럼 미녀에게 버림받는 순간 야수는 생명을 잃는다. 원작에는 이와 같은 상호적 관계망이 형성되어 있다.

> 「미녀와 야수」는 인간을 동물적 측면(야수)과 정신적 측면(미녀)을 가진 이중적 존재로 보는 미숙한 견해에서 시작된다. 이처럼 부자연스럽게 분리된 인간성의 두 측면은 성숙의 과정에서 통합되어야 한다. 그래야만 완전한 인간성을 얻을 수 있다. 미녀와 야수의 결혼은 이 두 측면 사이의 해로운 단절이 치유된 것을 상징한다. 그들의 결혼은 또한 이기적이고 공격적인 성이 서로가 자발적으로 사랑하는 관계 속에서만 충족되는 성으로 완성된 모습을 보여주는 것이기도 하다. 야수는 미녀가 사랑을 고백할 때까지 기다림으로써, 진정한 만족이 자기중심적인 요구로부터가 아니라 상대방에 대한 배려와 헌신 속에서 얻어진다는 사실을 암시한다.[51]

인용 글을 참조해 보면 「미녀와 야수」의 상징적 의미를 더 깊이 있게 이해할 수 있다. 이와 같이 본래 이야기의 서사구조는 그것을 읽는 이로 하여금 당장 그 순간에는 이해하지 못하더라도, 내면에 새겨진 상징구조가 무의식에 작용하여 시간이 지날수록 자연스럽게 받아들이게 만드는 힘을 지니고 있다. 디즈니 애니메이션은 이러한 상징구조를 로맨스로 압축한다. 디즈니의 「미녀와 야수」가 보여주는 세계관은 헨리 지루가 지적한 것보다 훨씬 심각하다.

요정이 변신한 노파의 장미를 거절한 왕자는 '진정한 사랑을 모른다'는 이유로 저주에 의해 야수가 된다. 핵심적 상징에 해당하는 야수의 공격성과 야만성은 온데간데없고 예의 바르고 온순하며 어딘지 모르게 고독한 야수만이 남아 있다. 착하고 정직하며 효심이 지극한 미녀는 그런 야수를 안쓰럽게 여기고 야수에게 사랑을 가르쳐준다. 오히려 야수의 무례함은 '개스통'이라는 또 다른 마초적 남자에게로 전이된다. 근육질에 우락부락한 몸매를 자랑하는 가스통과 야수 그리고 미녀는 치열한 삼각관계가 된다.

또 애니메이션 속에서는 미녀의 아버지도 호들갑스런 발명가가 되어버려, 아버지와 야수 사이에는 아무런 의미 관계도 남지 않는다. 애니메이션 「미녀와 야수」는 털복숭이에 책이라고는 한 자도 읽지 않고 우락부락하며 제멋대로인 개스통과 결혼하지 않고 주체적 의지에 의해 야수를 선택하는 여성 인물을 그리려는 듯 보이지만 그런 의도는 허술하기 짝이 없다. 야수는 커다란 성에서 말하는 주전자와 움직이는 촛불과 같은 엄청난 수의 하인들을 거느리고 사는 권력자이다. 반면 '개스통'은 아무리 강렬한 남성적 성향을 지닌 우월한 존재라고 하여도 마을에 사는 천한 사람일 뿐이다. 주인공 미녀는 마을이라는 공간에서 모든 여자들이 부러워하는 잘 생긴 남자인 개스통을 거부하고 오히려 흉측한 괴물의 형상을 하고 있는 왕자를 선택한다. 자신의 여자를 야수에게 빼앗길 수 없다는 분노에 사로잡혀 산 속의 으리으리한 성으로 찾아가지만 야수에게 패배하고 마침내는 죽음에 이르게 되는 개스통의 운명은 처절하기까지 하다. 더군다나 그 모든 것을 물리친 야수는 진정한 사랑을 얻었다는 이유로 마법에서 풀려 흉측한 모습에서 아름다운 왕자의 모습으로 바뀐다.

애니메이션 「미녀와 야수」는 진정한 사랑을 찾아가는 여성을 그리는 것처럼 보이지만, 그 내면의 의미 속에는 신분상승의 욕구를 지닌 신데렐라와 같은 전형의 욕망이 가득 차 있다. 표면적으로 이 영화의 여성은 대단히 적극적으로 자신의 사랑을 완성하기 위해 노력하는 것 같으나 결과적으로는 야수로 변한 왕자의 여러 가지 호화롭고 환상적인 자기 현시에 수동적으로 끌려 다닌다. 로맨스의 삼각관계 속에서 본래 동화의 이야기 구조는 뒤죽박죽으로 섞여 초점과 방향을 모두 상실하고 있다. 마법에 의해 살아 움직이는 그릇이나 시계 그리고 촛대와 같은 인간화된 사물들이 쏟아놓는 수다와 그들이 만들어내는 화려한 이미지에 가려 깊은 상징적 의미는 찾아보기 힘들다. 어린 시절부터 왕자와 결혼하기를 막연히 꿈꾸는 소녀 벨의 전형적 소망이 펼쳐질 뿐이다.

❸ 색채의 마술적 상징성

1989년에 「인어공주」를 신호탄으로 1990년대에 디즈니 애니메이션이 전성기를 구가하게 되었던 원인은 크게 두 가지로 들 수 있다. 먼저 아이들의 정서에 호소하는 신비롭고 상징적인 색채를 개발하고 기술적으로 그것을 구현해내는 데 성공했다는 점을 원인 중 하나로 꼽을 수 있다. 이미 '로저래빗'에 관한 인용 사진에서 확인한 것처럼 자유자재로 그려내고 또 '칠

할 수 있는' 애니메이션은 잿빛에 잠겨 칙칙하고 어두운 회색 톤의 현실 세계 속 색채로부터 얼마든지 자유로울 수 있다는 점이 최대 강점이다. 더구나 디지털 기술의 발달로 인해 색채의 다양한 혼합과 변종이 가능해지면서 미묘한 색채간의 차이가 부각되었고 그것이 환기하는 감각적 느낌은 더욱 상징적이며 추상적인 방향으로 진화하였다.

어쩌면 디즈니 애니메이션 속 서사 구조가 단순해지는 것은 이처럼 감각적 요소에 치중함으로써 초래된 당연한 결과에 해당할지도 모른다. 선입견에 가득 찬 인간중심의 시각으로 상투적 로맨스를 펼쳐내는 「인어공주」와 「미녀와 야수」도 상징적 색채의 활용이라는 측면에서는 뛰어난 성과를 보여준다. 인간화된 사물들의 다양하고 풍부한 표정은 환상적이거나 불길하거나 흥겨움에 가득 찬 분위기를 상징하는 다채로운 색감에 의해 더욱 활기를 얻는다. 그 뒤를 잇고 있는 「알라딘(*Aladdin*, 1992)」이나 「라이온 킹(*The Lion King*, 1994)」, 「포카혼타스(*Pocahontas*, 1995)」 그리고 「노틀담의 꼽추(*The Hunchback of Notre Dame*, 1996)」와 같은 작품들에서 이러한 성향은 더욱 강화된다.

볼로시노프(Volosinov)는 개인의 사상이 언어에서 많은 영향을 받는다고 하면서 색채를 나타내는 언어를 통해 이를 설명한 바 있다. 그는 색채어의 수와 유형에 따라 각각의 언어 사용자가 지닌 인식과 표현이 다르다는 사실을 설명한다. 더불어 각 언어가 지니고 있는 색채를 표현하는 보편적 어휘의 유사성을 통해 언어적 혹은 문화적 보편성의 의미를 강조하기도 한다. 실제로 색채에 관한 어휘들을 살펴보다보면 각 언어를 사용하는 집단의 문화적 보편성과 특수성을 감지하기가 여러 측면에서 유용하다는 사실을 쉽게 알 수 있다.

파란 색깔의 예를 들어보는 것도 좋겠다. 파란 색깔에서 연상할 수 있는 상징의 무늬는 안정적이고 장기적이라는 감정과 유사하다. 그것은 기본적으로 붉은 색이 내포하고 있는 열정의 상징과 반대편에서 느리고 중후하며 성급하지 않은 종류의 느낌을 환기한다. 이러한 이유 때문인지 많은 사람들은 파란색에 관하여 친숙하게 느끼며 가장 편안한 색으로 꼽는다.[52]

보편적이라고 생각이 드는 색채만큼 문화에 종속적인 것도 흔하지 않다. 에바 헬러에 따르면 영어에서는 파란색이 정절과 특히 밀접한 관련을 맺고 있다고 한다. '정절'의 의미로 사용되는 'true blue'는 색과 감정이 하나로 녹아든 좋은 예이다. 영국에서는 파랑을 정절과 신의의 색으로 흔히 사용한다. 영국의 결혼 풍습에 따르면 신부는 'Something old, something new, something borrowed, something blue', 즉 오래된 것과 새 것 그리고 빌린 것과 파란 것을 혼수품목으로 준비해야 한다.

어느 색이나 마찬가지인 것처럼 파란색 또한 문화적 환경에 따라 보편성과 특수성의 진폭을 다양하게 표출하고 있다. 그 변화의 스펙트럼은 막다른 곳으로 그 상징적 의미를 성급하게 몰아넣을 수 없게 만든다. 실증적이고 과학적인 측면에서도 우리가 파랗다고 느끼는 것은 일종의 착란과 같다고 한다. 실제로 색깔은 거리에 따라 변한다. 과학자들에 따르면 붉은 빛은 멀어지면서 점차 파란 빛을 띤다고 한다. 맑게 갠 가을 하늘이 우리에게 환기하는 빛나는 파란색을 떠올려보자. 우리는 우주의 빛깔이 파란색으로 규정되지 않음을 익히 알고 있다. 우주를 향한 무한한 거리감 때문에 인간의 불완전한 시력은 하늘을 파랗다고 느끼게 만드는 하나의 가시적 착란을 일으키는 것이다. 무한함이라는 측면에서 그것은 종종 바다와 짝을 이루기도 한다. 앞서 언급한 파란색이 내포하는 상징적 의미의 근원은 여기에서 비롯되었다고 볼 수도 있겠다.

52 Eva Heller, 『색의 유혹』, 이영희 역, 예담, 2002.

물과 공기는 실제로 파란색이 아니지만 거리감이 무한대로 확장될 때 파란색을 획득하게 된다. 이때 제일 먼저 사라지는 색은 언제나 빨강색이라는 사실에서 파란색과 붉은 색이 우리에게 환기하는 느낌의 원인을 찾아볼 수도 있지 않을까. 파랑은 무한히 '투명'해질 때 갑자기 생겨난다. 연애에 있어서도 열정은 금방 식어 사그라지지만 오랜 시간과 공간을 지나치고 나면 안정적인 감정과 깊은 신뢰가 어느 순간 생겨 그 자리를 대신한다. 붉은 색이 사라지고 파랑이 생겨나는 이 신비함에 관하여 과학자들도 더 이상의 설명을 덧붙이지 못한다.

파란색이 지닌 무한함에 관한 상징은 낭만주의 문학에서 지칠 줄 모르는 그리움으로 형상화된다. 노발리스의 소설 속에서 푸른 샘물가 푸른 암벽 사이에 피어 있는 파란 꽃은 죽음까지도 넘어서는 삶과 사랑의 초감각적 상징이 된다. 극도의 순수와 궁극적인 그리움까지도 포함된다.

한국어는 파란색을 지칭하는 어휘로 '파랗다' 이외에 '푸르다'라는 어휘를 함께 지니고 있다. '푸르다'는 일반적으로 '맑은 하늘의 빛깔'과 같은 색채를 표현할 때 사용하기도 하지만 '풀의 빛깔'을 형용하거나 '서슬이 푸르다'와 같은 표현을 위해서 사용하기도 한다. '푸르다'는 영어로 표현한다면 blue와 green이 펼쳐놓는 스펙트럼의 어느 지점을 의미할지도 모르겠다. 이 독특한 어휘에는 한국인의 정신적 배경과 문화적 정서 사이에 유동하는 복합적 질감이 담겨 있다.

애니메이션이라는 서사물의 주요 장치가 언어가 아닌 보편 감각의 요소라는 사실을 일찍 깨닫고 언어 논리의 서사 구조보다 색채의 상징성을 하나의 보편 언어로 내세운 디즈니의 전략은 그대로 적중했다. 세계의 수많은 어린이들과 어른들은 막무가내의 이야기는 일단 제쳐두고 현란하게 펼쳐지는 색과 그림의 조화가 펼쳐내는 마술적이고 환상적인 감각 체험에 몰두하였다.

「알라딘」은 이슬람 사람들을 무서운 괴물처럼 그리며 명백한 인종차별의 태도로 일관하고 있지만 사람들은 투명한 마술적 푸른색의 요정 '지니'가 수십 번씩 모양을 바꾸며 늘어놓는 특유의 수다와 유머에 빨려들 듯 시선이 고정되어 그것을 인지할 겨를조차 없다. 자유자재로 변신하는 램프 속 연기로 이루어진 요정의 빛깔이 투명한 푸른색으로 표현되는 것은 그가 펼쳐내는 환상적 신비로움과 무한한 능력에 관한 상징적 의미를 부과하는 데 매우 적합해 보인다.

「라이온 킹」 또한 마찬가지이다. 초원과 정글을 무대로 하고 있는 이 작품은 각양각색의 동물들이 끊임없이 쇼를 펼친다. 그 현란한 이미지의 변환과 끊임없이 색을 바꾸는 화면구성은 그것을 보는 사람으로 하여금 넋을 잃게 만들기에 충분하다. 황금빛 갈기를 번쩍이는 푸른 눈의 사자는 짙은 갈색과 검은색이 섞인 털 무늬에 휩싸인 하이에나를 물리치고 왕국을 재건한다. 반대편에서 사자를 견제하는 하이에나의 목소리가 남미 원주민이나 흑인의 억양으로 표현되는 것에 주의를 기울일 틈을 주지 않는다.[53]

물론 동화의 구조에서 선악의 구도는 늘 명백하게 구분되어 있기 마련이다. 과거의 서사 속 인물들은 전형적으로 그려지는 경우가 많으며 동화 속에서도 그러한 경향은 마찬가지이다. 대개 아이들은 동화 속 선한 편에 속한 주인공과의 동일시를 통해 역경을 헤쳐 나가는 태도를 이해하며 그 외에도 삶의 여러 가지 이치를 부지불식간에 내면화한다.

그런데 서사구조를 단순화하거나 파괴하고 이성적 판단 능력이 결여된 아이들에게 감각적 환상만을 앞세우는 것은 편향된 이데올로기적 시각을 자연스럽게 심어주는 결과를 초래할 수도 있다. 영어를 배우겠다는 목적으로 번역되지 않은 영문 비디오 애니메이션을 수없이 반복해서 보고 있는 검은 머리에 어두운 피부색을 가지고 있을 수많은 제3국 어린이들의 내면에

---

[53] 애니메이션 「알라딘」과 「라이온 킹」에 대한 비판적 시각은 헨리 지루의 앞의 책을 참조하였다. 더 자세한 사항은 앞의 책에서 확인할 수 있다.

깊이 자리 잡게 될 끔찍한 인식을 떠올려보라.

❹ 바람의 무늬와 색깔

1995년에 제작된 디즈니 애니메이션 중 하나인 「포카혼타스」는 이미지나 소리와 같은 감각적 요소가 그려내는 판타지가 의미 있는 서사구조와 결합되면서 애니메이션과 같은 서사물이 보여줄 수 있는 표현주의적 상상력이 비교적 잘 드러나고 있는 작품이다. 「포카혼타스」는 미국의 개척 역사 속에 떠도는 실화를 바탕으로 제작되었다. 그 내막은 제임스 M 볼드윈에 의해 상세히 소개된 바 있다.[54]

인디언 추장의 딸인 포카혼타스는 개척이라는 명목 하에 그들 원주민의 땅을 침범한 백인 스미스와 사랑에 빠진다. 볼드윈에 의하면 실존하는 인물이었던 포카혼타스는 인디언 추장에게 잡힌 스미스가 처형당할 위기에서 그를 구해주었다고 한다. 이후 그녀는 제임스타운으로 납치를 당해 백인들의 문화에 놀랍도록 잘 적응하며 살다가 천연두에 걸려 생을 마감했다고 한다.

물론 이 작품에서 디즈니 특유의 제국주의적 시각이 완전히 제거된 것은 아니다. 「반지의 제왕」에 등장하는 오크의 외양이 그렇듯이 애니메이션 속에 등장하는 포카혼타스의 외양은 날카롭고 좁게 찢어진 눈과 분명한 각도의 턱 선으로 이미지화되어 있다. 또 작품 속의 포카혼타스는 마을에서 가장 용맹하며 모두의 부러움을 받는 남성인 '코쿰'과의 혼인에 관심이 없고 어딘가에서 나타날 신비로운 남자—왕자와 다름없는—를 기다린다. 「미녀와 야수」의 벨의 태도와 거의 다를 바가 없는 이러한 여성 캐릭터는 이후 다른 디즈니 애니메이션에서도

---

54 제임스 M 볼드윈, 『다시 읽는 50가지 유명한 이야기』, 인디북, 2003.
　　17번 이야기에 포카혼타스의 원래 이야기를 소개하고 있다.

끝없이 반복된다.

무엇보다도 포카혼타스는 침략자인 백인을 인정하고 그들의 문화를 옹호하는 상징적 존재이다. 그러니까 포카혼타스와 백인 군인인 스미스와의 행복한 로맨스와 결합은 그들의 논리에 순응했던 한 인디언의 모범적 사례와 같은 구실을 한다. 이와 같은 태생적 한계에도 불구하고 애니메이션으로 제작된「포카혼타스」는 자연을 파괴함으로써 개척한다고 말하는 서구 문명의 세계관과 그것을 인간과 동등하게 존재하는 구성물로 여기는 원주민의 세계관이 비교적 균형 있게 제시된다. 자연을 인간과 동일한 시선으로 바라보는 원주민의 관점에서는 천연색의 자연이 다양한 이미지로 변환되면서 인간과 어우러진다. 특히「colors of the wind」라는 노래와 함께 펼쳐지는 영상은 그 자체로 생동하는 색채로 표현된 사물들이 인간의 이미지와 자연스럽게 중첩되고 섞이면서 원주민들이 지닌 아름다운 세계 인식에 대한 묘사를 어떻게 추상적 이미지로 전환할 수 있는지를 절묘하게 보여준다.[55]

신비롭고 그 깊이를 형용할 수 없는 푸른빛을 뿜어내는 숲 속에서 포카혼타스는 자신들을 미개한 야만인으로 규정하는 스미스에게 그가 모르고 있는 '바람의 빛깔'에 관해 이야기한다. 바람은 가시적 감각체계를 통해 지각할 수 있는 것이 아니다. 그러나 이 장면에서 바람은 다채로운 색이 부여된 이미지를 통해 촉각을 벗어나 복합적인 감각—시각이 아니라 '복합적인 감각'이라고 한 것은 애니메이션에 실린 음악까지 고려한 발언이다—으로 전이된다.

숲 속에서 불어오기 시작하는 바람은 연초록빛 잎사귀로 형상화되어 가볍고 잔잔한 전주에 실린다. 다음 장면에서 그것은 포카혼타스에 의해 생명력이 환기되는 돌과 나무에서부터 번져 나오는 나비의 무리로 모양을 바꾼다. 바람을 형상화한 수많은 나비 떼의 색감은 숲의

---

55 이후의 글은 각주 46과 동일한 주소의 [3호]에서 동영상을 본 것을 전제로 쓰기로 한다.

푸른색에 영향을 받다가 순간적으로 역동적인 붉은 색이 섞이면서 보랏빛과 자줏빛의 중간 단계로 모호하게 변한다. 생기를 얻은 나비의 무리는 분위기 전환의 활기 있는 음악과 함께 붉은 빛의 노을이 가득한 하늘로 흩날린다. 푸른빛을 지닌 공간에 붉은 빛을 지닌 바람을 타고 달려온 포카혼타스가 겹쳐지면서 빠르게 휘돌아나가는 장면에서는 갖가지 색채가 명도와 채도를 달리하며 변화한다. 나아가 바로 다음 장면에서 급박하게 변주되는 음악을 따라 살아 있는 듯한 바람의 움직임을 빛나는 보랏빛에서 더 밝은 분홍빛의 사슴들이 대규모로 이동하는 이미지로 자연스럽게 연결시키는 장면은 마지막 부분에 총 천연색으로 다채롭게 색깔이 바뀌며 반짝거리는 나뭇잎들과 함께 연결되면서 그대로 이미지와 색채와 음악이 하나로 모여 근사하게 펼쳐내는 하모니가 된다.

땅은 죽어 있는 것이 아니며 당신이 밟은 땅은 모두 당신 것이 아니라고, 또 강과 왜가리와 수달은 모두 하나의 원, 커다란 순환 속에 얽혀 있다고 이야기하는 포카혼타스의 노래는 유명한 '시애틀 추장'의 연설문과도 연결된다. 그들의 땅을 사겠다는 백인들에게 왜 그들이 땅을 팔 수 없는지를 설명하는 방식을 통해 땅은 서로가 서로의 일부일 뿐이고 나아가 그들의 형제·자매이자 한 가족이라는 주장이 섬세하게 표현된 연설문은 「포카혼타스」에서 다음과 같은 노래로 변환된다.

> You can own the earth and still
> All you'll own is earth until.
> You can paint with all the colors of the wind
>
> — 「colors of the wind」 마지막 부분

‘바람이 품고 있는 모든 색깔을 그릴 수 있다’는 표현은 그 자체로 하나의 상징적 의미가 된다. 이것은 대지를 포함한 자연의 본성과 넓은 의미에서 하나가 될 때에야 비로소 그것을 소유할 수 있다는 의미이자 그것을 정복하고 다스리려는 관점이 결국은 거기에 속한 인간 자신을 파괴하는 것이라는 원주민의 관점을 비유적으로 표현한다.

나아가 애니메이션에서 이 표현은 이야기의 서사 구조 속에 상상력으로만 존재하던 가상의 것들을 다채로운 색채의 변환에 힘입은 이미지의 변신을 통해 구현할 수 있다는 의미로 이해할 수도 있다. 원주민들을 야만인(savage)으로 취급하며 그들의 문명이 얼마든지 자연을 정복할 수 있다고 믿는 백인들의 세계관은 상징적 차원에서 논리와 이성 혹은 기술의 진보라는 무기를 가지고 인간의 우월함을 자랑하는 문자 중심의 과거 세계관과 나란히 놓을 수도 있을 것 같다. 바람의 색깔을 그리는 것이 백인들에게 이해할 수 없는 일이듯 문자 중심의 서사에서 유동하는 복합적 감각의 중첩과 전이는 불가능할지도 모른다.

❺ 음악의 형식에 실린 이미지와 서사

1990년대에 디즈니 사를 전 세계 어린이들의 꿈의 공장으로 부각시켜준 또 다른 결정적 원인은 애니메이션에 뮤지컬의 형식을 도입했다는 점이다. 단순화를 무릅쓰고 말하자면 뮤지컬은 인위적인 미학적 표현 양식이다. 일반 사실주의적 연극이 인물들의 대사와 연기를 통해 극적 사실감을 유발한다면 뮤지컬은 대사를 노래로, 연기를 춤과 상징적 형태의 동작으로 바꾼다. 일상생활에서 사람들은 노래를 통해 대화를 나누지는 않는다. 넓게 보아 모든 극예술이 현실에 대한 소박한 의미의 재현이라면 뮤지컬은 음악적 요소를 부각시키기 위해 이와 같은

재현성을 희생시킨다.

이미 앞에서 화살표로 이루어진 도표(p.148)를 통해 이미지와 소리와 같은 감각적 장치를 통해 성립하는 서사물이 리얼리티와 판타지의 의미 지평에 어떻게 배치되어 있는지를 살펴본 바 있다. 실사 영화가 현실 장면을 사진으로 찍듯이 포착하는 것을 통해 사실감을 강화한다면 애니메이션은 그것을 그려내어 이차적으로 가공하는 속성 때문에 사실감의 의미도 달라지고 판타지의 구현이 더 용이해진다는 사실은 이제 쉽게 이해할 수 있다. 확인한 바와 같이 애니메이션은 현실 공간의 재현이라는 리얼리티가 강조되기보다 상상세계를 기술적 장치를 통해 '인위적'으로 재구성하려는 속성이 강화된다. 따라서 애니메이션에 뮤지컬의 형식을 도입하는 것은 영화 속의 효과음—그것은 때로는 실제로 녹음된 소리일 수도 있고 나중에 편집 과정에서 따로 만들어 덧붙인 소리일 수도 있다—과 같은 'sonic' 차원의 소리나 작품의 배경에서 분위기만을 조성하는 배경 음악(background music)의 차원을 벗어나서 순수 음악(music)의 리듬을 서사와 결합시키려는 적극적 노력에 해당한다. 뮤지컬은 '인위적'인 미학을 강조한다는 측면에서 애니메이션의 비재현적 상징성과 유사한 의미 지평에 놓일 수 있다.

뮤지컬은 흔히 오페라의 형식적 구성을 미국식 코미디로 연결시키면서 시작되었다고 이야기된다. 아리아와 레치타티보의 교환과 같은 방식으로 극적 구성을 노래의 형식에 담아 표현하려던 오페라의 방식을 차용한 뮤지컬은 대중음악을 끌어들이고 춤과 같은 역동적 움직임을 강화하면서 조금씩 자신의 양식적 특성을 확립한다. 이렇게 살펴볼 때 뮤지컬의 가장 중요한 특징은 역시 음악과 춤이 대사나 소리와 동작의 차원을 넘어서 극의 플롯을 형성하는 미학적 장치의 기능을 한다는 점이라 할 수 있다.

현대 뮤지컬에서 이러한 뮤지컬의 미학적 특성을 극명하게 드러내고 있는 작품으로 「노트르담 드 빠리(Notre-Dame de Paris)」를 예로 들 수 있다. 이 작품은 작품 전체에서 일반 사실주의적 연극의 연기상황과 대사를 거의 제거한다. 다시 말하면 극의 시작부터 끝까지 모든 플롯을 노래를 통해 구성한다. 대사가 없기 때문에 그것에 어울리는 재현적 동작도 불필요하다. 노래와 어우러지는 춤과 상징적 동작만으로 전체 극을 구성한다. 무대 장치도 마찬가지이다. 몽환적인 조명의 빛깔들 속으로 불쑥 솟은 이상한 석상들이 움직이고 암벽 등반 연습에 쓰일 것만 같은 사각의 구조물을 변화시키면서 빠리 노트르담 대성당의 성벽이나 감옥 등을 형상화한다. 작품 속 장치물들은 현실적 재현의 의도에서부터 고의적으로 멀어지고 창조적이고 추상적인 도상(icon)으로 재구성된다. 작품 속에서 실제로 이것이 어떻게 구현되고 있는지 시작 부분의 첫 곡에 해당하는 「대성당의 시대(Le Temps des cathédrales)」를 통해 잠깐 살펴보기로 한다.[56]

인류의 위대한 상징의 경전인 성서는 10의 총체적 의미를 보다 많은 실례를 통해 드러내준다. 구약의 시작이며 세계의 시작인 모세의 약속된 제국은 '십계'의 기반 위에 건설된다. 열 개의 계명은 하나의 세계를 구성하는 데 완전한 기반으로 충분하다. 가나안을 이어받은 솔로몬의 왕국에도 10개의 커다란 사제의 목욕용 대야와 10개의 식탁, 10개의 촛대가 있다. 그 외에도 10인의 처녀와 10달란트들이 성경에 반복된다. 10은 모든 문헌과 역사 속에 하나의 완결성으로 지속된다.

동양의 문화에서도 10은 완결의 의미를 보여준다. 10을 뜻하는 한자 '十'은 종횡의 길이가 같다. 이는 하늘과 땅 나아가 음과 양의 결합을 상징한다. 동서와 남북의 방위가 합쳐지는 중

---

56 각주 55와 마찬가지로 이후의 이어질 분석 내용은 각주 46과 역시 동일한 인터넷 주소의 [15호] 동영상을 본 것을 전제로 삼는다.

심 지점으로 종종 이야기되기도 한다. 흔히 알고 있는 ┼을 떠올려도 좋다.

10은 우주 전체의 완성이라는 상징적 의미의 자장에 놓여 있다. 모든 수를 포함하는 10은 모든 사물과 가능성을 상징한다. 10진법의 순환구조는 10을 완전수로 삼아 늘 1로 회귀하는 법칙을 보여준다. 이미 우리가 친숙하게 사용하고 있는 로마 숫자는 '10'이 하나의 완결적 단위라는 사실을 익숙하게 환기한다. 1부터 10까지의 개별 숫자는 고유의 이름을 지닌다. 그러나 그러한 고유성의 연속은 10에서 멈춘다. 10부터는 다시 이전의 1부터 10까지를 반복한다. 다음의 열 개의 단위도 마찬가지이다. 또 10은 여정의 완성, 기원으로의 회귀임을 고전 서사들도 보여준다. 그리스의 영웅 오디세이는 9년간 방랑을 하고 10년째 고국으로 돌아간다. 트로이는 9년간 포위를 견디다가 10년째에 함락되었다.

갑자기 이 이야기를 하는 이유는 작품 속에서 시인이 읊는 이 노래 속에서 시의 음률성과 노래의 음악성이 절묘하게 만나고 있다는 사실을 보여주기 위해서이다. 노래의 기본 구조는 10음보의 점층 방식을 취하고 있다. 끝없이 따라 올라가는 리듬의 상승을 작곡자는 완결된 구조로 마무리하기를 원했을 것이다. 10은 그의 욕망을 충족시키기에 더할 나위 없이 완벽한 수이다.

Il / est / ve / nu / le / temps / des / ca / thé / drales

이 구절은 후렴처럼 반복되며 노래 전체의 기본적 구성을 형성한다. 표시한 것은 실제 노래로 발현되는 음보에 따라 알아보기 쉽게 구분한 것이다. 노래를 들으며 확인해보라.

그러나 이 노래가 진정 시적인 리듬과 완결된 아름다움을 획득하는 것은 인용한 바와 같은 단순 점층에 의존하고 있기 때문인 것만은 아니다. 이러한 점층의 완결 구조를 기본으로 이 노래는 더 넓고 새로운 방식의 의미 완결을 향한 더 큰 구조의 점층법을 채택하고 있다.

① Il est venu le temps des cathédrales
   Le monde est entré
   Dans un nouveau millénaire
   L'homme a voulu monter vers les étoiles
   Ecrire son histoire
   Dans le verre ou dans la pierre

② Il est venu le temps des cathédrales
   Le monde est entré
   Dans un nouveau millénaire
   L'homme a voulu monter vers les étoiles
   Ecrire son histoire
   Dans le verre ou dans la pierre

③ Il est foutu le temps des cathédrales
   La foule des barbares
   Est aux portes de la ville
   Laissez entrer ces païens, ces vandales
   La fin de ce monde

Est prévue pour l'an deux mille
Est prévue pour l'an deux mille

우리 말 번역은 아래와 같다.

① 대성당의 시대가 왔네
세계는 새 천년의 시대로 접어들고
인간은 별을 쫓고,
유리와 돌에 그들의 역사를 새기는구나

② 대성당의 시대가 왔네
세계는 새 천년의 시대로 접어들었고
인간은 별을 쫓고
유리와 돌에 그들의 역사를 새기는구나

③ 대성당의 시대는 끝이 났네
수많은 추악함들이
파리 시문에 있네
이 이교도인들과 파괴자들이
시 문안으로 들어가게 하라
이 세상의 종말이
2000년에 예고되리라
2000년에 예고되리라

　노래는 이 세 부분의 반복을 통해 클라이맥스로 마감된다. 3개의 유사 구절이 점층적으로 반복되면서 변증법적 완결구조가 완성된다. 3의 창조적 '통합'의 의미는 '처음', '중간', '끝' 혹은 '과거', '현재', '미래'로 이어지는 원형적 상징성에서 유래한다. 아버지와 어머니가 만나서 자식이 생기는 생래적이며 본래적인 구조도 이러한 삼각구도의 의미를 보강한다. 많은 연애담이 '삼각관계'에서 출발하는 것도 마찬가지이다. 가장 안정되면서도 창조적인 에너지를 보여주는 구도이기 때문이다.

　말할 것도 없이 거의 모든 종교의 전지전능함은 이러한 구도 속에서 형성된다. 성서의 삼위일체는 고대 서아시아의 수많은 신화 속에 끝없이 삼위일체의 형상이 등장하는 것을 그대로 이어받고 있다. 이슬람교의 3인의 성처녀나 불교의 '三寶', 즉 불교를 구성하는 세 가지 기본요소인 부처와 부처의 가르침 그리고 승려 또한 마찬가지이다. 단군 신화에서도 '天', '地', '人' 삼재가 민족을 구성하는 원리가 된다. 심지어 현재 우리가 사용하고 있는 한글의 구성 원리도 여기에서 비롯되었다.

　새 천년의 새로운 세상을 맞이하는 가사 내용은 한 시대가 종말을 고하고 새로운 시대가 열리는 희망을 표출한다. 세기의 전환이라는 마침과 시작의 교차는 하나가 완결되는 의미인 동시에 새로운 것이 시작되는 역동적이고 창조적인 움직임의 의미와도 연결된다. 서사 구조 속의 이러한 내용적 의미는 극중 음유시인의 노래에 실려 전달된다. 10음보라는 점층적 완결성과 3이라는 고조의 역동적 구조를 통해 이 노래는 인간의 내부에 흐르고 있는 본원적 감각을 울린다.

　물론 이것은 하나의 구체적인 예에 불과하며 모든 뮤지컬의 음악이 이와 같이 정연한 형식

을 드러내는 것은 아니다. 각각의 작품들은 나름대로 그 자신의 고유한 내적 형식을 통해 음악의 형식을 서사에 결합시킨다. 그러나 극적 속성과 드라마의 상승 구조를 부각시키기 위해 「오페라의 유령(*The Phantom of The Opera*)」과 같은 세계적 명성을 얻은 뮤지컬의 많은 부분이 이와 유사한 점층적 상승 구조를 자주 사용하고 있다.

디즈니는 애니메이션에 음악적 요소를 부각시키는 작업에 이미 초창기부터 지대한 관심을 보였다. 실사 영화에서 이미지와 소리라는 두 가지 감각적 장치는 서사를 구성하는 중요한 두 축임에도 불구하고 상대적으로 음악의 요소가 덜 중요하게 여겨졌다면 디즈니 애니메이션에서 그것을 동등한 위치로 부각시켰다는 사실은 애니메이션 고유의 특성을 잘 살리는 것에 해당한다고 할 수 있다.

1964년에 디즈니 사에서 만들어진 「메리포핀스(*Mary Poppins*)」는 이미 「SUPERCALIFRA-GILISTICEXPIALIDOCIOUS」와 같은 노래를 통해 애니메이션 특유의 과장되고 빠른 움직임이 노래의 음률을 통해 표현될 수 있다는 사실을 보여준 바 있다. 그 외에도 다른 디즈니 애니메이션 속의 여러 노래들은 화음과 리듬을 다양하게 전환하면서 이미지가 환기하는 극적 느낌을 표현해내는 데 적극적으로 기능해왔다. 그러던 것이 1990년대에 들어서 비로소 뮤지컬적인 모습을 분명하게 드러내게 된 것 뿐이다.

「인어공주」의 'Part of Your World'나 「미녀와 야수」의 'Be Our Guest', 「알라딘」의 'A Whole New World'와 「라이온 킹」의 'Can You Feel The Love Tonight'을 위시한 수많은 영화 속 노래들은 영상의 감각적 체현을 돕는 차원을 넘어 독립된 음악 그 자체만으로도 대단한 성공을 거둔다. 심지어 극장 상영의 흥행 면에서는 전작들에 비해 다소 저조한 성과에 그친

「포카혼타스」나 「노틀담의 꼽추」와 같은 작품들도 그 음악의 인기를 통해 오리지널 사운드 트랙 음반판매와 노래를 따라 부르는 음반 그 외에 관련된 부가 상품으로 인한 수익이 어마 어마하다고 알려져 있다.

디즈니 애니메이션은 애니메이션이 가지고 있는 근본적 특성을 이와 같은 장치를 통해 개발하였다는 공적에도 불구하고 이후 「헤라클레스」와 같은 작품에서 영웅을 내세운 상투적 서사구조를 지속적으로 반복하며 개성적인 스토리의 탐사와 개발을 도외시하면서 몰락하기 시작한다. 비교적 균형 잡힌 관점으로 변모를 시도했던 「포카혼타스」와 빅토르 위고의 원작소설을 거의 그대로 차용하여 집시나 꼽추와 같은 소외된 계층의 희망을 그려내려 했던 「노틀담의 꼽추」가 순수 영화의 흥행에서 실패하면서부터, 편협한 인간 중심적 혹은 패권주의적 시각은 더욱 강화되고 신데렐라와 인어공주와 벨로 이어지는 여성 캐릭터의 계보 또한 더욱 공고해지면서 점차 사람들의 흥미를 잃어가게 된다.

(3) 곰이 되고 싶은 소년 이야기 : 「곰이 되고 싶어요」

❶ 곰과 인간의 변신 모티프

「곰이 되고 싶어요(*Drengen Der Ville VaeRe Bjorn, The boy who wanted to be a bear*)」는 2002년에 덴마크 감독인 야니크 하스트룹에 의해 제작되었다. 한국에서는 2004년에 개봉했는데 마침 비슷한 시기에 디즈니에서 「브라더 베어(*Brother Bear*)」라는 영화도 거의 동시에 개봉하였다. 디즈니 애니메이션에 관한 앞선 언급을 바탕으로 여러 모로 닮은 이 두 영화를 비

교해 보는 것도 애니메이션의 서사적 특성과 미학적 특성을 같이 살펴보는 데 좋은 방법이 될 수 있겠다. 두 영화의 모티프 그 자체는 마치 제작하는 양쪽이 미리 교감을 한 것처럼 닮아 있다. 곰과 인간 사이의 변신이라는 신화적 소재가 그렇고 자연과 문명의 교차라는 점 또한 마찬가지이다. 이 글은 변신 이야기의 양쪽 대칭을 이루는 두 영화의 꼭지점 사이에서 이야기를 전개해보려고 한다.

곰은 우리에게 무척 친숙한 동물이다. 물론 우리 고유의 반달가슴곰은 한반도에서 거의 멸종에 가까운 지경에 이르고 있다고 한다. 또 곰은 개나 고양이처럼 애완으로 키우는 사람도 거의 없다. 심지어는 몇몇 사람들에 의해 곰의 장기들은 식용을 목적으로 불법 매매되기도 한다. 특별한 이유는 없지만 곰은 아무래도 한국인에게 두렵고 사나운 공포의 동물이라기보다는 친근하고 신성한 이미지로 각인되어 있다. 곰은 우리 민족의 신화에 배경이 되는 동물이기 때문이다. 단군을 통해 쑥과 마늘을 먹으며 인내하여 마침내 사람이 된 동물, 한국인의 원형적 심상에 깊게 뿌리내리고 있는 동물이 바로 곰이다.

어쩌면 한국 사람들의 모습은 정말 곰을 닮았는지도 모르겠다. 자기표현을 아끼고 자신을 드러내는 것을 별로 좋은 미덕으로 여기지 않는 한국인의 무뚝뚝한 문화를 떠올려본다. 또 국가적 위기가 닥칠 때마다 말없이 묵묵하게 사재를 털어내는 한국인의 놀라운 국민성도 떠오른다. 우스갯소리에 불과하지만 이미지와 상징을 통해 무의식에 지속적인 생명력을 지니는 신화의 속성을 떠올려볼 때 곰이 우리의 신화 속 시조격인 동물이 된 것은 이와 같은 여러 가지 재미있는 상상을 가능하게 한다.

② 곰의 입장과 인간의 입장

두 영화의 모티프는 유사하지만 그것을 풀어가는 영화적 방식은 꽤 다르다. 한마디로 말해서 두 작품의 공통 모티프는 단군 신화의 역전이라 할 수 있다. 곰이 사람이 되고자 했던 이야기와 달리 두 작품 다 사람이 곰이 되는 변신의 모티프를 지니고 있으며 또한 곰의 입장에서 세계를 이해하고 관찰하고자 하는 관점을 유지하고 있다. 이러한 발상은 근간의 생태학적 발상과 맞물려 있다는 인상을 주기도 한다. 근대 이전의 인간 중심적 사고가 불러일으킨 수많은 부작용들 앞에 망연자실한 인간이 주목하게 된 것은 화합과 공존의 사고를 바탕으로 하는 신화적 이야기와 동양적 사고방식이다. 「곰이 되고 싶어요」는 에스키모의 전설을 바탕으로 하고 있고 「브라더 베어」 또한 인디언의 이야기로부터 시작하고 있다.

겉으로 드러난 모티프는 유사해 보이지만 실제로 내부의 서사는 전혀 다르다. 우선 「곰이 되고 싶어요」는 '곰이 되고 싶어 하는' 인간의 이야기를 다루고 있다. 사방이 얼음으로 뒤덮인 북극에서 엄마 곰은 늑대의 습격에 의해 새끼 곰을 잃는다. 엄마 곰의 슬픔을 달래기 위해 아빠 곰은 에스키모 부부가 집을 비운 사이에 그들의 어린 아이를 몰래 데려와 키운다. 우여곡절 끝에 에스키모 부부는 야생에서 자란 아이를 발견하여 집으로 데려오지만 아이는 끝내 인간적 삶의 양식에 적응하지 못하고 이들 부부는 아이를 곰의 무리로 돌려보낸다. 아이는 곰과 함께 지내는 동안 자신의 다른 모습을 견디지 못하고 끊임없이 곰이 되기를 원한다.

「브라더 베어」는 곰의 징표를 싫어하고 '곰이 되고 싶지 않은' 소년의 이야기를 다룬다. 주인공 소년 '키나이'는 곰 때문에 죽은 형의 복수를 하지만 죽은 형의 영혼에 의해 오히려 곰이 되어버린다. 곰이 되어 우여곡절을 겪으면서 소년은 비로소 형의 죽음이 곰의 탓이 아니며 곰은 자연의 섭리에 따라 자신의 행동을 했을 따름이라는 사실을 체득하게 되고 결국 다시 사람이 된다. 그러니까 엄밀히 말하면 이 영화는 곰을 싫어하는 한 소년이 일종의 형벌에 의해 곰이 되어버리지만 다시 '사람이 되고 싶어 하는' 내용을 담고 있다.

「브라더 베어」는 「포카혼타스」 이후로 다시 북아메리카 원주민을 내세워 자연과의 조화라는 주제의식을 내세워보지만 실제로 서사구조 속에서 더욱 철저하게 가족주의의 연장인 '형제애'를 끊임없이 강조한다. 가장 싫어하는 동물인 곰이 '되어버린' 소년 키나이는 인용한 사진 속의 모습처럼 자신의 모습을 어색하고 부자연스럽게 느낀다. 더불어 디즈니 영화에서 늘 감초와 같은 역할을 하며 주인공의 모험을 따라다니는 익살스런 조력자의 역할을 하는 두 마리의 사슴 '러트'와 '루크' 또한 인간과 흡사한 수다를 늘어놓는 것을 잊지 않는다. 총 천연색

곰이 되었지만 여전히 인간처럼 걷고 인간처럼 말하고 인간처럼 행동하는 소년 키나이의 모습은 마치 곰의 탈을 뒤집어 쓴 인간의 모습을 보는 듯하다.

단순히 하얀 배경에 검은 선으로 이미지를 표현하고 있다. 흩날리는 눈발 사이로 엿보이는 하늘의 색감이나 군데군데 번지는 붉은 빛이 마치 종이에 그린 듯한 느낌을 자아낸다.

의 화면은 상징성을 잃어버리고 기술적 구현의 다양성만을 펼쳐놓으며 필 콜린스의 전형적 팝 음악이 그저 배경에 작용한다. 뮤지컬 형식은 서사와 분리되어 플롯의 극적 긴장감을 이끌지 못하고 음악으로만 존재한다. 서사의 상투성은 주제를 알 수 없는 방향으로 몰아가고 음악의 형식적 구조는 갈피를 잡지 못하는 서사와 짝을 이루지 못한다.

「곰이 되고 싶어요」의 이미지들은 극히 단순한 선과 색채로 완성된다. 「브라더 베어」의 영상이 곰과 그 밖의 동물들의 모습에 인간의 모습을 투영함으로써 일종의 상징적 사실감을 부여한다면 「곰이 되고 싶어요」는 오히려 실제 북극에 사는 백곰의 생활양식과 행동거지를 단순한 움직임과 울음소리로 되살려내려 노력한다. 색채를 예로 들자면 「브라더 베어」가 인공적인 느낌이 강하다면 「곰이 되고 싶어요」는 자연적인 느낌이 두드러진다.

❸ 스타일과 서사

우리는 지금 대중적인 영화와 애니메이션에 관해 이야기하고 있다. 대중적인 영화에서 이미지의 표현 스타일이 인공적이라든가 자연적이라는 것은 가치 평가의 기준이 될 수 없다. 그것은 이미지를 조작하고 배치하는 주체의 전략적 선택의 문제에 해당할 뿐이기 때문이다. 그러나 온전한 서사물로서 표현 기법은 서사적 형태나 주제의식과 조화를 이룰 때보다 효과적인 의미를 생성한다. 무엇을 표현하고 싶은지를 결정했다면 그것에 어울리는 적절한 표현 방식을 찾아야 한다는 의미이다. 이 두 가지가 어울리지 않으면 관객은 작품에 '몰입'하기 힘들다. 거기에서는 대중적인 '재미'나 예술 작품으로서의 '감동' 그 어떤 것도 발견할 수 없기 때문이다. 애니메이션이 이미지와 소리라는 감각적 장치를 통해 서사를 구성하는 표현양식이

라면 서사적 맥락에서 발생하는 '주제의식'과 그것을 표현하는 '방식'이 어울리는지의 여부는 가장 핵심적인 사항에 해당한다.

음악의 대조적인 성향 또한 유사한 이야기를 하는 데에 적절할 듯하다. 「브라더 베어」의 작곡가 콜린스의 팝 선율은 역시 그 자체로는 실망스럽지 않게 아름답지만 첩첩산중의 대자연 속에서 신화적 인물이 탄생하는 와중이라면 아무래도 '자연스럽게' 아름답기는 불가능하다. 반면 신비로우면서도 가볍고 이국적이면서도 마술적인 「곰이 되고 싶어요」의 음악은 드문드문한 여백의 그림 속에 펼쳐진 설원과 빙하의 배경 위로 쉽게 스며들어간다. 그래서 마치 우리가 전설속의 어떤 장면 속으로 빠져들 것만 같은 울림을 마련해준다. 곰이 인간이 되는 어찌 보면 신성하고 불가사의한 신화적 순간에 흐르는 음악이 대중 스타가 공연장에서 만들어내는 음악 같아서야 아무래도 어울리기가 힘들다. 그렇다고 해서 「브라더 베어」가 조선시대 이야기를 현대적으로 뒤트는 코미디 장르도 아니다. 고의로 불일치를 유발하려는 성격의 영화가 아니라는 의미이다.

❹ 인간이란 어떤 존재인가

본격적으로 서사구조를 들추어보면 「브라더 베어」의 결말 방식은 좀 성급하고 갑작스럽다. 곰을 죽이고 곰이 되어버린 소년이 다시 인간이 되기 위해 떠나는 여행은 시련과 난관의 뼈대를 지니고 있는 듯 보이지만 실제로는 유쾌하고 즐거운 유머들이 가득하다. 계속해서 진행되는 곰과 인간의 대립은 잘 부각되지 않아 자연과 문명의 충돌에 대한 의미 있는 상징을 획득하지 못하고, 인간을 닮은 수많은 동물들이 팝 음악에 맞추어 한데 모여 춤을 추며 어물쩍

화해의 국면으로 진입한다. 여기에 앞서 언급한 디즈니 특유의 특성들이 그대로 배치되어 있는 것은 말할 것도 없다.

　반면 「곰이 되고 싶어요」의 갈등 국면은 치밀한 서사적 장치에 의해 극적 긴장을 유발한다. 물론 그것은 애니메이션의 시나리오가 된 동화의 영향도 간과할 수 없다. 기본적으로 이 작품은 자연 속에서 자란 인간이라는 '정글북'의 모티프에서 출발한다. 새끼 곰을 잃어버린 슬픔은 고스란히 아이를 잃어버린 에스키모의 슬픔으로 전환되면서 이 둘 사이에 갈등이 형성된다. 사람의 아이를 훔쳐서 키우게 된 엄마 곰은 끊임없이 자신에게 그 어린 아이가 인간이 아니라 곰일 뿐이라고 되뇐다. 인간의 아이는 곰처럼 걷고 행동하고 말하며 끝없이 곰이 되고자 노력하지만 신체 구조의 근본적 차이 때문에 쉽지 않다. 그래도 아이는 훌륭한 곰이 되기 위해 계속해서 물고기를 잡는 연습을 하고 늑대에게 잡혀 먹히지 않기 위해 빨리 뛰는 연습을 게을리 하지 않는다. 곰으로 자란 아이에게 엄마 곰이 하는 말은 완전히 아이가 인간이라는

인간에 의해 죽임을 당하기 직전의 불길한 분위기는 동굴 속의 검은 빛과 푸른 빛이 결합되면서 기묘하게 어두운 청록빛을 형성한다.

사실을 망각한 듯하다. "사람은 가장 포악한 동물이야"

프랑스에서는 녹색을 불행의 색이라고 믿는 미신이 있다고 한다. 실제로 많은 프랑스인은 녹색 자동차는 타지 않으며 프랑스인이 "나는 녹색이다(je suis vert)"라고 말하면 무척 화가 났다는 뜻이라고 한다.[57] 불길함은 그대로 현실이 되어 아이의 본래 아버지인 에스키모에 의해 엄마 곰은 죽음을 당하고 아이는 인간의 세계로 돌아가게 된다.

인간 세계로 돌아온 아이의 갈등은 오히려 본격적으로 전개된다. 자신을 곰이라고 여기고 싶어 하던 때는 비록 곰과 똑같아질 수 없다는 사실에 정체성을 혼란을 느끼기는 했지만 엄마 곰과 다른 소녀 곰의 따뜻한 보살핌에 의해 그것을 잘 극복해가고 있었다. 그러나 인간 세계 속의 다른 인간들은 그들로부터 아이를 배제하고 인정하지 않은 채 아이의 혼란을 더욱 가중시킨다.

자신의 정체성을 찾기 위해 아이는 '산신'을 찾아간다. 산신과 아이가 만나는 장면은 이 작품의 미술적 특징의 백미이다. 작품과 어울리게 '신'의 모습은 거룩하고 범접할 수 없는 신성함으로

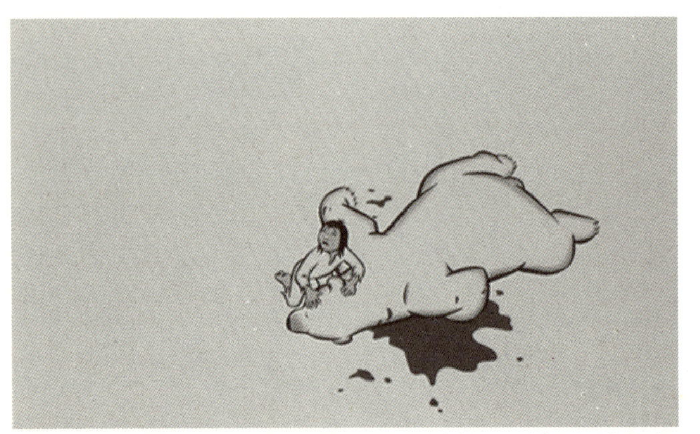

설원 위라는 사실은 작품의 전면에 드러나 있다. 그러나 그 공간은 아무런 무늬도 없이 새하얀 여백으로 처리함으로써 한쪽 부분에 붉게 찍힌 피와 그것이 상기하는 죽음의 느낌은 대조적으로 더 강렬하다.

[57] Eva Heller, 『색의 유혹 2』, 예담, 2002..

나타나기보다 다양한 모습으로 다채롭게 변화하며 이미지는 조용하고 단정한 화면의 이면에서 또 다른 즐거움을 선사한다. 밝음과 어둠, 신성함과 비속함이 그렇듯이 가장 진지한 갈등의 국면에 등장하는 신의 모습은 신으로의 신성성을 벗어버리고 웃음을 자아낸다. 이질적인 것들의 기묘한 어울림이라는 현대적 미학의 특징은 곰이 되고 싶어 하는 인간의 이야기와도 어울린다. 어쩌면 신성함이 만들어내는 공포는 인간이 만들어낸 것인지도 모른다. 자연은 우주의 섭리에 따라 작동한다. 때가 되면 비를 내리고 빛을 비춘다. 어두운 숲 속에 홀로 떨어진 인간이 느끼는 공포는 숲과는 아무런 상관이 없다. 숲은 그저 그곳에 있을 뿐이지 않은가.

이제 인간 소년은 진정 '용맹스런 곰이 되기 위해' 신의 말대로 시련을 겪는다. 단군 신화에서 인간이 되기 위해 마늘과 쑥을 먹으며 시련을 견딘 곰과는 전혀 정반대의 입장에 있다. 시련을 완수하고 결말 부분에 소년은 마침내 곰이 되어 설원으로 돌아간다. 에스키모인 부부도 소년이 이미 인간이 될 수 없다는 사실을 알고 그를 붙잡지 않는다.[58]

인간은 그야말로 건방지게 '당연히' 곰들이 사람이 되고 싶어할 것이라 규정한다. 오만하기 짝이 없는 생각이다. 정말로 사람이 되고 싶은지 언제 곰들에게 물어보기라도 했단 말인가. 만약 '사람이 되고 싶어하는 곰의 이야기'와 같은 사람들이 하는 말과 꾸며낸 이야기들을 곰이 들을 수 있다면, 어쩌면 그들은 정말로 코웃음을 칠지도 모르겠다. 세상을 다 주어도, 혹은 만물의 영장이 될 자격을 너희에게 주겠노라는 신의 임명적 권한이 담보되더라도, 아마 고개를 도리도리 내저을 것만 같다.

「곰이 되고 싶어요」 또한 마치 이러한 물음을 제기하고 있는 것은 아닐까. 인간으로부터 떨어져서 곰과는 같이 살 수 있지만 다시 인간과는 살지 못하고 결국 곰이 되어 자연으로 돌

---

58 결말부분의 장면은 각주 46에서 제시한 주소의 [2호]에서 확인할 수 있다.

아가는 아이의 자기 정체성을 찾아가는 시련과 갈등의 서사적 과정은 인간의 본원적 존재 가치에 관한 질문을 제기한다. 동시에 감독은 서사를 끌어가는 추동력을 단순하면서도 풍부한 상징적 이미지를 통해 작품의 처음부터 끝까지 긴밀하게 유지하고 있다. 또 이 작품의 유머는 그 서사의 중간 중간에 마치 시적 아포리즘처럼 자리를 잡고 탄생과 죽음 소멸과 회귀의 슬픔과 긴박감을 적절히 이완시키며 그 흐름을 조절한다. 낯익은 사고를 전환한 상상력의 상징적 표현은 관객에게 어렵고 복잡한 문제에 관한 질문으로 향하는 아름다운 통로가 된다.

(4) 남녀 관계에 관한 우화적 변주 : 「프린스 앤 프린세스」의 마지막 에피소드인 '왕자와 공주'를 중심으로

❶ 개구리 왕자 이야기

어린 시절에 동화책에서 흔히 읽었을 법한 '개구리 왕자'이야기를 떠올려보자. 대강의 줄거리는 다음과 같다. 연못가에서 공을 가지고 놀던 공주는 그것을 연못에 빠뜨리고 만다. 이때 흉측하고 징그러운 개구리가 나타난다. 공주는 옷이나 진주, 보석, 금관을 대가로 지불하겠다고 하며 공을 찾아주기를 원하지만 개구리는 그런 것들은 필요 없고 대신 공주와 함께 친구가 되어 같이 식사를 하고 같은 침대에서 잘 수 있게 해주기를 요구한다. 그러나 개구리에게 약속을 한 공주는 공만 돌려받고 성으로 돌아간다. 이때 개구리가 공주의 집으로 찾아와 약속을 이행할 것을 요구하고 왕은 공주에게 약속은 지켜야 한다는 엄밀함을 강조

---

59 Iring Fetscher, 『누가 잠자는 숲속의 공주를 깨웠는가―동화의 사회 철학』, 이진우 역, 철학과현실사, 1991.
이 책에서 페처는 공주가 가지고 노는 금빛 공(ball)에 관해 헤센주의 방언과 독일의 귀족들이 하던 성애의 행동 유형으로부터 흥미 있는 가설을 제시한다. 원래 그것은 '금으로 된 음경(phallus)'이었을텐데 그것이 이야기의 구전을 거치면서 '금으로 된 공(ballus)'으로 발음상의 유사성과 이야기를 듣는 아이들에 대한 고려로 인하여 변화했을 것이라고 추측한다.

하여 공주는 마지못해 더럽고 미끌미끌한 개구리와 함께 식사를 한다. 개구리는 이에 더해 같은 침대에서 자기를 요구하고 왕은 약속을 지키지 않는 공주를 더욱 나무란다. 어쩔 수 없이 개구리를 자기 침대로 데려간 공주는 마침내 감정이 격해져서 개구리를 벽에 내동댕이친다. 그러자 개구리는 놀랍게도 아름답고 친절한 눈을 가진 왕자가 되어 사실은 나쁜 마녀의 저주 때문에 개구리가 되었다고 설명한다. 공주는 왕자를 구원한 셈이 되고 왕의 뜻에 따라 둘을 결혼을 하게 된다.

어린 시절에 개구리 왕자의 이야기를 처음 읽고 쉽게 고개를 끄덕이지 못하고 많은 의문에 어리둥절해졌던 기억이 있다. 우선 공주가 금으로 만들어진 공을 가지고 논다는 사실이 너무나 이상하게 여겨졌다. 아무리 공주라고 하더라도 일단 금으로 만들어진 공을 어떻게 가지고 놀 수 있을지 이해하기가 힘들었다. 또 비교적 쉽게 이해가 되는 것은 공주의 아버지인 왕이 공주에게 연거푸 약속을 지키지 않는 것에 관해 질타하는 장면이었는데 다른 측면에서 미끄럽고 징그러운 개구리를 싫어하는 공주에게 같이 있을 것을 강요하는 것도 이상하게 느껴졌다. 개구리를 지나칠 정도로 경멸하는 공주의 태도도 어색했지만 공주의 심정을 이해하지 못하고 화만 내는 왕의 태도도 이해하기 힘들었다. 더불어 개구리가 왕자로 변하자 갑자기 그를 받아들이고 결혼을 하는 공주의 변화도 의아하기는 마찬가지였다.

이렁 페처는 이 이야기에 관해 소아적 나르시시즘을 지닌 미혼 여성이 그것을 극복해가는 과정이라고 설명하고 있다.[59] 개구리 왕자 이야기는 페처의 말처럼 진보적인 정치적 내용을 고려하지 않더라도 결혼할 때가 된 미성숙한 여성에 관한 보편적 상징으로서 쉽게 이해할 수 있다.

공주가 개구리를 미끄럽고 징그럽게 느끼는 것은 신분적 차이를 고려하지 않더라도 결혼

그 외에도 성 바깥의 어두컴컴한 숲에 위치한 연못에 사는 개구리는 '벌거벗은' 것으로 보이는 '서민 계층의 한 청년'으로 이해한다면 공주의 경멸감도 어느 정도 이해될 수 있다. 또 개구리가 '놀이 동무'인 친구이기를 원하다가 하필 공주의 침대로 자신을 데려다 주기를 원하는 것도 쉽게 이해된다.

하지 않아 성적으로 무지한 처녀가 성적 욕구에 가득 찬 남자를 바라보는 시선으로 이해하면 충분하다. 특히 자폐적인 성향이 강해 높은 벽이 둘러싸인 성 안에서 아버지(왕)의 품 안에서 자라온 여자(공주)라면 낯선 느낌의 개구리가 혐오스러운 것은 당연하다. 그러니까 개구리에 대한 외양묘사나 그것을 '더럽게' 여기는 공주의 태도는 성적 경험이 없는 여성이 성관계 자체와 그것을 요구하는 남성을 대하는 일반적 태도로 볼 수 있다.

한편 개구리는 공을 찾아주는 식으로 여성에게 친절과 은혜를 베풀고 그 대가로 '친밀감'을 요구한다. 그러나 그 친밀감이 거북한 공주는 이를 쉽게 용인하지 못한다. '있는 힘을 다해 목청을 높여 울어대는' 개구리를 뒤로 하고 성으로 돌아온 공주에게 아버지인 왕은 딸의 막연한 두려움과 공포를 해소해주기 위해 딸에게 약속을 지킬 것을 강조한다. 이때 왕의 명령이 단호한 것은 미성숙한 딸의 성적 장애를 극복시켜주기 위한 의식적 노력과도 같다.

아버지에 의해 딸은 조금씩 징그럽고 더러운 개구리와 '접촉'하게 된다. 가까운 거리에서 같이 식사도 하고 서로 접시를 밀어주기도 한다. 물론 이러한 친밀함의 과정 또한 여자에게는 떨떠름하게 느껴진다. 그리고 마침내 같은 침대에서 자기를 요구하는 개구리와 왕에게 떠밀리면서 공주는 폭발하고야 만다. 이 최종적인 폭발의 단계를 넘어서자 징그럽고 더럽게만 보이던 개구리가 왕자로 변하는 것은 이제 당연하게 여겨진다. 그렇게 두렵게 여겨졌던 성적 경험을 거치면서 여성은 자신과 상대방에 관해 '새롭게 눈을 뜨게' 되는 것이다.

❷ 동화의 현대적 변주

「프린스 앤 프린세스(*Princes And Princesses*, 1999)」는 총 6개의 짧은 에피소드를 모아놓은 작품이다. 그 중 마지막 이야기인 〈왕자와 공주〉의 내용은 '개구리 왕자' 이야기의 모티프를 빌려 현대적으로 비틀고 있다. 성벽 안에서 자폐적인 성향을 보이던 과거의 여성 인물은 이제 보다 적극적으로 변한다. 남녀 관계의 주도성 또한 평행적으로 바뀐다.[60]

인용한 부분은 각각의 단편적인 이야기로 구성된 영화의 맨 마지막 테마이며 또 가장 중심적인 테마라고 할 수 있다. 수많은 옛 이야기에서 '왕자와 공주'의 테마는 지속적으로 반복되어왔다. 그 전형성을 살짝 비틀어 현대적으로 해석한 유머는 '변신'이라는 애니메이션의 상상력과 기법을 통해 새롭게 태어난다.

먼저 시작 부분의 대사에 주목해보자.

- 자상한 공주님 / 멋진 왕자님
- 죽도록 사랑하오 / 영원히 당신을 사랑해요
- 당신을 위해 뭐든 할 수 있어요
- 세상에서 당신이 가장 아름답소 / 당신보다 더 멋진 남자는 없어요

그야말로 사랑에 빠진 남녀의 상투적인 대사들을 남발하고 있는 저 왕자와 공주의 상징성은 사랑하는 순간만큼은 그야말로 서로가 백마 탄 왕자와 내숭 가득한 공주이기를 원하는 모든 남녀를 대변한다고 할 수 있겠다. 그런데 문제는 바로 이 다음부터이다.

왕자가 공주에게 사랑의 '완성'을 위해 '키스'를 요구한다. 애니메이션이라는 구도 속에서는 불가피하게 '키스'라는 상징으로 드러나지만, 이어지는 공주의 발언이 '아직 결혼도 안했는데요'라는 사실을 고려해볼 때 여기에서 '육체적 관계'에 대한 암시적 파장을 읽어내는 것

---

60 논의의 대상이 되는 작품은 앞서와 동일한 주소(각주 46)의 [5호]에서 확인할 수 있다. 마찬가지로 이후의 분석은 실제 작품을 감상하였다는 전제를 바탕으로 한다.

은 자연스럽다. 온갖 감언이설로 키스를 요구하는 남성에게 혼전임을 강조하며 내숭을 떨던 공주는 마지못해 왕자의 요구를 들어준다. 그런데 왕자는 난데없이 개구리가 되어버린다.

여기에서 변신이야기의 상상력의 모태를 가늠해 볼 수 있다. 이미 우리에게 친숙한, 공주의 키스를 통해서만 저주에서 풀려날 수 있는 변형된 개구리 왕자 이야기도 알고 있다. 이 이야기는 개구리 왕자의 이야기의 발상을 약간 뒤틀어 차용하고 있다. 원래 이야기가 가지고 있는 여러 가지 함의들은 일단 잠시 유보해놓기로 한다.

'그럼 살짝만'이라는 낯간지러운 공주의 대사와 함께 키스를 받은 왕자는 개구리가 된다. 공주에게 개구리는 작고 미끌미끌하며 보잘것없고 징그러운 대상에 지나지 않는다. 왕자의 책임지라는 말에 공주는 당황하며 '연못가로 데려다 줄까요?'라고 말한다. 이제 이들에게 앞서 언급한 낭만적 대사는 온데간데없이 사라져버렸다. 성적으로 미성숙한 두 남녀가 온갖 사랑에 관한 이야기들을 통해 품고 있던 환상은 성적인 결합 이후에 혹은 결혼 이후에 완연히 감퇴되기 마련이다. 더 나아가서 성관계 이전의 남성이 점잖고 친절하며 예의를 갖춘 왕자와 같다면 그 이후에 남성은 거추장스럽고 제

「프린스 앤 프린세스」의 스틸 컷

멋대로인 이상한 개구리와 같이 변한다고 여기는 여성의 통념을 떠올려 보는 것도 좋다. 육체적 관계는 이처럼 그 이전의 관계를 완전히 다른 존재로 인식시킬 만큼 변화시킨다. 이처럼 변신 테마의 상징은 '관계의 기대 지평의 전복'을 암시한다.

❸ 관계의 전복과 역전

소스라치게 놀랄 만한 변화에 관해 양자가 서로 당황하는 것은 당연하다. 공주는 개구리에게 도저히 키스할 수 없다고 하면서도 어쩔 수 없이 다시 키스한다. 변해버린 남성에게 진저리를 치지만 성관계는 지속된다. 그리고 이번에는 공주가 애벌레로 변한다. 이때 개구리 왕자의 대사가 더욱 재미있다. 좀 전까지만 해도 그토록 키스를 원하던 개구리라는 자신의 처지를 망각하고 애벌레와는 도저히 키스할 수 없다고 돌변하는 것이다. 심지어는 '토할 것 같다'는 말까지 덧붙인다. 더불어 '혹 개구리가 된다면 모를까'라고 이야기한다. 그야말로 올챙이 적 시절을 모르는 개구리가 아닌가. 성관계 후 신비감이 사라지면 상대방이 달리 보이는 것은 여성에게만 해당되는 것은 아니다. 남성은 자신의 모습이 달라진 것은 이미 안중에도 없고 변화된 여성의 모습만을 탓한다.

그러나 이들은 '어쩔 수 없이' 또 키스를 하고 왕자는 다시 나비로 변한다. 앞서 언급했듯이 이 작품 속에서 '잦은 키스'가 연속되는 것은 이미 사회적 합의에 의해 성관계가 용인된 '혼인 관계'가 성립되었음을 암시하기도 한다. 따라서 아름답고 화려한 날개를 뽐내는 나비는 화려한 젊은 시절의 아름다움을 상징한다고 볼 수도 있다. 화원을 누비며 이 꽃에서 저 꽃으로 자유롭게 날아다니며 꿀을 따먹는 나비가 수많은 작품 속에서 젊은 남자의 속성으로 상징

화되던 것을 떠올려 보는 것도 좋다. 꽃과 나비는 수많은 서사물 속에서 남성과 여성의 상징으로 등장하여 이제는 그 상징적 의미를 상실할 지경에 이르렀다. 재차 키스를 통해 공주는 또 사마귀로 변신한다. 이때 다시 키스를 요구하는 공주에게 왕자는 '잡아먹지 않을 것'을 약속하기를 요구한다. 어느새 공주는 왕자를 잡아먹는 대상으로 변한 것이다. 이 또한 재미있는 발상이 아닐 수 없다. 우리 식으로 말한다면 '제 서방 잡아먹을 년' 정도가 이와 비슷한 맥락의 그물에서 파악될 수 있겠다.

다시 키스를 하고 왕자는 물고기가 된다. 물을 떠나서는 숨을 쉴 수 없는, 지상에서는 죽을 운명인 물고기는 키스를 통해 빨리 다른 대상으로 변하지 않으면 생을 마감할 수밖에 없다. 이때 키스는 일종의 '구원'의 의미를 지닌다. 보편적인 상징체계에서 여성이 '우물'이나 끝없이 솟아나는 '水源'으로 대치된다는 사실을 상기해보라. 이 꽃 저 꽃을 날아다니며 바람기를 자랑하던 남성은 어느새 물을 떠나서는 살 수 없는 물고기의 처지가 된다. 여성은 남성의 생명력을 지속시키는 존재가 된다.

이후에도 반복되는 키스에 의해 남성은 돌진하는 '코뿔소'가 되었다가 사냥개가 되고 또 코끼리로 변한다. '코뿔소'는 30대쯤의 남자들의 속성을 드러내기는 제격이라 생각된다. 미끈하고 우아하며 나름대로의 멋과 풍취를 풍기는 근사한 사냥개 또한 40대 정도를 드러내기에 깜찍하다고 여겨지며 행동이 둔해지는 노년이 코끼리 같은 비대한 대상으로 매개되는 것도 재미있다.[61]

이때 공주가 벼룩이 되어 사냥개에게 기생하는 장면 또한 놓칠 수 없는 즐거움이 있다. 벼룩은 사냥개에 기생하여 살아가는 존재로 뗄 수 없는 관계이지만 사냥개에게는 가렵고 귀찮

---

61 그림자와 같은 실루엣으로 만들어진 이 작품의 특성상 사냥개의 종류를 짐작하는 것은 쉽지 않다. 그러나 긴 허리와 짧은 다리, 땅에 끌릴 듯 늘어지는 배를 통해 닥스훈트와 같은 종을 연상해보는 것도 재미있다. 40대 정도가 되어 남성이 배가 나오고 아랫배가 처지기 시작하는 것을 고려해본다면 그야말로 깜찍한 상상력이 아닐 수 없다.

은 존재에 다름 아니다. 이러한 애증의 공생관계는 나이 든 연인의 관계를 절묘하게 포착한
다. 또 공주가 기린이 되어 다리 짧은 사냥개와 쉽게 키스할 수 없는 높이의 차이를 드러내는
것도 소통의 어려움에 대한 재치 있는 상징적 발상이 된다.

이 모든 과정을 거쳐 마침내 마지막 순간에 왕자는 공주가 되고 공주는 왕자가 된다. 남녀
의 위치가 바뀌는 것이다. 양자가 마주보고 있는 관계는 그대로이지만 서로의 역할은 완전히
역전된다. 이것은 그야말로 '입장을 바꾸어 놓고 생각해보라'는 오래된 말이 품고 있는 상징
과 다르지 않다. 장자나 성경을 비롯한 동서양의 모든 경전에 빠지지 않는 이 '관계의 역전'
은 오랜 관계의 전복과 변화와 고난을 통해 확보한 지극히 평범하면서도 중요한 하나의 전망
이다. 다른 말로 하면 남녀 사이의 이해는 이처럼 수많은 갈등과 서로 맞지 않음과 때로는 모
든 환상이 거세된 역겨움과 죽을 운명에 대한 극복을 거쳐 마침내 서로간의 완전한 입장 바
꿈에 이르러서야 온전히 가능하다는 이야기가 된다.

'입장을 바꾸어 놓고 생각해보라'는 말처럼 어려운 말이 또 있을지 한번 떠올려본다. 말일
때는 아주 쉽게 들리지만 실제로는 거의 불가능에 가깝다. 다만 이 말의 존재가치는 '입장을
바꾸어 보려는' 끊임없는 노력, 그 관계의 전복과 역전을 향한 태도와 열망에 대한 기대지평
에서 비로소 의미를 얻는다. 특히 남녀관계에 있어서 그것은 또 얼마나 중요하고 어려운가.
더불어 환상이 거세되고 난 뒤에 그것을 대체하려는 노력은 더욱 어려울 수밖에 없다. 때로
는 상대가 잡아먹는 대상이 되기도 하고 토할 것 같은 대상이 되기도 하지만 또 생명을 구하
는 존재가 되기도 하고 운명적인 공생관계가 되기도 하는 그 지난한 생의 여정을 같이 통과
해 갈 수 있느냐는 것이 중요하다.

❹ 아버지의 변용

사냥과 뜨개질이라는 남녀의 전형적 역할의 뒤바꿈에 대해 왕자가 절망하는 탄식을 들어 보라. 여기에 공주의 대사는 더욱 압권이다. "뜨개질은 배우면 되요" 물론 뜨개질은 배우면 된다. 남성이 뜨개질을 하지 말란 법은 없다. 의기소침해진 왕자에게 공주는 다시 일침을 놓는다. "왜 못해요, 나도 하는데"

아랫배가 쳐지기 시작한 개로 표현된 남성의 모습에서 그 나이쯤의 보통의 아버지를 떠올릴 수 있다. 이 작품에서 아버지의 존재는 전면에 드러나지 않지만 사냥개와 같은 동물을 통해 추측해 보는 것도 재미있다. 과거의 사냥개, 그러니까 권위주의 시대의 아버지는 숲을 누비며 가족을 위해 사냥을 한다. 그러나 처지가 완전히 뒤바뀐 오늘날의 왕자는 성에서 뜨개질을 해야 할 공주가 되어버린다. 이런 상황에서 왕자로 변한 공주는 공주로 변한 왕자에게 뜨개질을 할 수 있다고 말한다.

이때 여성은 더 이상 과거 권위주의 시대의 남성상을 요구하지 않는 변화된 존재이다. 과거 이야기 속에서 백설공주와 같은 여성은 계모를 인정해 주었어야 하는지도 모른다. 결혼한 아버지는 새 왕비와 부부의 관계를 맺었음에도 불구하고 백설공주는 계모를 인정하지 않고 아버지를 독차지한다. 계모가 부부간의 관계를 인정하지 않고 자신의 욕망 대상을 빼앗아가는 백설공주를 질투하고 미워하는 것은 이런 측면에서 이해할 수 있다. 더구나 백설공주는 어리고 눈처럼 희고 아름다우며 무엇보다도 왕이 이전에 헌신적으로 사랑했던 죽은 전 부인의 분신이 아닌가.

프로이트는 근본적으로 하나의 대상을 다른 둘이 욕망하는 삼각구도를 지적한 바 있다. 우리의 경우에 고부간의 갈등이 끊이지 않는 것도 마찬가지이다. 결혼한 자식을 끼고 도는 시어머니와 시어머니라는 다른 여성에게 집착하는 남편을 보며 부인이 시어머니를 좋아할 수 없는 것은 당연하다. 요컨대 이 대상들 간의 삼각구도는 근본적으로 비극의 씨앗일 수밖에 없다.

온전한 대상인 다른 남자를 찾지 못하고 아버지에게 매달리는 백설공주의 세계 인식의 틀 속에서는 남자들이 다 난장이일 수밖에 없다. 백마 탄 왕자를 기다리다가는 혼자 살 각오를 해야 한다. 현대 여성들이 원하는 자신의 짝은 권위주의 시대의 '아버지'가 아니다. 아니 아버지와 같은 존재가 되어서는 안 된다. 다른 말로 하자면 아버지와 같은 존재인 남자를 찾는 것은 주체적 관계를 스스로 파괴하는 것이다. 아버지와 같은 남자는 전형적인 사냥꾼이다. 그런 남자는 '절대' 뜨개질을 배울 수도 아니 자신이 뜨개질이라는 행위를 하는 것을 상상조차 할 수도 없다.

'아버지'의 대체물인 남자를 찾을 때 섹스도 불가능해진다. 이때 섹스는 하나의 근친상간이 되기 때문이다. 결혼이라는 사회적 약속을 통해서야 비로소 섹스는 의무적인 수단이 된다. 그러나 여성들은 섹스 이후에 개구리처럼 변화하는 남자들을 모른다. 아버지와 같은 대상을 원하는 환상의 장막을 벗겨내고 관계의 극단을 통하지 않고는 진정한 사랑을 체득할 수 없다. 고통스러운 입장 바꾸기의 단계를 모두 생략하고 과거의 아버지와 같은 영원한 왕자와 결혼하고 싶다면 그냥 혼자 지내는 편이 좋다. 그 순진함이 야기할 파탄의 파국은 생각만 해도 무시무시하다.

❺ 무채색 이미지들의 상징성

　이 작품은 과거의 종속적인 관계의 틀을 벗어나 수평적인 의미지평 속에서 남녀 관계를 상징적으로 재구성하고 있다. 이때 상징적 이미지를 구성하는 틀 또한 재미있다. 흔히 '그림자 기법'이라고 일컬어지기도 하는 이 애니메이션의 이미지 활용 기법은 매우 독특하다. 그러나 그림자라는 표현은 적절하지 못한 것처럼 보인다. 그림자라는 것은 어떤 대상이 분명히 존재하고 그것에 부수적으로 따라다니는 자취와 같은 것인데 이 작품 속에서는 대상 그 자체를 검게 표현하고 있기 때문이다.

　오히려 이 작품의 의도는 그려내고자 하는 대상으로부터 색채를 박탈하고자 하려는 데 있는 것 같다. 배경보다 대상에 뚜렷하고 다채로운 색깔이 입혀지는 각종 현대 이미지들과는 반대로 나아가 대상을 둘러싸고 있는 배경에 색깔을 두고 오히려 대상의 색채를 제거함으로써 그 대상에 부여하려는 각종 재현의 시도를 포기한다.

　대상에 색을 입힌다는 것은 어떤 색채로 구현되기를 원하는 재현 속성과 가깝다. 앞서 언급한 것처럼 이미지를 찍어내기보다 그려내는 기법적 특성을 지닌 애니메이션이 현실의 재현이라는 소박한 리얼리즘의 지평에서 오히려 판타지의 속성에 더 가깝다는 것을 언급한 바 있다. 이 작품은 이런 애니메이션 특유의 판타지적 상징성과 일반 영화보다 자유로운 추상적 표현성을 최대로 촉발하려는 의도로 오히려 대상에서 색을 지워버린다. 색채라는 욕망이 제거된 대상은 텅 비어 있는 채로 오히려 자유자재로 그 형상을 바꾼다. 마술적인 상상력은 이러한 기법을 통해 강화된다.

    이처럼 자유롭게 이미지를 다루는 기법은 서사의 비틀기, 즉 현대적 변용에 더욱 생동감을
불어넣는다. 어떤 대상이 이전에 품고 있던, 어쩌면 선입견에 해당할 수도 있는 재현 욕망에
서 탈피함으로써 과거의 이야기들은 완전히 새로운 감각으로 오늘의 현실에 맞게 재창조된
다. 검은 머리칼에 눈처럼 흰 피부를 지니고 커다랗고 까만 눈을 반짝이며 조신하게 행동하
는 백설공주가 〈왕자와 공주〉에 등장하는 관계의 전복을 요구하는 적극적인 여성이 되기는
불가능에 가깝다.

    이미지는 서사와 동떨어져 존재하는 단순 기술이 아니다. 이미지의 추상성과 상징성은 서
사의 다채로운 변용과 불가분의 관계에 있다고 해도 과언이 아니다. 디즈니 애니메이션이 과
거 서사구조의 자기중심적 반복을 되풀이할 수밖에 없는 이유도 그것을 다루는 기법의 변화
에 새로움을 모색하지 못하고 있기 때문이다. 기술이 발전할수록 삼차원 그래픽과 같이 대상
을 더 사실적으로 묘사하려는 첨단 기법이 발달하지만 그것을 서사적 구성과 동떨어져 생각
하기 때문에 구태의연한 작품에 머무를 수밖에 없다는 사실을 기억해야 한다.

5. 게임 속 가상 세계와 디지털 서사

(1) 컴퓨터 게임의 진화

MBC의 게임 전용 채널에서 게임 실황을 중계 방송하는 모습

고층 건물들 가운데 세워진 철골 구조물 사이로 휘황한 조명이 번쩍인다. 사방에서는 축포가 터지고 불꽃들이 피어오른다. 정 가운데에는 대형 전광판이 놓여 있고 각종 장식물들도 보인다. 커다란 스피커에서 터져 나오는 해설자의 흥분한 음성에 따라 여기저기 함성과 탄식이 교차되고 자욱한 연기 사이로 누군가가 나타나면 수만 관중들의 환호와 갈채가 도심의 밤하늘을 떠들썩하게 울린다. 마치 인기 가수의 라이브 공연이 펼쳐지는 공연장 같기도 하고 유명한 운동경기를 위한 특설 무대를 연상시키기도 하는 이 장면은 컴퓨터 게임 경기가 펼쳐지는 광경이다.

물론 이러한 장면은 일회적 특별 행사가 아니다. 이미 게임 경기는 프로 스포츠와 같이 단단한 체계를 갖추고 있다. 협회에 등록된 정식 선수들이 조직된 리그를 통해 매일 경기를 치르고 텔레비전은 이를 365일 중계한다. 10여 개가 훨씬 넘는 프로팀이 구성되어 있고 여기에 소속된 선수와 감독은 고된 연습과 실전 경기를 소화하느라 여념이 없다. 각 구단을 지원하는 스폰서들도 있고 텔레비전을 통한 중계의 시청률은 유명한 드라마 프로그램의 시청률 못지않다. 인용한 장면은 리그 예선 경기의 결산이라 할 수 있는 결승전 경기의 중계 실황이다.

심지어 게임 대회는 마치 월드컵이나 올림픽 경기와 같이 세계적으로 확산되고 있다. WCG(World Cyber Games)라는 일종의 '게임 올림픽'에서 각 나라의 게임 국가대표 선수들은 조국의 국기를 가슴에 달고 경기를 수행한다. 다양한 경기 종목들을 현장에서 관전하며 응원하는 사람들의 모습이나 아나운서와 해설자가 텔레비전을 통해 경기를 중계하고 해설하는 모습은 그대로 올림픽 경기와 같은 국제 스포츠 경기를 방불케 한다. 엠블럼이나 마스코트, 그리고 체계적인 조직 위원회와 경기 일정들이 모두 갖추어져 있다. 다만 일반 스포츠 경기와 다른 점이 있다면 경기를 치르는 선수들이나 관중들이 하나같이 컴퓨터의 모니터나 대형 전광판을 끊임없이 응시하고 있다는 사실이다.

과거 개인용 컴퓨터에 프로그램을 설치하고 혼자 즐기던 게임은 이와 같은 형태로 변모하고 있다. 수많은 사람들이 모여서 마치 스포츠 경기를 관람하듯이 게임 경기를 관전하고 자신이 좋아하는 선수를, 때로는 자신의 국가를 응원하며 긴장과 흥분, 초조와 감동을 경험한다. 그저 개인의 가벼운 놀이 방법의 하나에 지나지 않던 컴퓨터 게임이 이같이 바뀌어 많은 사람들의 감정을 동요시켜 집단적이고 거대한 사회적 움직임을 만들어내게 된 이유는 무엇일까. 게임의 어떤 측면이 이러한 광경을 가능하게 한 것일까.

(2) 컴퓨터 게임의 정의

컴퓨터 게임의 여러 가지 특성을 살펴보기 위해서는 우리가 대상으로 삼고 있는 것의 범주를 확정하고 개념을 정리할 필요가 있다. 우리가 일상적으로 사용하고 있는 '컴퓨터'라는 용어도 사용하는 사람에 따라 각각 그 의미가 다르기 때문이다. '컴퓨터'라는 말을 사용할 때 흔히 사람들은 개인용 컴퓨터를 떠올릴 수 있다. 그러나 우리가 다루고자 하는 '컴퓨터'의 범위는 '전자기술에 의해 게임이라는 형식의 프로그램을 구동할 수 있는 모든 기기'를 포함하므로 '컴퓨터 게임'이라는 용어를 사용할 때 '컴퓨터'의 범위는 '연산능력을 갖춘 모든 전자장치'로 확대하여 생각하기로 한다.

또 '게임'이라는 용어 또한 여기서 다루고자 하는 물리적 혹은 추상적 대상을 지칭하기에 그리 적합한 용어는 아니라고 생각된다. 'game'이라는 용어 그 자체의 뜻은 '놀이'의 번역 정도로 생각할 수 있겠다. 그런데 '게임'을 단순한 '놀이'의 속성만으로 취급하기에는 문제가 있다. 여기에서는 '게임'에 내재된 '놀이'의 성격에 초점을 맞추는 것이 아니기 때문에 '놀이'의 의미가 강하게 작용하고 있는 '게임'이라는 용어를 사용하기가 어렵다.

더불어 '게임'이라는 용어가 담고 있는 개념의 범주 또한 너무 크다. 거기에는 전자문화가 개입하기 이전의 과거 단순 게임들-카드놀이등-이 모두 포함된다. 우리는 '게임'에 나타난 '서사'의 양상을 과거와 비교하면서 살펴보려 한다. 물론 이러한 게임의 개념에도 물론 아주 단순한 서사는 존재한다고 볼 수 있다. 그러나 '가위 · 바위 · 보'와 같은 게임은 단순한 운에 따른 것으로 서사라 보기 힘들다.

따라서 우리는 하나의 이야기로서 비교적 온전한 서사가 담겨 있으면서 또 디지털적인 기술이 접목된 게임들로 논의의 초점을 좁혀야 한다. '게임'이라는 용어보다는 '디지털 서사'라는 용어가 더 정확하지만 '디지털 서사'라는 개념을 사용하면 현재 '게임'이라고 지칭되고 있는 것들 이외에 하이퍼텍스트 자체나 그 외에 또 다른 의미의 것들이 끼어들 수 있으므로 이러한 용어도 적절하지는 않다. 근본적으로는 문자 시대의 이야기로 구성된 사건을 서술하는 방식을 지칭하는 용어인 '서사'를 '디지털'과 결합하는 것도 적절하지 않은 것 같다. 이에 관한 논의는 간단히 해결될 문제가 아니므로 여기에서는 생략하기로 한다.

이야기를 내포하고 있는 일련의 디지털 형태로 구현되는 서사물들을 '컴퓨터 게임'이라는 용어로 지칭하며 그것을 우리의 논의의 대상으로 삼을 수밖에 없을 것 같다. 이렇게 정리해 보아도 여전히 '게임'이라는 용어가 내포하고 있는 '놀이'에 관한 속성이 강하게 작용하는 것을 부인할 수 없지만 초점을 분명하게 할 수는 있다.

(3) 컴퓨터 게임의 디지털적 특성

❶ 경쟁

로제 카이와는 놀이에 대하여 그것에 '규칙'이 있는지의 여부와 그것을 진행하는 사람의 '의지'가 작용하는지의 여부를 기준으로 놀이를 구분한 바 있다. 그는 이러한 원칙에 따라 모든 종류의 놀이를 아곤(경쟁), 알레아(운), 미미크리(환상), 일링크스(현기증)의 네 가지 범주로 구분한다.[62] 앞서 비유적으로 이야기한 바처럼 컴퓨터 게임은 스포츠의 형태나 특성과 유사

---

62 Roger Caillois, 『놀이와 인간』, 이상률 역, 문예출판사, 1999, pp.34-39.

한 방향으로 점차 변모하고 있다. 카이와가 분류한 것처럼 스포츠 경기는 '아곤'의 영역에 속한다. 여기에는 '일정한 규칙'이 반드시 먼저 존재하여 끝까지 변화되지 않고 유지되며 룰렛이나 경마와는 달리 '놀이 수행자의 의지'가 중요하게 작용한다.

경쟁의 요소는 일부 게임에만 드러나는 요소가 아니다.[63] 게임의 장르를 불문하고 모든 게임에서 나머지 요소들은 퇴보하고 점차 '경쟁'의 측면이 강력하게 강조된다. 심지어 단순한 카드놀이나 룰렛과 같은 게임도 온라인을 통해 확장되면서 경쟁의 요소가 전면으로 부각된다. 단계별로 성장과 완성의 과정을 겪는 테트리스와 같은 게임조차 온라인상에서 경쟁을 시키는 쪽으로 형태가 변화하고 있다는 사실은 좋은 준거가 된다.

'경쟁'이라는 개념은 디지털 서사물인 컴퓨터 게임에서 가장 중요한 요소이다. 한편 경쟁은 같은 놀이를 두고 실력을 겨루는 대상이 있을 때 비로소 성립 가능하다. 최유찬이 경쟁의 요소를 일부 컴퓨터 게임에 국한시키는 것은 온라인을 통해 이루어지지 않는 게임들을 설명하기 어렵다는 점이 가장 주된 이유이다. 그러나 더 넓게 보면 이러한 현상은 경쟁의 대상이 컴퓨터, 좀 더 정확하게는 컴퓨터의 인공지능으로부터 살아있는 인간으로 바뀌고 있다는 차이가 있을 뿐, 경쟁은 모든 게임에서 가장 중요하게 지속되고 있는 요소이다.

과거의 디지털 게임이 인간과 컴퓨터 프로그램과의 경쟁을 통해 서사의 진행을 완성시켰다면 현재의 게임은 각기 다른 인간끼리의 직접적 경쟁을 촉발한다. 인터넷을 통한 온라인 게임의 발달은 이러한 경쟁의식을 더욱 촉발하고 있다. 거꾸로 말하면 오늘날 게임 문화와 산업의 비약적인 발전과 성장은 인터넷을 통한 무한 네트워크의 확장과 정확히 짝을 이루고 있다고 할 수 있다. 게임을 통해 온라인상에 뚝 떨어진 사람들은 지루한 컴퓨터나 익숙히 보

---

63 본문의 견해와는 달리 최유찬은 경쟁의 요소가 일부 게임에 국한된 것이라 주장한다(최유찬, 『컴퓨터 게임의 이해』, 문화과학사, 2002).

아온 주변의 친숙한 사람들과의 경쟁을 넘어서 자신이 모르는 어딘가에 있을, 생김새도 사는 곳도 이름도 나이도 그 어떤 것도 예상할 수 없는 낯선 타인과의 새로운 경쟁을 꿈꾼다.

❷ 경우의 수

영화 「매트릭스」는 기계의 프로그램이 극도로 진화하여 인간을 지배하는 상상력을 보여준다. 인공지능은 인류의 영원한 꿈인 동시에 또한 공포의 대상이다. 기계를 진화시켜 인간의 지능에 육박하게 하려는 욕망의 이면에는 그것이 인간의 존재 자체를 위협할 수도 있다는 두려움이 내재되어 있다. 언젠가 그러한 상상력이 현실로 다가오게 될지 모르겠으나 현재는 아직 프로그램화한 인공지능이 인간의 상상력에는 크게 미치지 못하고 있다는 사실이 분명하다.

단순한 예로 바둑과 같은 게임을 상기해보는 것이 도움이 될 수 있다. 가로 세로 19개의 교차된 줄 위에 검은 돌과 흰 돌을 놓아 서로 간에 더 많은 포지션(집)을 획득하는 쪽이 승리하는 이 게임은 비교적 단순한 규칙 속에 놓여 있다. 그럼에도 불구하고 이것이 오랜 시간 동안 사람들에게 놀이로서의 재미를 인정받는 것은 교차된 19줄 위에 펼쳐질 행보가 지니고 있는 경우의 수가 무한하기 때문이다.

실제로 인공지능을 향한 인류의 꿈은 이미 여기에서 좌절된 바 있다. 인간보다 빠르고 정확한 연산능력을 지닌 슈퍼컴퓨터는 경우의 수를 넘어서는 창조적 상상력을 극복하지 못하고 이 게임에서 번번이 인간에게 패배한 바 있다. 한 때 프로그램화한 기계의 연산처리능력을 통해 인간의 지능을 뛰어넘어보려는 시도는 물거품이 된 바 있다.

스포츠 게임의 경우도 마찬가지의 성격이 크게 작용한다. 물론 경기의 승패는 점수에 의해

갈린다. 축구경기의 승패는 결과적으로 골을 넣은 숫자에 의해 갈리고 야구경기의 승패는 보다 많은 주자가 홈베이스를 밟는 것에 의해 결정된다. 그 외에 다른 스포츠들에서도 대개 승패를 가늠하는 기준은 점수가 된다. 스포츠의 존재 목적은 승패를 가늠하는 것이므로 점수는 스포츠에 있어서 결말의 역할에 해당한다.

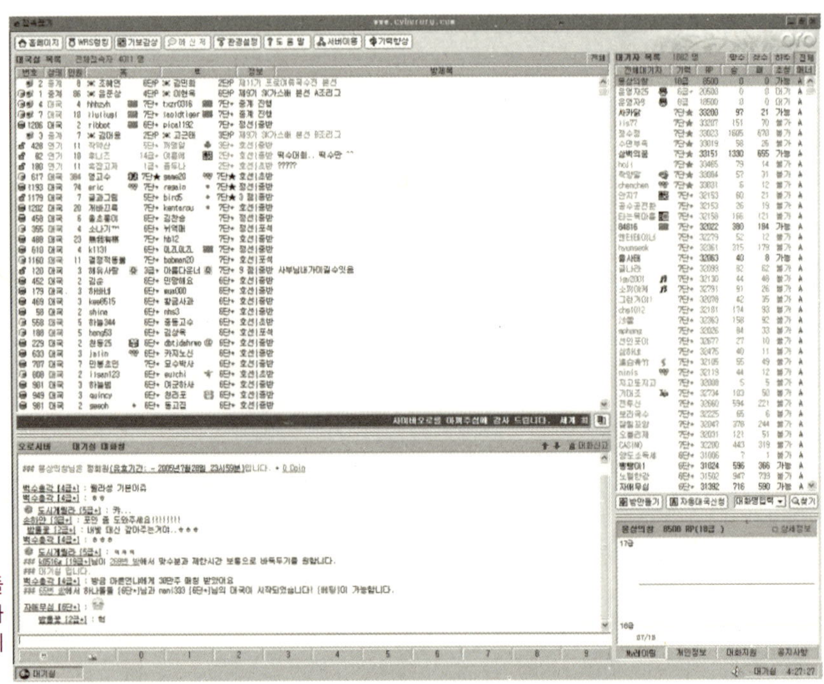

다양한 국가의 사람들이 온라인을 통해 바둑을 두기 위해 대기하고 있는 장면

그러나 스포츠 경기를 즐기는 사람들이 온통 그 결말에만 집중하는 것은 아니다. 바둑이나 스포츠 경기의 전개도 넓은 의미에서 서사에 포함시킬 수 있다고 잠시 가정해 본다면 실제 그것을 즐기는 사람들은 예상된 승패가 깨지는 과정 혹은 예상했던 승패가 그대로 결정되더라도 그것이 결정되게 되는 서사 과정 자체의 전개에 더욱 열광한다. 비록 자신이 응원하는 선수가 졌더라도 그가 창조적이고 새로운 플레이 방식을 보여줬거나 응원하는 팀이 게임을 운영하는 방식이 종래의 방식으로부터 벗어나 독특한 형태로 전개될 때 관중들은 더 많은 갈채를 보내기도 한다. 승패를 알기 위해서는 복권을 사고 다음날 신문을 보면 충분하다. 경기장에 가는 관중들은 승패를 넘어서 몇 명의 인간들이 그들의 육체와 지능을 통해 엮어내는 새로운 방식의 플레이를 보기를 기대한다.

이때 기억해야 할 것은 다변화의 가능성을 지닌 경우의 수가 완전히 우연의 영역에 속하는 것이 아니라는 점이다. 앞서 카이와의 분류에서 살펴본 것처럼 아곤의 영역에서는 규칙만큼이나 그것에 참여하는 사람의 '의지'가 중요하게 작용한다. 승패는 의지를 유지시키기 위한 목적이다. 승리를 위한 전략과 전술에서 다양한 방식의 서사가 발생한다.

❸ 온라인

오늘날 컴퓨터 게임이 이와 같이 융성하게 된 것은 인간끼리의 직접적 연결을 통해 경우의 수가 다양해졌고 그것이 치열한 경쟁을 촉발시키기 때문이라고 정리할 수 있다. 단적으로 말해서 지금 당장 게임을 즐기고 있는 수많은 사람들의 컴퓨터에서 온라인으로 연결되는 라인을 빼 버린다면 아마도 많은 수의 사람들이 게임에 더 이상 흥미를 느끼지 못하고 컴퓨터에

서 물러나 앉을 것이다.

　사실 이것은 단순히 컴퓨터 게임의 문제만은 아니다. 오늘날 컴퓨터를 통해 이루어지는 거의 모든 작업은 온라인상에서 교류가 가능하다는 전제를 바탕으로 성립하려는 경향이 있다. 전자메일을 전송하거나 단순히 다른 상대방과 채팅을 하는 것에서부터 시작하여 주식 거래를 하는 것이나 프로그램을 다운로드하고 설치하여 실행하는 모든 행위가 온라인에서만 가능하다. 마치 뇌의 한 가운데 코드를 연결하지 않고서는 매트릭스 안을 날아다니거나 현란한 움직임으로 요원들을 물리칠 수 없는 영화 「매트릭스」의 주인공 네오와도 같은 운명이라 할 수 있다. 한마디로 말해서 온라인으로 연결되는 코드가 뽑힌 컴퓨터는 이제 거의 그냥 고철덩어리와 다름이 없다. 사람들은 더 이상 '편리한 타자기' 정도로서의 컴퓨터를 용인하지 못한다.

　어떤 사람은 온라인과의 결합이 컴퓨터가 존립하는 근본 조건이 되어가는 것에 관해 부정할 수도 있다. 실제로 외부와의 접촉이 차단된 상태의 컴퓨터는 대단히 안정적으로 느껴질 수 있다. 라인이 끊어진 컴퓨터는 외부로부터의 어떤 침입도 허용하지 않기 때문에 어떤 종류의 컴퓨터 바이러스나 해커의 침입도 불가능하다. 단지 그것은 방 어딘가에 우두커니 앉아 직접 그것을 사용하는 사람과 일 대 일로 소통할 수밖에 없다.

　전자문화는 근본적으로 이러한 개인적 소통의 경향을 거부한다. 전자문화에서의 소통의 방식은 기본적으로 네트워크를 바탕으로 한다. 네트워크의 기획은 출발부터 방 안에서의 고독하고 오랜 시간을 요구하는 사고로부터 벗어나려는 적극적 노력에 해당한다. 따라서 문자뿐 아니라 영상 또는 어떤 이미지들을 총 동원하여 낯선 곳으로 그것을 전달하려는 자장이 그 안에 강력하게 작용한다.

이렇게 살펴볼 때 컴퓨터 게임의 진화 방식은 전자문화의 전체적 변화 양상을 그 어떤 매체보다도 즉각적으로 수용하고 있는 것처럼 보인다. '인간-컴퓨터' 혹은 '인간-다른 소수의 인간'의 교류와 경쟁 차원에 머물던 컴퓨터 게임은 전자문화의 융성과 함께 '수많은 인간-또 다른 수많은 인간'의 연결로 관계의 의미망을 확대한다. 컴퓨터 게임이 온라인으로 자꾸만 포섭되는 현상은 더 이상 그것이 모든 컴퓨터 게임의 한 부류나 종류가 아니라 전자문화를 바탕으로 하고 있는 컴퓨터의 본원적인 속성에 의해 규정되는 필연적 진화 과정이라고 볼 수 있다.

❹ 체험

앞서 컴퓨터 게임을 스포츠 경기나 라이브 공연에 비유한 바 있다. 컴퓨터 게임은 이들 행위와 유사한 속성을 많이 지니고 있지만 결국 육체적 움직임이 없다는 근본적인 차이를 지니고 있다. 그럼에도 불구하고 영화나 애니메이션과는 달리 컴퓨터 게임을 경기나 공연과 비교할 수 있는 것은 서사를 체험하는 '관중'의 역할이 유사하기 때문이다.[64]

집에서 텔레비전으로 운동 경기를 관람하는 것과 경기장에서 보는 것을 비교하여 생각해 보자. 같은 의미로 카메라를 통해 포착된 공연을 텔레비전이나 기타 미디어를 통해 보는 것과 실제 공연장에서 체험하는 것을 대조적으로 떠올려보자. 흔히 공연 예술은 관객이 만들어 가는 것이라고 한다. 이것은 관객이 공연에 관해 보여주는 반응과 태도에 따라 공연 예술의 질적이고 미학적인 발현 형태가 변화할 수 있다는 의미와도 같다.

우리 고유의 극적 예술 형태인 판소리의 경우 이러한 관객의 참여는 더욱 두드러진다. 관객의 추임새는 약간의 과장을 포함하면 판소리 공연의 성패를 가늠할 수 있는 요소라고까지 할

---

[64] 물론 이때 서사의 의미는 아주 소박한 정도로 시작과 끝이 있고 그 사이에 변화하는 스토리가 전개되는 최소한의 범주에 국한된다. 스포츠 경기나 라이브 공연의 경우도 이처럼 서사의 의미를 축소해 본다면 극히 최소한의 서사를 포함하고 있다고 볼 수도 있다.

만하다. 한편 운동경기에서 관중은 제3의 선수라고까지 거론되며 경기의 질적 변화에 영향을 미치는 중요한 요소이다. 2002년 월드컵에서 대한민국이 4강에 오르는 데는 여러 가지 재정적 지원을 통한 체계적 선수 육성과 유능한 감독의 지도력 등의 수많은 요소가 복합적으로 작용하였겠지만 펜스를 가득 메운 '붉은 관중'의 엄청난 응원도 중요하게 작용했다고 볼 수 있다.

이처럼 스포츠 경기나 라이브 공연 나아가 많은 현대 예술에서 수용자의 역할은 점점 강조되는 쪽으로 변화하는 경향을 보인다. 그렇다고 하더라도 앞서의 모든 서사물에서 관객은 서사에 직접 참여하여 자신의 의도대로 그것을 구성하기는 불가능하다. 서사의 세부를 바꾸기는 불가능하지만 서사의 흐름에 어느 정도의 변화를 초래할 수는 있다. 따라서 이때 서사를 바라보는 수용자는 단순한 관객의 의미를 넘어 체험의 영역으로 한 발 진입하게 된다. 물론 이때의 체험은 적극적인 의미의 '주체적 체험'이라 보기는 힘들다.

컴퓨터 게임이라는 서사물에서 체험의 요소는 간단히 규정지을 수 없다. 실시간 네트워크를 통한 관계의 확장이 수많은 경우의 수를 촉발하고 이를 바탕으로 수행자들은 서사적 내용을 만들어가며 서로 경쟁한다. 이는 '상호작용'이라는 측면과 게임이라는 서사를 만들어가는 '주체'의 문제와 결부되면서 복합적인 '체험'을 유발하기 때문이다.

영화와 애니메이션에 관해 이야기하면서 우리는 지속적으로 '미디어'와 '주체'의 관계에 대하여 논의해왔다. 게임의 서사가 오늘날 디지털적 특성을 드러내는 서사로 주목받게 된 가장 중요한 요인 중 하나는 소설을 포함한 이전의 모든 서사들이 서사 그 자체를 구성하는 창작자와 그것을 받아들이는 수용자가 분리되어 있었다면 게임이라는 형식의 서사 속에서는 그것이 혼합되는 양상을 보인다는 점이다. 따라서 컴퓨터 게임의 서사에서 체험하는 주체, 나아가 서사를 만들어 나가는 주체의 의미는 더 면밀하게 살펴볼 필요가 있다.

(4) 컴퓨터 게임의 서사

❶ 끝없는 이야기에 대한 환상

영화 「빅 피쉬」에서 아버지와 아들의 대립을 통해 이야기의 변화에 관하여 논의 한 바 있다. 아버지가 죽는다는 것은 곧 과거의 이야기 방식이 오늘날에 소멸한다는 것을 보여주지만 그런 아버지가 신비한 물고기가 되어 보이지 않는 곳을 늘 헤엄쳐 다닌다는 상징은 오늘날 이야기 속에 과거의 것이 드러나지는 않지만 여전히 생명력을 가지고 존재한다는 사실을 보여준다. 아들은 아버지의 이야기를 바탕으로 자신의 이야기를 만들어가고 또 그 아들의 아들이 그런 행위를 반복할 것이다. 이런 방식으로 이야기는 끊임없이 이어진다. 인간의 삶이 지속되는 한 인간을 배경으로 하는 이야기들 또한 끊임없이 지속될 수밖에 없는 것이 이야기의 운명이자 본질이라 할 수 있다.

오늘날의 서사에서 이야기의 무대는 인간의 세계를 초월한다. 서사의 시공간은 인간이 살고 있는 현실 세계를 넘어서 상상속의 환상적 공간으로 자유롭게 확장된다. 그러나 그 이야기를 만들어내는 주체가 인간인 이상 그 모든 환상의 공간과 그 안에 거주하는 사물들 또한 인간의 의식이 투영된 대체적 존재물에 해당한다. 「반지의 제왕」이 아무리 새로운 세계관에 의해 구성되었다고 하지만 난장이나 요정의 생김새와 행동양식을 포함한 가치관 전반은 그것을 창조해낸 인간의 시선에서 벗어날 수 없다. 완전히 새로운 형태로 존재하기를 원하는 인간의 소망

이 판타지의 세계를 구성하지만 그 판타지 공간 속의 사물들이 많은 경우 인간의 감정과 가치관에 따라 생각하고 행동하고 움직이는 것을 우리는 수많은 서사를 통해 경험할 수 있다.

이렇게 생각해볼 때 한 편의 소설이나 한 편의 영화와 같은 서사는 삶의 어느 부분을 잘라 놓은 형국으로 보일 수도 있다. 한 편의 작품을 창작한다는 것은 과거부터 현재까지도 지속되어 오고 있고 앞으로도 계속될 끊임없는 인간 삶의 포괄적 국면 중의 어느 한 장면을 종이 위나 혹은 프레임 안에 포섭해내는 작업과도 같다. 물론 그것을 변형하는 과정은 천차만별의 차이를 보인다. 각각의 이야기들은 아주 먼 미래를 배경으로 삼기도 하고 오랜 과거를 배경에 두기도 한다. 한 작품에 때로는 이 두 가지가 섞여서 나타날 수도 있다. 끊임없이 지속되는 삶의 모든 국면을 한정된 서사로 포착하기란 불가능하다.

끝없이 지속되는 서사는 이야기를 만들어내는 인간이 도달할 수 없는 영원한 꿈이다. 끊이지 않는 이야기를 만들기 위해 인간은 부단히 노력해왔다. 모든 서사는 살아있는 생명체와 같이 생성, 성장, 퇴화, 소멸의 단계적 변화를 포함한다. 따라서 어쩌면 끝없는 이야기를 만들기 위한 시도는 생성과 함께 소멸의 운명에 처한 인간이 그것으로부터 벗어나기 위한 몸부림이라고 볼 수도 있지 않을까. 세헤라쟈드가 하룻밤만 지나면 여자들을 모두 죽이는 왕으로부터 목숨을 부지하기 위해 천 하루를 계속해서 이어나갔다는 『아라비안나이트』는 이러한 서사적 속성에 대한 상징적 의미가 된다.

끝없는 이야기를 만들기 위한 인간의 소망은 늘 지속되어 왔다. 인터넷이라는 네트워크를 통한 하이퍼픽션의 발달은 이러한 가능성의 일면을 보여준다. 하나의 스토리가 하나의 플롯에 의하여 전개되는 것이 아니라 독자의 선택에 따라 여러 갈래로 다른 이야기가 전개되는 방식에 의해 이야기는 더욱 다양해질 수 있다.

컴퓨터 게임은 이러한 하이퍼픽션의 서사적 특성에 영화나 애니메이션의 주요 감각적 요소인 이미지와 소리를 결합시켜 구현하는 가장 진보된 기술이 집약된 서사물이다. 과거의 게임과는 달리 네트워크를 기반으로 삼고 있는 컴퓨터 게임은 수많은 잠재적 참여자를 바탕으로 거대한 이야기들의 집합체인 새로운 판타지적 세계를 창조하려는 경향을 보인다. 이 거대하고 낯선 세계 속에는 수많은 사람들이 동시에 참여하여 그때그때 이야기를 구성해나가고 그 이야기의 힘을 거대 세계는 존재의 기반으로 삼아 완성된다.

❷ 작가와 독자, 서사의 주체

최근에 출시된 블리자드사의 「월드 오브 워크래프트(*World of Warcraft*)」(이하 WOW로 통일)라는 게임은 지금까지 나온 컴퓨터 게임의 특성을 대다수 포함하고 있다는 점에서 전반적인 성격을 설명하기에 적절하다. 우선 이 게임을 처음 접하면 서사의 시공간을 이루는 세계의 방대한 스케일에 놀라게 된다.

「반지의 제왕」의 작가 톨킨이 만들어낸 새로운 세계를 바탕으로 이 게임의 공간도 마치 현재 세계의 대륙들처럼 거대한 몇 개의 대륙으로 이루어져 있으며 그 커다란 대륙의 공간은 또 작은 세부 공간으로 각각 나누어진다. 그런데 그 세부 공간은 '지도' 혹은 '맵'이라는 형태로서 네트워크를 통해 언제든지 프로그램 안에 추가될 수 있으므로 실제로 게임 속의 공간은 무한하다고 할 수 있다. 이것을 컴퓨터 용어로는 '패치(Patch)'라고 한다. 원래의 덧붙인다는 뜻처럼 현재의 컴퓨터 게임은 언제라도 새로운 서사의 시공간을 실시간으로 덧붙일 수 있는 시스템을 갖추고 있다. 프로그래밍에 의해 서사의 공간은 한정 없이 확장이 가능해지는 것이다.

이러한 특성은 비단 공간의 문제에만 한정되는 것은 아니다. 컴퓨터 게임 안에 포함되는 모든 자료들은 궁극적인 의미에서 무한하다. 무한한 자료들은 네트워크에 접속된 사용자들의 무한한 잠재적 선택과 결합하여 무한한 경우의 수를 발생시킨다. 이 경우의 수에 따라 서사의 세부는 그것을 결정하는 주체에 따라 모두 다르게 새로 구성된다.

우리는 앞서 영화의 서사에 관해 이야기하면서 '선택'과 '배열'의 문제에 관하여 이미 이야기한 적이 있다. 컴퓨터 게임에서는 서사적 구성요소의 '선택'이 그것을 체험하는 서사적 행위자[65]에게 달려 있기 때문에 '물리적'으로는 무한한 수의 서사가 발생하는 것이 가능하다.

그런데 흔히 컴퓨터 게임의 서사가 '완전히' 게임을 하는 행위자[66]에 의해 새롭게 창조되는 것으로 여기는 경우가 많다. 이는 독자가 곧 창작자가 되는 서사에 대한 환상과 지나친 의미부여가 초래한 오해다. 분명히 컴퓨터 게임의 서사는 그것을 받아들이는 수용자에 의해 결정된다. 다시 말하자면 컴퓨터 게임에서 서사를 만들어내는 주체는 '창작자'를 넘어서 '수용자'에게까지 확대된다. 이를 개념적으로 표현하자면 '수용 주체'라는 말이 가능할지 모른다. 그러나 보다 정확히 말하자면 컴퓨터 게임의 서사는 이전 서사의 창작자와 같은 개념인 '생산주체'와 그 기본 틀 안에서 세부 서사를 구성하는 '수용주체'로, 전체 서사를 창조하는 '주체'를 구분할 수 있다.

정리하면 컴퓨터 게임의 서사는 그것의 큰 틀을 짜는 '생산주체'와 그 안에서 그 세부의 내용을 만들어가는 '수용주체' 그리고 그 둘을 연결하는 '미디어'의 삼각 구도를 통해 형성된다고 말할 수 있다.

---

[65] 이 용어는 보다 세부적으로 검토할 필요가 있다. 게임에서 서사를 창조하는 주체는 그 이전의 서사물처럼 '작가와 독자' 혹은 스태프를 포함한 '감독과 관객'이라는 구분이 불가능하기 때문이다. 이어지는 다음 글에서 이를 구분해 보았다.

[66] 이를 일반적으로 '게임 player' 혹은 '게임 user'라고 명명한다.

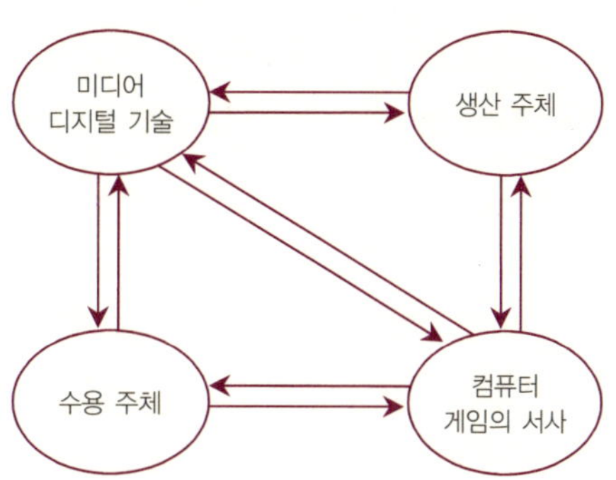

소설과는 달리 영화나 애니메이션은 서사를 구성하는 주체가 다양해진다. 연출자로서의 총감독과 카메라감독, 의상, 미술, 조명, 무대와 같은 다양한 분야의 제작 주체의 협력에 의해 서사물이 탄생하게 된다. 그러나 여기에도 관객이 개입할 여지는 없다. 관객의 의도는 그저 서사적 관습의 의미지평에서 연출자가 서사물을 구성하는 데 참조사항으로만 작용할 뿐이다.

그러나 게임은 그 기술적 특성에 의해 서사를 창조하는 주체에 서사를 체험하는 수용자가 포함된다. '포함된다'는 표현은 대단히 중요하다. 컴퓨터 게임의 서사를 완성하는데 서사를 진행하는 체험자가 곧 주체라는 식으로 등식화하는 것은 잘못된 생각이다.

다시 말하면 서사의 공간이 아무리 끝없고 자료들이 네트워크를 통해 무한하게 추가될 수 있기 때문에 세부적인 경우의 수가 아무리 무한하다고 하더라도 그것들이 지향하는 방향은 분명히 존재한다는 것이다. 이를 간과하는 것은 컴퓨터 게임 속에 내포된 디지털의 속성만을 부각시키는 환상에 불과하다.

이것은 매우 근본적이고도 중요한 문제이므로 다양한 예를 들어 살펴볼 필요가 있다. 우선 소설이나 영화 속의 '인물'과 컴퓨터 게임 속의 '캐릭터'를 비교하여 생각해보는 것은 이해에 지름길이 될 수 있다.

❸ 인물과 캐릭터

소설이나 영화와 같은 현대 서사에서 인물은 대단히 중요해졌다. 전래동화나 고전소설 속의 인물이 일정한 '전형'을 통해 구현되면서 플롯을 위해 그 성격의 상징적 의미를 희생한다면 현대 서사에서 인물의 독창적 성격을 만들어내는 것은 플롯에 의한 사건 전개보다도 오히려 중요하게 여겨진다.

근대 소설이 사람들을 현혹시키는 이상한 것에서 벗어나 인간 삶의 감추어진 부분을 폭로하고 구태의연한 가치를 위반하며 인간의 가치와 본질에 관해 반성하게 해 주는 것으로 추앙받게 된 데에는 개성적 성격을 지닌 인물의 역할이 크다. E. M. 포스터는 인물의 성격을 '입체적 인물'과 '평면적 인물'로 나눈 바 있다.[67] 평면적 인물은 서사의 전개 과정에서 일정한 성격을 지속적으로 유지한다. 반면 입체적 인물은 서사가 진행됨에 따라 성격이 변화하기도 하고 유지되기도 하면서 가변적이고 복잡한 양상을 보여준다.

많은 현대 서사물의 인물들, 특히 주인공들은 대개 입체적인 성격을 지니고 있다. 이와 같은 인물들의 돌연한 행동 때문에 그들의 행동을 지켜보는 독자나 관객은 놀라움을 느끼고 나아가 다양한 마음속의 감정 변화를 경험한다. 때로는 그들에 대한 연민을 느낄 수도 있고 극도의 미움을 느낄 수도 있다. 이러한 감정은 같은 서사 속에서도 복합적으로 나타날 수도 있

---

67 E. M. 포스터, 『소설의 이해』, 이성호 역, 문예출판사.

으며 서사를 경험할 때는 느끼지 못하다가도 이후에 실제 자신의 삶의 여러 국면과 겹쳐지면서 다른 느낌으로 변화될 수도 있다.

즉 현대 서사를 경험하는 독자나 관객들은 서사에 등장하는 허구적인 인물들이 처한 상황과 처지에 대하여 자신의 경우를 투영하여 비교하거나 대조해보기도 하면서 서사의 의미를 가늠하고 또 그 자신의 생의 의미 지평을 넓힌다. 현대의 독자들은 서사 안에서 상투적인 인물들이 상투적인 행동과 말과 가치관을 보여주는 것에 관해 지루해한다. 앵무새처럼 예상된 말을 반복하는 인물보다는 실제 세계의 자신을 대신하여 적극적으로 세계와 갈등을 일으키고 때때로 규칙을 위반하면서까지 자신의 본질이 무엇인지를 끊임없이 탐구하는 살아 있는 인물을 기대하기 마련이다.

물론 그 상투성의 차이는 서사적 관습에 익숙한 정도에 따라 달라진다. 유명한 평론가가 좋은 작품이라고 내세우는 것이 일반 사람들에게 호응이 없거나 일반 사람들이 좋아하는 영화가 평론가들에 의해 깎아내려지는 것은 다른 서사적 특성들도 원인이 되지만 인물의 상투성에 대한 서사적 관습의 차이의 영향도 상당하다.

컴퓨터 게임의 서사 속에서 자신을 대신할 인물을 선택하는 경우의 수는 대단히 다양하다. 다음 페이지에 인용한 그림 왼쪽 상단에서 보듯이 우선 크게 '호드'와 '얼라이언스'라는 종족을 구분해야 한다. 호드는 다시 오크, 타우렌, 트롤, 언데드라는 네 가지의 종족으로 구분되고 얼라이언스는 드워프, 노움, 인간, 나이프엘프와 같은 네 가지의 종족으로 구분된다. 그러니까 처음에 총 8가지의 종족이라는 카테고리에서 어디에 자신의 아바타를 위치시킬 것인가를 먼저 결정해야 한다.

　　종족의 선택 과정을 거치면 바로 아래에서 '성별'을 선택할 수 있다. 성별 선택 후에는 '직업'을 선택한다. 직업은 전사, 성기사, 마법사, 도적, 사제, 흑마법사, 사냥꾼, 주술사, 드루이드와 같이 9가지로 나눠진다. 각각의 종족과 성별 그리고 직업에 따라 아바타의 특성은 달라진다. 게임을 수행하는 데 있어서 아바타의 선택은 그 성격을 달라지게 할 수 있으므로 대단히 중요하다. 여기까지만 살펴보아도 아바타를 선택하는 경우의 수는 총 144가지로 확장된다. 여기에 화면 왼쪽 아래 부분을 보면 피부색, 얼굴, 머리모양, 머리색, 수염과 같은 특징적인 부분을 결정할 수 있는 메뉴가 추가된다. 머리 모양과 같은 각각의 특성을 변화시킬 수 있는 경우의 수가 대개 10가지를 조금 넘는다고 볼 때 하나의 아바타를 결정하는 경우의 수는 거의 무한대로 확장된다고 볼 수 있다. 즉 자신의 아바타가 네트워크에 연결되어 같은 공간에서 게임의 서사를 진행하는 다른 아바타들과

게임 「WOW」를 시작하기 전에 게임 진행을 대신할 캐릭터 혹은 아바타를 결정하는 모습

똑같을 확률은 그만큼 줄어든다고 볼 수 있다.

언뜻 보기에 이러한 경우의 수의 확장은 서사 속에 등장하는 인물을 대단히 다양하게 만드는 것처럼 보인다. 거의 불가능에 가깝지만 만약 이러한 경우의 수 속에서 똑같은 아바타가 생성되어 온라인상에서 만난다고 하더라도[68] 이들은 아바타일 뿐이므로 그것을 배후에서 조종하는 실제 인간의 의도에 따라 움직이고 행동하는 것이 달라질 것이므로 서사 속에서 똑같은 인물이 출현할 가능성은 제로에 가깝다.

여기에서 우리는 중요한 질문을 던져보아야 한다. 그렇다면 무한한 경우의 수가 가능한 아바타들은 제각각 모두 개성적인가. 혹은 소설의 용어를 빌려 입체적 인물이라고 할 수 있는가. 아무리 조합된 경우의 수가 다양하다고 해도 결국 각각의 종족과 성별과 직업에 따라 아바타의 특성은 제한되어 있게 마련이다. 바꾸어 말하면 아바타들은 제한된 특성의 조합 가능한 경우의 수에 따라 분화되지만 궁극적으로 전형화된 특성으로부터 벗어날 수는 없다. 남자 주술사든 여자 주술사든 혹은 오크의 주술사든 나이트엘프의 주술사든 주술사는 주술사로서 전형화된 특성을 벗어나는 행위를 할 수가 없다.

아바타의 성격을 전형화시키는 것은 '수용 주체'가 아니라 '생산 주체'이다. 그러니까 우리는 수많은 자료의 조합을 통해 어떤 특정한 아바타를 결정하여 서사적 국면에 참여한다고 믿지만 그것은 결국 전체 서사의 '규칙'을 설정하는 '생산 주체'의 전형화라는 '억압'의 조건으로부터 벗어날 수가 없다. 이것은 새로운 종류의 억압이다. 우리는 경우의 수의 마술에 홀려 자유로움을 획득했다고 생각하지만 우리의 아바타는 미리 부여된 규칙을 벗어나 진정 자유롭게 행동할 수가 없다.

---

68 실제로 온라인 게임의 동시 접속자—같은 시간에 같은 서사에 참여하는 사람—는 수천 명에서 수만 명에 달하기도 한다.

❹ 생산 주체와 규칙

우리는 컴퓨터 게임의 서사에서 전형화한 인물의 억압에 관하여 살펴보았다. 다양한 조합이 창출해내는 수많은 경우의 수는 마치 아바타를 고르고 선택하는 사람으로 하여금 진정한 개성적 아바타를 만들어내는 듯한 느낌을 자아내지만 그것은 결국 전형화된 틀 안에 존재할 수밖에 없다는 사실을 확인한 바 있다.

그렇다면 어떤 사람들은 다음과 같은 질문을 제기할 수 있으리라 생각된다.

> 지금 제기되고 있는 문제는 아주 세부적인 사항에 해당되지 않는가. 가령 종족을 더 확장하거나 직업을 무한대에 가깝게 만드는 작업을 통해서 충분히 해결될 수 있는 문제가 아닌가.

여기에 덧붙여 다음과 같은 질문도 가능할 것이다.

> 서사에서 중요한 것이 인물뿐인가. 전형화된 인물은 다른 형태의 서사물에서도 얼마든지 드러나고 있지 않은가. 또 비록 인물이 전형화되었다고 해도 그것을 배후에서 조종하는 인간의 의지에 의해 플롯이 다변화된다면 이는 무한한 서사로서 가치 있는 것이 아닌가.

질문에 관한 대답을 하기 위해 이남호의 다음과 같은 비유적 글을 참조하는 것은 유용한 통로가 될 수 있다. 이남호는『문자제국쇠망약사』라는 책을 통하여 '문자문화'와 '전자문화'라는 개념으로 현재 문화의 개념과 서사의 변화양상에 관해 이야기한다. 이 책의 머리말에 담긴 비유적 의미는 오늘날 새로운 서사양상과 나아가 총체적인 전자문화의 범람에 관해 간명하면서도 의미 있는 질문을 던져준다.

> 나는 문자의 들판에서 문학이라는 곡식을 먹고 성장했다. 거기에는 고독하고 개인적인 내면
> 적 사유가 있고, 하나의 선율로 흐르거나 몇 개의 선율이 화음을 이루며 흘러가는 아름다운 서
> 사들이 있고, 이성의 등불에 대한 사람들의 신뢰가 있었다. 세상은 불완전하고 당장 바뀌어야
> 할 그 무엇이었지만, 또 현실은 당위보다 힘이 세었지만, 그래도 선한 것, 아름다운 것, 진실한
> 것에 대한 대체적 합의와 존경 그리고 겸허하고 성실한 추구가 세상의 한구석에는 늘 있었다.
> 그런데 90년대 이후, 문자의 들판에 이상한 초목들이 자라나기 시작했다. 전자기술의 씨앗이
> 피워낸 꽃들이 만발했고, 예전과는 다른 종류의 나무들이 우거졌다.[69]

문학이라는 곡식이 자라나는 문자의 들판에는 '고독하고 개인적인 내면적 사유'가 있다.
구체적으로 이것은 서사에 있어서 '생산주체'의 문제와 결부된다. 과거의 서사 즉 구체적으로
는 문자로 이루어진 소설과 같은 서사에서는 그것을 생산해내는 주체가 고독한 개인적 내면
의 사유를 드러내는 한 사람의 작가에 국한된다. 영화나 애니메이션의 경우도 약간 사정은
달라졌지만 근본적으로 다르지 않다. 한 편의 영화나 애니메이션이 탄생되기 위해서 조명감
독과 의상 디자이너 그리고 미술감독이 같이 작업을 해야 하지만 그 모든 것을 선택하고 배
열하는 것은 총감독인 연출자의 몫이다. 감독은 이 모든 서사적 장치를 선택하고 배열하여
프레임이라는 자기 주관을 통해 걸러낸 다음에도 편집이라는 이차적 행위를 통해 다시 서사
물을 완성시킨다. 즉 이들 서사물은 감독의 주관적이고 개인적인 내면적 사유에 의해 많은
부분이 좌우된다고 볼 수 있다.

그러나 컴퓨터 게임의 경우는 사정이 다르다. '생산주체'와 '수용주체'가 엄연히 분리되어

69 이남호, 『문자제국쇠망약사』, 생각의나무, 2004, 서문.

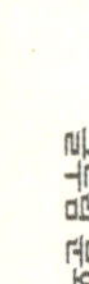

있기 때문이다. 컴퓨터 게임 속의 서사물은 소설의 작가나 영화의 감독과 같은 '고독한 개인의 내면적 사유'에 의해 구성될 수 없다. 여기에 '수용주체'의 참여가 더해질 때에만 서사는 완성된다. 그리고 수용주체의 범위는 네트워크를 통해 무한하게 확장된다. 더 정확히 말하면 컴퓨터 게임이라는 서사는 미디어라는 기술적 기반을 매개로 한 '생산주체'와 '수용주체'의 끊임없는 상호작용에 의해 늘 완성을 지향하는 상태에 머문다.

그런데 네트워크를 통한 '수용주체'의 무한확장은 컴퓨터 게임 속 서사에 '규칙'을 부여하게 만드는 근본 원인이 된다는 사실이 중요하다. 한 명의 개인이 서사를 구성할 때는 서사의 진행은 그 개인의 가치관과 사고방식에 따라 전개된다. 그러나 서사를 구성하는 주체가 여러 명이 되면 각각의 사람들에 따라 나름대로 서사를 전개하려는 생각에 차이가 날 수밖에 없다. 따라서 이들 모두의 생각을 수용하기 위해서는 일정한 '규칙'이 반드시 필요하게 되는 것이다.

모든 서사는 나름대로의 '목적'이 있다. 서사의 목적은 바로 서사의 '존재가치'가 된다. 아무런 전달하려는 것이 없는 이야기는 더 이상 이야기로서의 가치가 없다. 이야기는 전달을 목적으로 존재한다.

게임 서사에서 인물이 전형의 억압에 갇힐 수밖에 없는 근본 원인도 바로 여기에 있다. 인물이 전형화되는 것은 세부적인 특성이 아니라 '규칙'이라는 근본적 틀이 발현되는 하나의 현상에 해당한다. 가령 「WOW」에서 종족을 확장하거나 직업을 무한대로 확장한다는 것은 게임 속의 '규칙'을 파괴하는 것과 같다. 그런데 '규칙'이 없으면 서사는 서사로서의 '목적'을 상실한다. '도대체 무엇을 전달하려고 하는 것인가'와 같은 문제가 제기될 수밖에 없다. 「WOW」에서 전사와 도적과 주술사는 다 나름대로의 존재 목적이 있다. 여기에 갑자기 의사나 예술가나 거지를 추가시킨다고 해서 원래 게임의 목적에 부합할 수는 없다. 그렇게 만들기 위해서는 게임의 큰 틀을 새로 짜서 의사나 예술가 혹은 거지가 제 역할을 할 수 있는 근거를 마련해 주어야만 하는 것이다.

실제로 「WOW」는 이러한 경우의 수를 가장 다변화하는 데 초점을 맞추고 있다. 앞서 언급한 바와 같이 가장 큰 분류에 종족의 구분이 있으며 각 종족에는 또 여러 가지 직업이 분류되어 있고 각 직업에 따라 게임 속에서 사용하는 전문기술과 또 게임을 진행하면서 획득하게 되는 보조기술까지 도입함으로써 캐릭터의 수많은 형태의 변화가 가능해진다.

네트워크를 통한 '수용주체'의 무한 확장은 그것을 통제할 수 있는 '규칙'을 유발하는 동시에 이 '규칙' 때문에 '경쟁'이 발생한다. 게임이 지닌 어떤 '목적'을 성취하기 위해 그것이 구현되는 서사에 참여한 사람들은 정해진 '규칙'에 따라 '경쟁'을 할 수밖에 없다. 「삼국지」와 같은 게임은 중국 대륙을 통일하는 것이 목적이며 「인디아나 존스」와 같은 게임은 성배를 찾는 것이 목적이다. 게임의 참여자는 그 목적을 성취하기 위해 여러 가지 규칙들을 지키며 서사를 진행시켜야 한다.

한편, 최근의 수많은 게임들에서 서사의 목적은 변화하고 있다. 이미 앞에서 게임의 서사가 온라인을 통해 구현되는 것이 일부 현상이 아니며 전자 문화의 근본적인 속성에 의한 필연적 결과라는 사실을 언급한 적이 있다. 실제로 「삼국지」와 같은 게임도 네트워크로 이동하였으며 단순한 자동차 경기 게임이나 바둑 혹은 도박과 같은 종류의 게임조차 온라인으로 포섭되고 있다는 사실을 통해 확인할 수 있다.

이러한 와중에서 과거의 컴퓨터 게임이 일정한 배경 스토리를 지니고 그 안에서 정해진 서사를 완성하는 방향으로 진행되었다면 이제 게임에서 배경 스토리는 더 이상 중요하지 않고 오히려 게임 서사의 흥미 요소였던 각각의 캐릭터의 성장과 대결이라는 경쟁요소가 아예 서사의 존재 목적이 되는 경우가 늘어나고 있다. 「WOW」라는 게임 또한 마찬가지이다.

네트워크를 통한 주체의 무한 확산이라는 디지털의 특성은 마치 겉으로는 플롯을 다변화하는 것처럼 보이지만 오히려 서사가 전달하려는 것, 즉 서사의 존재 가치를 휘발시키고 플롯에 등장하는 인물의 성장과 경쟁만을 부각시킨다.

❺ 영웅으로 성장하기 위한 욕망

게임의 전자 문화적 성격—보다 근본적으로는 네트워크를 통한 참여자의 무한 확장이라는 디지털적 특성—은 근본적으로 영웅적 서사의 전형성을 더욱 강조할 수밖에 없다. 인터넷을 통해 서사에 동참하게 되는 수많은 아바타들은 처음에는 동등한 능력을 가지고 출발한다. 그러나 이들은 그 가상의 공간에서 수많은 역경과 고난을 거치고 경쟁하면서 '레벨 업(level-up)'된다. 새로운 세계의 모험을 겪는 영웅이 끊임없이 성장하는 구조가 '경쟁'이라는 체제와 결합되면서 보다 분명한 방식으로 정착된다. '레벨 업'은 단순 성장이 아니다. 단계별로 영웅들은 세분화하여 진화한다. 현실 생활 속에서 불가능한 잊혀진 신화 속 영웅의 성취 욕망은 이러한 서사 구조 속의 가상적 아바타에 의해 대리 충족된다. 온라인 게임은 스포츠적인 '경쟁'의 바둑과 같은 다변한 경우의 수를 가능하게 만든다.

앞서 살펴본 바와 같이 수많은 캐릭터들의 특성은 다르지만 그들이 향하는 방향은 다르지 않다. 위의 조건대로 플레이어는 자신의 아바타를 결정한다. 그러면 수많은 사람들이 동시에 존재하는 네트워크의 어느 공간에 갑자기 '뚝' 떨어진다.

　거대한 나무가 있는 어느 숲의 한 가운데에 서 있는 아바타는 마치 새로 태어난 인간이 그렇듯이 별다른 능력이 없이 무기력하다. 오른쪽 상단에 원형으로 표시된 것은 아바타의 현재 위치를 좀 더 넓은 시각에서 보여준다. 노스샤이어 계곡이라는 공간은 게임 속의 전체 공간 중에서 아주 작은 한 부분에 해당한다. 게임의 전체 공간은 그야말로 방대하여 아래와 같이 거대한 두 개의 대륙을 상정하고 있다.

처음 게임을 시작하면 이와 같이 아무 능력도 없는 초라한 아바타가 숲 속의 어느 곳에 갑자기 생성된다.

처음 형성된 아바타가 할 수 있는 일은 거의 없다고 해도 과언이 아니다. 게임을 진행시켜 나가는 플레이어들은 이 방대한 공간에서 여러 가지 경험을 하면서 아바타를 성장시킨다. '미션' 혹은 '퀘스트'라고도 하는 '임무'들을 수행하면서 플레이어는 자신의 아바타가 새로운 기술을 습득하기도 하고 특정한 능력을 발휘하게 되는 '변화'를 경험한다.

한편 이러한 '성장'은 반드시 혼자서 겪어내야만 하는 것은 아니다. 어떤 '퀘스트'를 수행하기 위해서는 네트워크상의 여러 사람과 함께 협력하지 않으면 불가능한 경우도 있다. 또

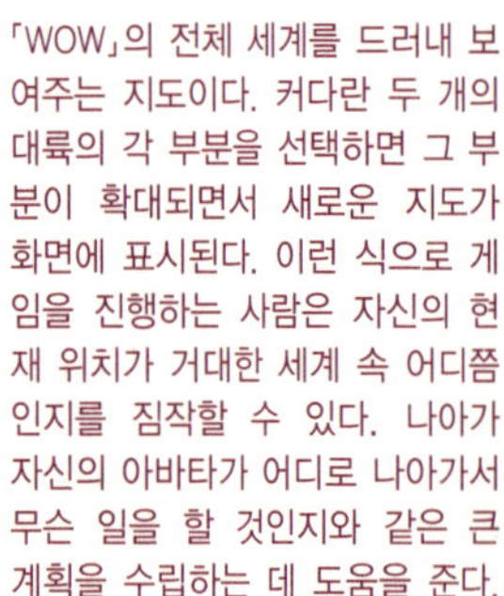

「WOW」의 전체 세계를 드러내 보여주는 지도이다. 커다란 두 개의 대륙의 각 부분을 선택하면 그 부분이 확대되면서 새로운 지도가 화면에 표시된다. 이런 식으로 게임을 진행하는 사람은 자신의 현재 위치가 거대한 세계 속 어디쯤인지를 짐작할 수 있다. 나아가 자신의 아바타가 어디로 나아가서 무슨 일을 할 것인지와 같은 큰 계획을 수립하는 데 도움을 준다.

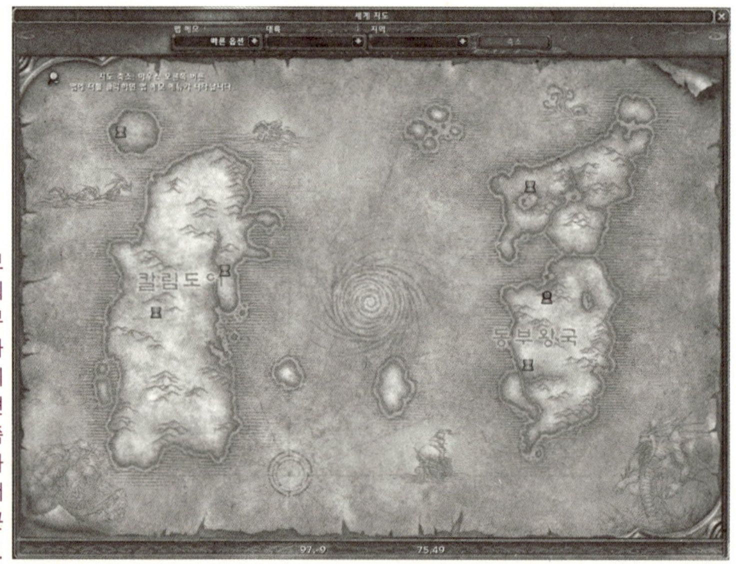

자신에게 필요한 물건을 얻기 위해 다른 사람의 물건과 교환하거나 화폐를 통해 물건을 사고
팔기도 한다. 이와 같이 게임 속에서 자신의 분신인 아바타를 성장시키기 위해서는 현실 세
계의 원칙에 버금가는 게임 내의 규칙을 수행해야 한다. 거대한 대륙의 이곳저곳을 돌아다니
며 플레이어는 곳곳에 있는 다른 아바타와 그것을 조종하는 플레이어를 만나고 그들과 이야
기하고 협상하며 단결하여 퀘스트를 수행하거나 아이템을 획득하기 위해 거래를 한다.

모험과 탐험의 역정 속에서 아바타를 조종하는 플레이어가 만나는 것은 단순히 입력된 프

처음 등장하여 아무런 능력도 지니고 있지 않은 아바타를 성장시키기 위해서는 여러 가지 미션을 수행해야 한다. 가장 초보적인 단계에서는 숲 속에서 사냥을 시작한다.

로그램이 만들어내는 반복적 형상이 아니다. 네트워크를 통해 가상 공간을 떠도는 수많은 개별적 아바타들은 그들을 조종하는 플레이어를 배후에 두고 있다. 따라서 가상의 공간 속 아바타들은 움직이는 이미지를 넘어서는 어떤 것들에 의해 상호 영향을 주고받는다. 하나의 아바타가 행동하는 것에 의해 다른 아바타는 영향을 받으며 그 움직임이 달라진다. 프로그래밍 된 것은 기본적인 규칙과 움직임의 방식과 같은 초보적 요소들뿐이다. 뛰거나 걷거나 말을 타거나 사냥을 하는 모습은 프로그래밍 되어 있지만 그것을 결정하고 언제 어디서 누구와 함께 할 것이지 판단하는 것은 '수용주체'의 의지에 해당한다. 그렇기 때문에 게임 속에는 현실 속 인간의 가치관에 의한 현실 원칙과 가상의 공간 속의 가치관인 게임 규칙이 동시에 작용한다. 각각의 플레이어들은 이 두 가지 원칙과 규칙을 조합하여 자신의 태도를 결정하고 행동한다.

게임의 구조 속에는 분명하게 정해진 서사적 규칙이 있다. 그리고 프로그래밍 된 이 규칙은 예외를 허용하지 않는다. 캐릭터의 변화와 서사의 세부 진행 방식은 무한히 자유롭게 변화하지만 그것을 가능하게 하는 기본 규칙은 고정적이다. 기본 규칙에까지 예외를 허용하면 다양한 '수용주체'에 의해 완성되는 컴퓨터 게임의 서사는 존재 가치를 잃어버리기 때문이다.

어쩌면 실제 우리의 삶 속의 수많은 규칙들은 예기치 못한 외부적 조건에 의해 수도 없이 변화하는지도 모른다. 법을 넘어서는 온갖 불합리한 일들과 비합리적인 일들이 주변에서 아무렇지도 않게 벌어지는 것을 우리는 흔하게 발견한다. 가상 세계 속 전자 서사에서 체험과 경쟁을 통하여 욕망을 대리 실현하는 행위는 그 자체로 재미를 선사하는 것도 분명하지만 그 이면에는 이와 같은 공정한 규칙성이 자리 잡고 있다. 즉 현실 속에서는 어떤 특정한 능력이 부족하거나 조건이 충분히 갖추어지지 않아서 불가능하던 욕망 충족이 이 새로운 참여의 세계 속에서는 얼마든지 가능하다. 가상 세계 속에서는 누구라도 혹은 언제든지 '영웅'이 될 수 있는 가능성이 존재하고 있다. 물론 이러한 규칙성은 아주 기본적인 원칙에 해당할 뿐이며 네트워크를 통한 인간들끼리의 결합을 통해 고정된 서사가 반복되지 않고 세부적으로는 다양하게 변화한다.

가령 네트워크에서 만난 어떤 사람이 함께 퀘스트를 수행하기를 권유했을 때 플레이어는 그것을 받아들일 수도 있고 그렇지 않을 수도 있다. 그것을 함께 수행했을 때 발생하는 이득을 여

가상공간 속에서 다른 아바타를 만나 대화를 나눌 수 있다. 이를 통해 서로 협력하여 함께 미션을 해결하기도 하고 서로 필요한 물건을 교환할 수도 있으며 때때로 뜻이 맞지 않으면 싸우기도 한다.

러모로 따져보고 결정하면 그만이다. 그것을 받아들이느냐 그렇지 않느냐에 따라 서사의 진행 방식은 완전히 달라진다. 그러나 퀘스트들을 실행해나가지 않는다면 아바타는 성장할 수가 없다. 또 혼자서 수행하는 것보다는 협력의 과정을 거치면 더욱 쉽고 빠르게 문제를 해결할 수 있다.

현대는 영웅이 실종된 시대이다. 현대소설은 고전소설의 영웅소설과의 거리를 확보하면서 그 정체성을 확보한다. 개개인의 실존적 가치에 대한 위상이 강화되면서 관계의 단위는 분절되고 더욱 세분화되며 민주적인 사회의 이념이 강조될수록 '전체'에 대한 관심은 줄어들 수밖에 없다. 온전히 '혼자'가 되어 고독한 자기세계를 구축하는 수많은 '나'에게 더 이상 '우

온라인 네트워크에 동시에 접속되어 있는 수많은 아바타들이 편을 나누어 대규모 전투를 벌이고 있는 장면이다. 각각의 아바타는 ID가 붉은 색과 푸른 색으로 구분되어 있으며 색깔에 따라 크게 두 편으로 나뉘어 대결중이다.
출처 http://wow.gamemeca.com 자료실의 공개된 사진

리'는 중요하지도 필요하지도 않다. 중요한 것은 오직 '나'뿐이다. 심지어는 인류 최초의 규정자인 '가족'조차도 거추장스럽게 여겨진다.

이와 같이 개인중심의 사고가 극단화될 때 영웅은 필요하지도 않고 따라서 사회적으로 요구되지도 않는다. 야만적인 형태의 집단적 폭력이 이미 사라진 사회에서는 더 이상 '희생제의'가 필요하지 않다. 현대 사회는 영웅을 중심으로 한 권위적 왕권 상징의 사회로부터 비로소 수많은 개인이 모인 집단적 공동체로 구성된 별자리와 같은 사회로 급속하게 변모하고 있다.

전자문화가 세상을 다시금 원시화시킬 것이라는 맥루한의 주장은 이와 같은 서사의 변화와도 연관된다. 실종된 '영웅'에 대한 향수는 인터넷과 디지털이라는 미디어를 통해 사람들의 의식 속에 다시 고개를 들고 있다. 파편화되고 고독하게 사무실에서 틀어박혀서 일용할 양식을 걱정하는 현대인에게 웅장한 세계에 대한 열망과 그 속에서 영웅이 되고 싶은 욕망의 대리적 체현이 디지털 서사물의 '경쟁'을 통해 가능해진다.

그러나 지나친 '경쟁'의 강조는 아바타라는 대리적 가상의 캐릭터와 자신을 동일시함으로써 아바타가 겪는 고통을 현실 속 자신의 것으로 착각하는 사태까지 초래하기도 한다. 게임 속 아바타가 죽었다는 사실 때문에 자신의 아바타를 죽인 그 아바타를 조종한 실제 사람에게 위해를 가하는 행위까지도 발생하는 것을 현실 속에서 종종 듣는다. 이것은 결국 컴퓨터 게임의 기본적인 목적이 '경쟁체제'라는 토대 위에서 성립하기 때문이다.

「WOW」에서 아바타를 성장시키는 목적은 결국 최종적인 단계로 레벨 업된 아바타들끼리의 최종 대결에 귀착된다. 레벨을 끝까지 올려 성장을 마치고 엄청난 능력을 지닌 아바타들이 모여 대규모의 전투를 벌인다. 네트워크에 접속한 수십 명 혹은 그보다 더 많은 사람들이

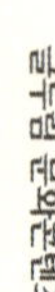

일제히 그동안 연마한 자신의 기술을 사용하고 오랜 기간 동안 획득해온 아이템을 이용하여 상대를 제압하는 동시에 자신이 살아남기 위해 싸움을 벌인다. '경쟁'은 단순히 게임의 흥미를 위한 요소에서 벗어나 게임 서사의 목적이 된다.

❻ 컴퓨터 게임의 서사는 변화할 수 있는가

마지막으로 '컴퓨터 게임과 같은 서사가 경쟁으로부터 벗어나는 것은 불가능한가' 하는 질문을 제기할 수 있다. 「WOW」에서도 우리는 게임의 궁극적인 목적이 '경쟁'을 통한 '차이'의 완성이라는 사실을 살펴보았지만 그러한 최종 단계에 다다르기까지 각각의 아바타들의 '협력'이 중요한 요소가 되는 것도 함께 살펴본 바 있다. 가령 '생산주체'가 경쟁보다는 협동을 유도하는 전체적 틀을 만든다면, '규칙' 또한 '협동'을 유발하는 방향으로 구성한다면 게임 서사의 성격이 바뀔 수도 있지 않을까.

가령 도시를 건설하는 「심시티」와 같은 게임을 활용하여 새로운 체제의 게임을 구성할 수 있을까. 네트워크를 통해 이 게임에 참여한 사람들이 각자의 규칙에 따라 아름다운 도시를 건설하기 위해 서로 협력하는 장면을 상상할 수 있을까. 엄청난 자본이 소비될 이런 게임을 과연 누가 만들 것인가. 결론을 내리기가 쉽지 않다.

사람들이 돈이라는 재화가치를 지불하고 게임을 구입하거나 혹은 PC방에 돈을 지불하고 게임에 참여하는 것은 그것을 통해 얻을 어떤 목적이 있기 때문이다. 다시 말해 사람들이 돈을 지불하는 것은 그것을 통해 취할 어떤 이익을 기대한다는 의미이다. 대개의 경우 이것은 '재미'나 '흥미'에 해당한다. 책을 읽기보다 게임을 하는 것을 좋아하는 사람들은 '닫힌 서사'

보다 자신이 참여하여 능동적으로 변화시킬 수 있는 '열린 서사'에 더욱 흥미를 느낀다. 그런데 이미 언급한 것처럼 열린 서사는 참여자의 무한 확대라는 속성 때문에 규칙을 부여할 수밖에 없고 이러한 규칙에 누가 더 잘 적응하느냐에 따라 아바타의 능력이 차이가 난다. 다시 말하면 서사를 진행시키는 각각의 능력에 차이가 난다는 의미와도 같다. 앞서 말한 '재미'는 이와 같은 능력의 '차이'에서 유발된다. 자신을 대신한 아바타가 수많은 다른 사람을 대신한 아바타들 사이에서 경쟁에 이겨 우월하게 되는 것에서 사람들은 재미와 흥미를 느낀다. 과연 이 '재미'가 없어진 다음에도 사람들은 돈을 지불하고 네트워크에 접속할까. 순수하게 이타적인 행위를 위해 사람들은 돈을 지불할 수 있을까.

게임 속의 서사에 몰입하여 아바타와 현실 속 자신을 동일시하는 현상이 발생하기까지 하는 현상은 게임이 구현하는 새로운 세계가 일상의 그것과는 완전히 다르며 나아가 거기에서 펼쳐지는 감각적 경험이 놀랍고 새롭기 때문이다. 가령 마법사의 마술이 펼쳐내는 화려한 이미지들과 그때 스피커를 통해 흘러나오는 소리의 오묘한 속성은 그것을 직접 구현하는 참여자들을 단번에 사로잡는다. 그런데 그것을 구현하기 위해서는 많은 자본이 소요된다. 서사를 구현하는 주체가 '고독한 개인'으로 한정될 때 상업성의 추구는 보다 감소될 수 있다. 그러나 고독한 개인만으로는 방대하고 낯선 세계에서 화려한 이미지와 소리를 구현하기란 불가능하다. 쉽게 말해서 각각의 개인이 감각적 미디어를 활용하는 능력에는 한계가 있다는 뜻이다.

영화나 게임은 소설과는 달리 감각적 체험을 기술적으로 구현하기 위한 제작비가 상대적으로 많이 소요된다. 한 편의 게임이나 영화를 제작하기 위해, 더불어 그것에 보다 입체적인 사실감을 부여하고 그 외에 감각적인 새로움을 부과하기 위해 더 많은 비용이 소요된다. 비

용을 소요하는 것은 그만큼 혹은 그 이상의 비용을 회수할 수 있을 것이라는 기대와 맞물려 있을 수밖에 없다.

그러나 어떤 영화들은 상업적인 측면을 의도적으로 거부한다. 사람들에게 여러 채널의 광고나 선전을 통해 알려지지는 않지만 이런 영화들은 인간과 세계에 대하여 탐구하고 이해하려는 창작자의 의지를 보여준다. 또 이미지나 소리와 같은 감각적 요소들을 그것과 어떻게 조응시켜서 새로운 미학적 효과를 유발할지에 관해 고심한다. 근본적으로 모든 예술 작품이 이러한 문제에서 자유로울 수는 없지만 영화는 소설보다 상대적으로 비용이 더 많이 든다는 점에서 상업적 이윤의 요구가 더 절실하다.

게임과 영화의 제작 여건을 단순 비교하기는 힘들다. 완전히 가상적인 세계를 구성하는 게임은 기술이 진보할수록 더 사실적인 화면들을 내세운다. 이전에는 단순하게 상징적 표현으로 구현하던 그래픽이 컴퓨터의 처리능력과 연산속도가 증가함에 따라 거의 영화 속 화면과 유사하거나 오히려 실제보다 더 실제에 가깝도록 만들어지고 있다. 게임 속의 판타지 세계는 바람의 흔들림이나 풀 한 포기의 움직임 그리고 짐승들의 울음소리와 모든 아바타들의 움직임까지, 과거에는 도저히 불가능했던 엄청난 세부묘사를 자연스럽게 구현하는 경지에 이르렀다.

또 게임을 제작하는 데 있어서 영화와 다른 점은 많은 돈을 지불해야 할 배우가 없다는 사실이다. 그 외에도 촬영을 가능하게 하는 실제 장소나 세트에 투자해야 할 돈을 절약할 수도 있다. 기술의 진보는 가상적이면서도 사실적으로 보이는 이미지들과 소리를 만들어내는 데 비용을 절약할 수 있는 여러 가지 방식을 가능하게 만든다.

자본의 측면에서만 살펴본다면 수많은 인원과 스태프 그리고 촬영장소와 같은 물리적 요구사항이 상대적으로 적은 게임이 완전히 다른 목적과 의도를 지닌 생산 주체를 통해 새로운 상상력을 구현하기는 오히려 영화보다 쉬울 수 있다. 다만 그 기술적 특성이 영화만큼 보편화되어 있지 않을 뿐더러 더욱 세부적인 이해가 요구되기 때문에 아직까지 많은 사람들에게 익숙하지 않을 뿐이다.

그러나 기술적 특성이 많은 사람들에게 보편화될 경우에 사정은 충분히 달라질 수 있다. 인터넷이 처음 출현할 당시 개인이 홈페이지를 만드는 것은 거의 불가능에 가까웠다. 하이퍼텍스트의 코드에 대한 전문적인 이해가 없이는 불가능했기 때문이다. 그러나 지금은 그에 관한 초보적인 이해만으로도 홈페이지를 충분히 제작할 수 있는 수많은 틀이 생겨났다. 사람들은 친절한 설명과 쉬운 그래픽 인터페이스를 통해 몇 번의 클릭만으로 간단하게 홈페이지를 제작한다. 더 이상 복잡한 소스와 코드를 외울 필요가 없어졌다.

마찬가지로 현재 '게임'이라고 규정되고 있는 서사물의 서사적 형태 또한 기술적 방식이 더욱 발전하여 보편화되고 사람들에게 익숙해진다면 그것을 다른 미학적 가치나 인간적 이해를 위해 새롭게 활용하려는 '생산주체'를 충분히 기대해 볼 수 있다. 이때 '생산주체'는 어떤 개인이 될 수도 있고 또 '국가'나 어떤 집단이 될 수도 있다. 에듀테인먼트의 예를 떠올려 볼 수도 있다. 우주의 원리와 생성 그리고 운동방식을 이해하기 위해 교실 한가운데 펼쳐진 홀로그램들을 가지고 교사와 학생들이 적절한 경쟁의 요소를 통해 게임의 형식으로 학습하는 장면을 상상해보는 것은 어떨까.

반드시 교육적인 측면을 예로 들 필요는 없다. 앞선 비유처럼 스포츠와 같은 것을 예로 들어도 좋다. 스쿠버 다이빙이나 그 외에 깊은 물속으로의 잠수는 특별한 기술 없이는 불가능

하다. 오랜 역사 동안 지상 위에서 거주해 온 인간은 물에서 헤엄치는 방법을 개발하여 수영 기술을 발전시켰으며 보조적인 장비를 통해 바다 속 더욱 깊은 곳으로 들어가는 경험도 가능해졌다. 이전에는 쉽게 갈 수 없었던 물 속 깊은 곳으로 들어가는 이러한 낯선 경험을 통해 우리는 물이 주는 압박과 맞서며 그 안의 신비로운 세계를 여행할 수 있게 되었다. 또 공기가 희박하며 극도의 추위로 둘러싸인 높은 산을 오르기도 한다. 이처럼 위험한 경험들이 오늘날 스포츠와 같은 형태로 자리 잡게 된 것은 일상적 경험의 감각으로부터 탈출하여 새로운 형태의 경험이 가능한 개체로 변신하려는 노력에 해당한다.

그러나 실제 현실 속에서 이러한 행위들은 극단적인 위험을 감수할 때에만 비로소 가능해진다. 오랜 노력과 집중의 반복을 거쳐도 극단적 상황 속에 잠재된 신체의 손실과 나아가 죽음의 위협은 늘 사람들을 괴롭힌다. 그러나 가상공간의 아바타는 기술이 발전할수록 이와 같은 감각적 경험을 더욱 근사(近似)한 정도까지 구현한다. 아니 어떤 단계에서는 완전히 새로운 경험을 창조해낸다. 그것은 실제 경험보다 더 감각적이고 더 사실적으로 느껴지기에 충분할 수도 있다. 우리는 위협이 제거된 새로운 신체를 통해 안전하게 새로운 경험의 지평으로 우리의 정신과 마음을 얼마든지 확장할 수 있다. 이미 고도로 발달한 스포츠 게임들은 실제와 유사하거나 그보다 더 새로운 상상속의 감각적 체험을 창출하고 있다.

현실 세계에서 유한한 신체는 가상공간 속에서는 유한성으로부터 벗어날 수 있다. 빛과 같은 속도로 나아갈 수도 있고 공간을 건너뛰면서 새로운 경험을 할 수도 있다. 그 공간 속에서는 고통을 겪지 않고도 얼마든지 풍요로운 감각을 획득하는 것이 가능해진다. 이처럼 독특한 감각 경험들이 서사와 긴밀하게 결합되면 이전과는 전혀 다른 새로운 호소력을 유발할 수도 있다.

이 공간 속의 아바타는 타인이 만들어놓은 가상의 존재가 아니다. 그것은 자신의 영혼과 정신에 연결되어 자신의 의지를 언제든지 즉각적으로 반영하는 살아 있는 새로운 신체이다. 끝없이 '변신'하며 '증식'하는 이들은 그동안 불완전한 신체의 내부에 억압되어 있던 경험의 지평을 무한하게 확장시켜 완전히 다른 주체, 도저히 상상할 수 없었던 돌연변이와 같은 전혀 다른 존재의 형태까지도 성립 가능하게 한다.

수많은 소설과 영화와 애니메이션들이 다양한 이야기들을 자신만의 고유한 방식으로 드러냄으로써 인간의 삶과 존재 양식을 때로는 리얼하게 때로는 상징적이고 환상적으로 표현함으로써 여러 가지 의미 있는 예술적 형태를 보여주듯이 이러한 단계에 이르면 게임은 다른 방식의 이름으로 불릴지도 모르겠다. 현재 게임의 어떤 요소들은 남아 있을 수 있고 또 다른 요소들은 새롭게 변화하여 새로운 방식의 서사적 형태를 보여주기를 기대해본다.

우리는 현재 '게임'이라는 용어로 규정되고 있는 독특한 서사가 다른 형태로 진화할 수 있는지를 계속해서 타진하고 있다. 기존의 관점에서는 컴퓨터 게임이 근본적으로 네트워크라는 전자 문화의 속성이 최대로 발휘된 것이며 무한 주체에 의해 만들어지는 서사라는 점을 들어 다양한 플롯을 촉발할 수 있다는 장점만이 부각된다. 그러나 근본적으로 게임의 서사에는 여러 사람이 참여하기 때문에 전형성과 같은 '규칙'을 부여할 수밖에 없으며 그것을 수용하는 각각의 반응 양상의 '차이'에 의해 '경쟁'이 유발될 수밖에 없다는 약점을 가지고 있다는 사실 또한 반드시 기억해야 한다. 이를 바탕으로 디지털적 요소를 포함한 서사물이 '게임'이라는 현재 형태를 벗어나 인간의 감각에 새로운 감동을 줄 수 있는 다른 형태로 진화할 수 있는지를 진지하게 모색해 보아야 할 것이다.

참고문헌

강명구, 『소비대중문화와 포스트모더니즘』, 민음사, 1993.

강현구, 『대중문화와 문학』, 보고사, 2004.

강현구 · 김종태, 『대중문화와 뉴미디어』, 월인, 2003.

고미숙 외, 『이것은 애니메이션이 아니다』, 문학과경계사, 2002.

국제어문학회, 『문자문화와 디지털문화』, 국학자료원, 2001.

김욱동, 『포스트모더니즘』, 민음사, 2004.

김인환, 『기억의 계단』, 민음사, 2001.

박진 · 김행숙, 『문학의 새로운 이해』, 청동거울, 2004.

백승국, 『문화기호학과 문화콘텐츠』, 다홀미디어, 2004.

서우석 외, 『음악의 연구』, 문학과지성사, 2000.

성완경, 『세계만화탐사』, 생각의나무, 2002.

오영수 · 김영순 외, 『지식의 사회 · 문화의 시대』, 경북대학교출판부, 2004.

오탁번 · 이남호, 『서사문학의 이해』, 고려대학교출판부, 1999.

원용진, 『대중문화의 패러다임』, 한나래, 1996.

유승호 외, 『에듀게임의 현황과 전망』, 한국게임산업개발원, 2003.

이강수, 『대중문화와 문화산업론』, 나남출판, 1998.

이남호, 『문자제국쇠망약사』, 생각의나무, 2004.

이상훈, 『디지털 기술과 문화콘텐츠산업』, 진한도서, 2003.

이진경 · 고미숙 외, 『이것은 애니메이션이 아니다』, 문학과경계사, 2002.

임은모, 『문화콘텐츠 비즈니스론』, 진한도서, 2001.

최동호 · 권혁웅 외, 『영화 속의 혹은 영화 곁의 문학』, 모아드림, 2003.

최유찬, 『컴퓨터 게임의 이해』, 문화과학사, 2001.

하인호, 『디지털 지식사회마인드』, 미래지식산업, 2001.

한국서사연구회, 『내러티브』, 창간호부터 제 9호까지.

한국영상문화학회, 『이미지는 어떻게 살고 있는가』, 생각의나무, 1999.

한기호, 『디지털과 종이책의 행복한 만남』, 창해, 2000.

Andrew Darley, 『디지털 시대의 영상 문화』, 김주환 역, 현실문화연구, 2003.

Anne Sheppard, 『미학개론』, 유호전 역, 동문선, 2001.

E. M. Poster, 『소설의 이해』, 이성호 역, 문예출판사, 1990.

Eva Heller, 『색의 유혹 2』, 예담, 2002.

Georg Lukacs, 『루카치 소설의 이론』, 반성완 역, 심설당, 1998.

Henry A. Giroux, 『디즈니 순수함과 거짓말』, 성기완 역, 아침이슬, 2001.

Iring Fetscher, 『누가 잠자는 숲속의 공주를 깨웠는가』, 철학과현실사, 1991.

Jack C. Ellis, 『세계 영화사』, 변재란 역, 이론과실천, 1988.

James Curran, 외편 『대중문화와 문화연구』, 한울아카데미, 1999.

Jean Baudrillard, 『시뮬라시옹』, 하태환 역, 민음사, 2004.

John Story, 『문화연구와 문화이론』, 현실문화연구, 1994.

Louis Gianetti, 『영화의 이해』, 김진해 역, 현암사, 1999.

M. C. Beardsley, 『미학사』, 이성훈·안원현 역, 이론과실천, 1995.

Marshall McLuhan, 『미디어의 이해』, 김성기·이한우 역, 민음사, 2002.

Martine Joly, 『이미지와 기호』, 이선형 역, 동문선, 2004.

Peter Kivy, 『순수음악의 미학』, 장호연·이종희 역, 이론과실천사, 2000.

Robert Jourdain, 『음악은 왜 우리를 사로잡는가』, 채현경·최재천 역, 2002.

Roger Caillois, 『놀이와 인간』, 이상률 역, 문예출판사, 1999.

Seymour Chatman, 『영화와 소설의 서사구조』, 김경수 역, 민음사, 1990.

Seymour Chatman, 『영화와 소설의 수사학』, 한용환·강덕화 역, 동국대학교출판부, 2000.

Slavoj Zizek 외, 『매트릭스로 철학하기』, 이운경 역, 한문화, 2003.